厦门大学研究生
教育发展史

（1926—2016）

覃红霞　陶涛　主编

图书在版编目(CIP)数据

厦门大学研究生教育发展史:1926—2016/覃红霞,陶涛主编.—厦门:厦门大学出版社,2018.5
ISBN 978-7-5615-6952-8

Ⅰ.①厦… Ⅱ.①覃…②陶… Ⅲ.①厦门大学-研究生教育-教育史-1926—2016
Ⅳ.①G649.285.73

中国版本图书馆 CIP 数据核字(2018)第 093920 号

出 版 人　郑文礼
责任编辑　王鹭鹏
封面设计　李嘉彬
技术编辑　朱　楷

出版发行　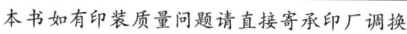

社　　址　厦门市软件园二期望海路 39 号
邮政编码　361008
总 编 办　0592-2182177　0592-2181406(传真)
营销中心　0592-2184458　0592-2181365
网　　址　http://www.xmupress.com
邮　　箱　xmup@xmupress.com
印　　刷　厦门市万美兴印刷设计有限公司

开本　720mm×1000mm　1/16
印张　21.5
插页　2
字数　341 千字
印数　1～2 000 册
版次　2018 年 5 月第 1 版
印次　2018 年 5 月第 1 次印刷
定价　68.00 元

本书如有印装质量问题请直接寄承印厂调换

厦门大学出版社
微信二维码

厦门大学出版社
微博二维码

序

厦门大学是国内最早创办研究院,招收研究生的几所大学之一,也是当今国内研究生专业、课程、导师、学生数量最多,规模庞大的研究型大学之一。《厦门大学研究生教育发展史》这本专著,既是厦大校史的重要组成部分,也在一定程度上反映了中国研究生教育的发展历程。书中不仅搜集、整理了厦大九十年来有关研究生教育的大量文献和详尽的统计资料,也穿插了全国各个时期重要的政策文件和数据。全书纵横交错,条理清晰,文笔通畅。一册在手,可读可查。

我对研究生教育并无专门研究,但有长期经历:从当助教时想考研而不得其门,到解放后在两所知名大学进修研究生课程;从负责校内研究生教育管理工作,到参加国家学位委员会学科评审组当教育学组召集人;从参与行政管理工作到当研究生导师;从培养学术型博士(Ph.D)到培养专业型博士(Ed.D)。在长期的经历中,我提出几个有待研究的问题:

一,扩招以来,研究生数量激增,在学生从扩招前1998年的19.89万增至2015年的191.14万,十六年间增加近十倍。由于扩招太快,不但生源质量有所下降,而且优质教育资源,尤其是导师整体的学

术水平与指导能力,不能同步提高,突显了数量与质量的矛盾。研究生教育质量建设,是当前研究生教育的现实问题。

二,研究生教育初期,学科设置、培养方法、招生选才,导师有较大的自主权。20世纪80年代中期之后,加强规范化管理,灵活机动、自主创新和规范化管理的矛盾又十分突出。研究生教育规范化、制度化是必要的,在规范、制度的框架中,发挥导师的学术专长和培养特色,尊重导师的选才、育才自主权,是另一个值得研究的问题。

三,专才教育与通才教育两种不同的教育价值观,在研究生教育领域中显得特别突出。培养有创新能力的高级专门人才,一般要深入某一较为专深的二级学科以下或学科交叉的研究领域。而当前的管理体制,包括招生制度、经费投入、评比奖励等,都在一级学科层面上,有利于通才教育而不利于专才教育。在坚实的通识教育基础上发展特色专长是研究生教育价值观有待研究的理论问题。

借写序之机,本人将上述萦回脑际的几个问题提出来,供作者、读者思考。是为序。

潘懋元
于高等教育发展研究中心
2016年12月8日

目 录

第一章 厦门大学研究生教育的发展历程 … 1
第一节 民国时期厦门大学研究生教育的早期探索 … 1
一、研究生教育的发轫与厦门大学国学研究院的筹备 … 2
二、厦门大学国学研究院的设立与发展 … 5
三、厦门大学国学研究院的基本特色 … 8
四、厦门大学国学研究院的停办与研究生教育的后续 … 14

第二节 新中国成立初期厦门大学的研究生教育(1949—1966) … 16
一、新中国较早招收与培养研究生的高校 … 17
二、规模增加与制度化探索 … 20
三、厦门大学研究生教育的曲折探索(1958—1966) … 24

第三节 改革开放以来厦门大学研究生教育的发展 … 32
一、研究生教育的恢复(1978—1980年) … 32
二、研究生教育的初步规范与制度化(1981—1986年) … 38
三、研究生教育的进一步发展(1987—1999年) … 45
四、研究生教育的大规模发展与质量提升(1999—) … 47

第二章 厦门大学研究生学位授权点建设与招生 … 51
第一节 厦门大学研究生学位授权点建设 … 51
一、国家研究生学位授权政策的沿革 … 52

  二、厦门大学研究生学位授权点建设 …… 56
  三、重点学科建设与学科评估 …… 61
 第二节　厦门大学研究生招生制度与发展 …… 69
  一、厦门大学早期研究生招生制度与模式 …… 69
  二、1999年以来厦门大学研究生招生基本情况 …… 72
 第三节　厦门大学研究生招生类型与模式 …… 76
  一、硕士研究生 …… 77
  二、博士研究生 …… 85
  三、台港澳生 …… 92
  四、外籍研究生 …… 93

第三章　厦门大学研究生导师队伍建设与发展 …… 96
 第一节　厦门大学研究生导师政策与管理 …… 96
  一、国家关于研究生导师的相关政策 …… 96
  二、博士研究生导师遴选与确认政策的变化与调整 …… 97
  三、硕士生导师选聘与确认政策 …… 102
  四、研究生导师的其他管理制度 …… 104
 第二节　厦门大学研究生导师队伍建设 …… 108
  一、厦门大学师资队伍建设的基本政策 …… 108
  二、厦门大学历年研究生导师名单 …… 110
  三、当前厦门大学研究生导师的基本情况 …… 117

第四章　厦门大学研究生培养与质量 …… 123
 第一节　厦门大学培养机制改革 …… 124
  一、厦门大学早期培养机制 …… 124
  二、2008年厦门大学的培养机制改革 …… 126
  三、2014年厦门大学深化研究生培养机制改革 …… 128
 第二节　厦门大学研究生教育综合改革 …… 129
  一、改革指导思想与主要思路 …… 130
  二、研究生教育综合改革的主要内容 …… 131
  三、研究生教育综合改革未来的方向与措施 …… 137
 第三节　厦门大学研究生培养方案改革 …… 143
  一、硕士研究生培养方案的演变 …… 146

二、博士研究生培养方案的演变 …………………………………… 152

　　三、2014年厦门大学研究生培养方案的改革与调整 ………………… 157

第四节　厦门大学研究生培养资源与条件 ………………………………… 166

　　一、构筑高水平科研平台和实践基地 …………………………………… 166

　　二、加大研究生教育经费投入 …………………………………………… 167

　　三、研究生课程改革和建设 ……………………………………………… 168

　　四、推动三学期制改革，打造研究生系列创新项目与活动 ………… 171

第五节　厦门大学研究生奖学金制度及其思想政治管理 ………………… 176

　　一、奖学金管理机构与职责 ……………………………………………… 176

　　二、研究生奖学金体系与管理 …………………………………………… 177

　　三、研究生的思想管理与日常管理 ……………………………………… 184

第六节　厦门大学研究生学籍管理 ………………………………………… 189

　　一、研究生学籍管理的政策与制度 ……………………………………… 189

　　二、研究生学籍管理与变动基本情况 …………………………………… 192

第七节　厦门大学研究生教育的质量监控及其措施 ……………………… 194

　　一、质量保障的基本机制与管理制度 …………………………………… 195

　　二、健全质量保障组织，完善督导制度 ………………………………… 195

　　三、坚持课程改革与检查制度 …………………………………………… 197

　　四、开展博士生中期考核分流制度 ……………………………………… 198

　　五、规范研究生学籍管理 ………………………………………………… 200

　　六、实行厦门大学学位论文盲审与抽查制度 …………………………… 200

　　七、加强研究生学风建设 ………………………………………………… 201

第八节　厦门大学研究生教育国际化 ……………………………………… 202

　　一、研究生教育的国际化理念 …………………………………………… 203

　　二、研究生教育国际化的制度化 ………………………………………… 206

　　三、研究生教育国际化的整体发展 ……………………………………… 212

第五章　厦门大学研究生学位授予与管理 ………………………………… 217

第一节　厦门大学研究生学位授予的基本政策 …………………………… 217

　　一、硕博士学位授予的基本要求与政策演变 …………………………… 217

　　二、同等学力人员硕博士学位授予的规定 ……………………………… 223

　　三、其他与学位相关的制度与政策 ············ 228
第二节　厦门大学研究生学位授予基本情况 ············ 234
　　一、校学位评定委员会 ············ 234
　　二、研究生学位授予基本情况 ············ 236
　　三、名誉博士学位的授予 ············ 242
　　四、优秀博士学位论文评选 ············ 243

第六章　厦门大学研究生就业 ············ 246
第一节　厦门大学研究生就业制度与政策 ············ 247
　　一、国家就业政策的调整与改革 ············ 247
　　二、研究生"自主择业"以来的就业指导政策及特色 ············ 248
第二节　厦门大学研究生就业基本情况 ············ 254
　　一、早期厦门大学研究生就业基本制度与情况 ············ 254
　　二、厦门大学研究生就业现状 ············ 257

第七章　厦门大学研究生教育管理机构及其变革 ············ 263
第一节　厦门大学研究生院机构的设立 ············ 265
　　一、厦门大学成立研究生院 ············ 266
　　二、研究生教育各类委员会 ············ 268
第二节　厦门大学研究生院机构的延革 ············ 271
　　一、研究生院机构的发展与变革 ············ 271
　　二、研究生院机构的基本特色 ············ 275

结　语　春风化雨　南方之强 ············ 278

附录一　厦门大学学位授权建设 ············ 282
附录二　厦门大学重点学科建设 ············ 307
附录三　厦门大学科研创新平台建设 ············ 311
附录四　厦门大学授予博士、硕士学位人员情况 ············ 314
附录五　厦门大学研究生院历任领导名单 ············ 315
附录六　厦门大学专任教师统计 ············ 316
附录七　厦门大学研究生教育大事记 ············ 321
后　记 ············ 336

第一章

厦门大学研究生教育的发展历程

厦门大学由著名爱国华侨领袖陈嘉庚于1921年创办，是中国近代教育史上第一所华侨创办的大学，也是国家"211工程""985工程"和"2011计划"重点建设的高水平大学。厦门大学的研究生教育可以追溯到民国时期，经历了新中国初期的艰苦探索、"文革"时期的停顿以及改革开放以来的大发展。经过近百年的建设与发展，厦门大学逐渐成为一所高水平的、在国际上有一定知名度的研究型大学。

第一节 民国时期厦门大学研究生教育的早期探索

中国早期研究生教育的实践始于民国时期。北京大学首开研究生教育的先河，随后清华大学、厦门大学、中山大学等陆续开始了早期研究生教育的探索。其中，厦门大学于1926年成立国学研究院并招收研究生，开启了我国私立大学举办研究生教育的历史，尤其值得关注。

一、研究生教育的发轫与厦门大学国学研究院的筹备

厦门大学国学研究院的创立,是厦门大学发展的必然。校董陈嘉庚抱着"教育救国"的理念捐资兴学,对厦门大学怀有很深的期待,希望以自己为表率,树立兴学之榜样,成就国家富强之理想。正因为如此,陈嘉庚对人才质量,对师资十分重视,要求学校在延聘教师时,不必拘泥和吝于名教授的薪水费用,而把公认有水平作为聘请的主要标准。1925年前后,正值陈嘉庚事业的顶峰,陈嘉庚决定加大对厦门大学的投入,促进厦门大学发展进入高峰,因此,厦门大学一方面兴建校舍,扩充图书与实验设备,增设新闻、工学、医药、法学等部,另一方面,积极推动研究院的建立。

成立研究所是学术界的共识,其一源于学术界对留学重学位轻研究,重贩卖西方知识轻关注中国学术独立与发展的批评;其二则在于考虑改造学术环境,培养学术领袖人才,为学者提供国内研究之场所。① 当时,洪式间设想成立专门学术机构,叔谅倡导成立"学会",章太炎创立弘文馆,丁文江策划成立地质调查所等都可以称为专门研究机构的早期探索。② 事实上,早在清末,建立相关研究生教育制度的思想与讨论已经成为近代学人的关注点。梁启超1902年发表《教育政策私议》一文,提出在各科大学之上建立大学院,大学院有自由研究、不拘年限的便利。③ 清政府颁布《钦定大学堂章程》,以法律的形式确定了建立比大学专门分科高一级、具有研究院性质的"大学院"的教育制度框架,"不立课程,主研究并主讲授"的制度设计成为民国时期研究生教育制度的雏形。随后,《奏定学堂章程》将大学院改名为通儒院,"通儒院以中国学术日有进步,能发明新理以著成书,能制造新器以利民用为成效,通儒院为研究各科学精深义蕴,以备著书制器之所。通儒院生但在斋舍研究,随时请业请益,无讲堂功课"。1912年,《壬子学制》颁布,清末关于通儒院的设计被取消,

---

① 朱光潜.怎样改造学术[A].朱光潜全集·第八卷.合肥:安徽教育出版社,1993:38.
② 陈以爱.中国现代学术研究机构的兴起——以北大研究所国学门为中心的探讨[M].南昌:江西教育出版社,2002:70-73.
③ 梁启超.教育政策私议[A].陈学恂.中国近代教育文选.北京:人民教育出版社,1983:162.

学习与借鉴日本的理念逐渐为学习欧洲的思想所取代。随后,《大学令》和《大学规程》对研究生教育即"大学院"进行了专门规定,明确了大学院为研究生教育的专门机构,招收各科毕业生(大学本科毕业生)及同等学力者,学习年限不限,合格者授予学位等。以此为基础,1917年年底,北京大学文、理、法三科各门相继设立九个研究所,招收和培养研究生,这成为我国现代意义上研究生教育的最早尝试。

其时正值国学讨论与研究的鼎盛时期,蔡元培总结了北京大学前期研究所的经验与教训,考察了欧美大学教育与学术研究机构的概况,欲谋求在中国境内仿效欧美研究所建制以达到学术独立的理想,重新起草《北大研究所组织大纲提案》。以此为基础,1922年北京大学成立研究所国学门。1925年,清华大学也设国学研究院。陈嘉庚也是国学的推崇者,林文庆出任厦大校长时,曾向陈嘉庚询问办学的宗旨究竟注重国学,抑或专重西文?陈嘉庚回答:"两者不可偏废,而尤以整顿国学为最重要。"①林文庆校长是国学的坚定拥护者与执行者,林校长强调可以改造旧式翰林院,综合德、法、英、美等国大学的不同经验,加强学术研究,"旧日之翰林院,必重修之,以收各美学之士。拟其程式二:一为大学堂学生以考试而入;一为凡有高才硕学著书立说者入之。此为名誉翰林,无论汉学、西学,皆收之。既收,则必至中国演说十日,将稿刊布。其西文者,则译以汉文。此翰林不同于昔日之为官阶,而为大学进步之机关也"。无疑,经过改造后的翰林院,是要发挥欧美诸国研究生院的功能,成为研究高深专门知识的最高学术机构。②

在校董与校长的支持下,厦门大学于1925年成立"国学专刊社"。同年12月,林文庆校长发起国学研究院筹备总委员会,自任委员会主席,其成员囊括全校文、理、预三科的行政首长和学术骨干③,成员包括毛常、王振先、秉志、孙贵定、徐声金、涂开舆(书记)、陈灿、黄开宗、陈定谟、刘树杞、缪子才、钟心煊、戴

---

① 国学研究院成立大会纪盛[N].厦大周刊,1926-10-06.
② 张亚群.从西洋文化回归儒学文化——林文庆大学教育思想解析[J].高等教育研究,2010(1).
③ 汪毅夫.北京大学学人与厦门大学国学研究院——兼谈鲁迅在厦门的若干史实[J].鲁迅研究月刊,2002(3).

密微、龚惕庵①,制定了《厦门大学国学研究院组织大纲》。其基本内容包括:

一,明确国学研究院的研究目标。同北大国学门提出的"整理国故"不同,厦门大学国学研究院"以研究中国固有文化为必要"。基于对"国故"与"固有文化"理解的差异,厦门大学国学研究院最初的目标超出"国故"范围,"从实际上采集中国历史或有史以前之器物或图绘影拓之本,及属于自然科学之种种实物为整理之资料",强调使国学研究名扬海外的企图,"从书本上搜求古今书籍或国外佚书秘籍,及金石、骨甲、木简、文字为考证之资料,并将所得正确之成绩或新发现之事实,介绍于国内外学者"。

二,确立国学研究院的组织结构。北大国学门以文科国学、史学、哲学为主要研究对象,以三系的教授为主要人员,厦门大学国学研究院的组织结构超越文科的范围,拟设立14个小组,即历史古物组、博物组(动植矿物)、社会调查组(礼俗方言等)、医药组、天算组、地学组(地文地质)、美术组(建筑、雕刻、瓷陶漆器、音乐、图绘塑像、绣织、书法)、哲学组、文学组、经济组、法政组、教育组、神教组、闽南文化研究组。

三,确立研究院的人事结构。国学研究院设院长一人,综理本院一切事宜,由厦门大学校长兼任;设委员会,商同院长规划本院一切事宜,其会员由院长聘任。国学研究院每组设主任一人,由院长聘任,管理本组职务,各组所研究的问题及方法,由各组主任商同院长议定。每组设助教及书记若干人,由院长指任,受本组主任之指挥,助理一切事务。在增聘导师时,应访求国内外学术宏深学者聘任。倘本人不能到院,则聘请为通讯导师。凡校外学者,或国外学者,有特别研究之成绩,愿到本院为研究员者,由本组主任介绍,经委员会许可,可进本院研究。

四,确定研究院的相关事宜,如招收与培养研究生等事项,包括招生、培养、毕业、经费、资料与图书管理、奖学金等。厦门大学毕业生有专门研究的志愿及能力者,由本组主任介绍,经委员会之许可,得进本院研究。其他国内外各大学毕业生,由其毕业大学之介绍,本组主任审查,再经委员会之许可,得进本院研究。学生进入研究院后,须随时报告其所研究的经过及成绩,由本院保存或选择发表。研究期间每次以一年为限,如有成绩优良,愿继续研究者,得

---

① 国学研究筹备委员会[N].厦大周刊,1925-12-19.

再行请求继续研究。研究院设奖学金若干名,以奖励研究成绩较优者,其奖励办法另定之。本院经费,由院长会同委员会制成预算,经本大学财政委员会审查,由董事会通过之。凡各组采集研究之资料或书籍,出发调查各事务,均由各组主任商承院长办理。本院组织大纲由董事会议决施行,其有未尽事宜,由委员会随时议决,送交董事会通过。[①]

从厦门大学国学院的最初设想来看,其研究目标与研究内容都与北大国学门有一定的差异。其后厦门大学国学研究院虽大量借鉴北大的许多做法,但必须承认,因为最初理念与框架的差别,使得厦门大学国学研究院并不是北京大学国学门的翻版。

二、厦门大学国学研究院的设立与发展

厦门大学筹备国学研究院的过程中,适北京政府与教育界有冲突,直接影响北京大学国学研究所的生存与延续,许多教授成为北京政府通缉的对象,纷纷逃离北京。随着北京学人逐渐南下,厦门大学获得延聘名师的机会,这也开启了厦门大学以北大国学门为范本的创制过程。1926年,林文庆敦聘林语堂为文科主任、外国语言文学系正教授兼国学研究院总秘书,负责招揽北京著名学者加入厦大文科和国学研究院。[②] 经林语堂广为联络,引进沈兼士、周树人、罗常培等至厦大国文系,张星烺、顾颉刚、陈万里、容肇祖、黄坚、孙伏园、章廷谦、潘家洵、丁山入国学研究院,原北京大学研究所国学门主任沈兼士主持国学研究院,负责修订厦门大学国学研究院章程。这就使得在教师来源与结构上,厦门大学国学研究院的教师主要来自北大国学门,而在组织上以国学、历史、哲学教授为主体,通过兼职聘任方式进行教学与研究工作。

实际运作时的厦门大学国学研究院,放弃林文庆筹办时期的设想,采以北京大学研究所国学门为样本。《组织大纲》称,"本院以整理国故并养成国学之专门人才为宗旨","凡本大学学生及本大学承认之各大学学生或有研究国学之志愿者,经本院考验合格,得为本院研究生"。研究院院长由校长兼任,主任

---

① 厦门大学国学研究院组织大纲[N].厦大周刊,1926-01-02.
② 新聘教职员略历[N].厦大周刊,1926-09-25.

计划及办理本院一切关于学术之事项,总秘书管理本院一切行政事项。主任、总秘书办公室各设襄理一人,必要时得聘名誉顾问及通信顾问。其下分研究、陈列、图书、编辑、造形、出版六部。① 据《本大学国学研究院系统表》,研究部分语言文字学组、史学及考古学组、哲学组、文学组、美术音乐组,职员分研究教授、导师、助教、学侣、书记;陈列部分古物组、风俗物品组、研究成绩组,职员分干事、事务员、书记;图书部分访购组、目录组、典藏组,职员分干事、编辑、事务员、书记;编辑部分丛书组、报告组、定期刊物组、翻译组,职员分干事、编辑、书记;造形部分摄影组、图画组、模型组、摹拓组,职员分干事、事务员、书记;出版部分印刷组、发行组,职员分干事、事务员、书记。② 与筹备总委员会拟定的《组织大纲》相比较,国学研究院的研究范围大为压缩,取消原由理科、教育科、商科、法科承担的研究领域,基本上与调整后的文科相对应。

1926年9月25日,《厦大周刊》公布《国学研究院研究生研究规则》,明确研究生报名资格、报名、审查、口试、录取、交费、成绩、奖励等事项③:

一,招收对象为本大学及本大学承认之大学本科毕业生,或于国学方面具有特殊之学力及成绩者,可于每学期开始的两星期到院报名,填写已往之学业及现愿研究之题目与研究之方法,有著作呈送著作,一并由主任交学术会议审查(必要时得用口试),合格者得领研究证入院研究。

二,本院教员可以提出题目,招集有相当学力之研究生入院指导或共同研究,惟须由主任提交学术会议审查通过。

三,凡本校毕业生及校外学者有研究之志愿而不能到校者,得为通讯研究生,其报名及审查手续均照上条办理。

四,研究生每学期应纳学费六元,于学期开始一个月内缴纳于会计处。

五,研究生无规定之修业年限,凡对于所提出题目研究得有结果时提出报告于主任,由主任提交学术会议审查,其及格者予以证书,其成绩最优者推为本院学侣,其著作如认为有发表之必要时得交编译部办理。

---

① 组织大纲[N].厦大周刊,1926-10-23.
② 本大学国学研究院系统表[N].厦大周刊,1926-10-23.
③ 国学研究院研究生研究规则[N].厦大周刊,1926-09-25.

六，研究生于每学期终了时须将所得之成绩报告主任。

七，研究生在本校各种选修课程应依其所选修积点之数目照本章程缴费。

八，本院研究部各组设奖学金额若干，研究生之成绩优良者得承认受此项奖金，其办法另以详章规定之。①

随后，国学研究院在《申报》上公布《厦门大学国学研究院招考研究生启事》②，对报考资格、时间、手续地点进行专门说明：

（一）报考资格：（甲）大学本科毕业生（须缴验证书及关于国学之成绩），（乙）国学有特殊之成绩者（须缴验关于国学之著作）。

（二）报名时间：自登报之日起，至十五年十一月卅日截止。

（三）报名手续：报名应来函说明志愿研究之题目与方法，将修业履历证书、四寸相片一张、报名费一元暨研究成果，一同寄校以资审查，审查合格后再行通知来校面试，或作通讯研究生亦可，其一切手续除面试外均如上述。

（四）报名地点：福建厦门厦门大学国学研究院。

"开办数月，报名研究者约有五十余人"，"审查合格之研究生"有十四人，研究生姓名及研究方向如表1-1。③

表1-1 厦门大学国学研究院研究生姓名与研究方向

姓　名	研究方向
郑江涛	诗经描写下的社会现象
高兴傅	太姥山
陈佩真	诗学研究
黄觉民	古代井田的研究

---

① 国学研究院研究规则[N].厦大周刊，1926-09-25.
② 厦门大学国学研究院招考研究生启事[N].申报，1926-10-25.
③ 厦大国学研究周刊，1927-01-18.

续表

姓　名	研究方向
魏应麒	王审知开闽史
伍远资	明季的海外孤臣
孙家璧	论语中的孔子及其和诸子的关系
陈家瑞	中文小说编目
汪剑余	牡丹亭传奇考
蒋锡昌	老子校释
黄天爵	经济观之中国南方交通史
陈祖宾	中国语言文字略
蒋连城	许书通谊
戚其芊	朱子哲学

三、厦门大学国学研究院的基本特色

一般认为，以北大国学门教师为主体的厦大国学研究院自1926年秋季开始运作以后，亦事事追步北大研究所国学门[①]，具体体现在以下几点：

其一，仿北大研究所国学门"经本学门委员会审查"之方法招收研究生。而其他如通讯研究生制度、师生共同研究制度、奖学金制度、修业年限及研究著作发表制度基本与北大国学门类似。

其二，依北大研究所国学门委员会延聘理科教授担任委员之例，"请化学家做顾问"，聘理科主任刘树杞担任厦大国学研究院顾问。

其三，遵循北大研究所国学门考古研究与社会调查两个方向，厦门大学成立风俗调查会、考古学会，发布《考古学会简章》《陈列部办事细则》，考察与发表了多篇研究报告。

其四，主要教师皆来自原北京大学，推动了厦门大学延续北京大学国学门的基本模式。从教师来源与结构上看，厦门大学国学研究院的教师主要来自

---

① 汪毅夫.北京大学学人与厦门大学国学研究院——兼谈鲁迅在厦门的若干史实[J].鲁迅研究月刊，2002(3).

北大国学门,组织上以国文、历史、哲学教授为主体,通过兼职聘任方式进行教学与研究工作。从总体上看,北大学人成为厦大国学研究院的中坚力量。具体教师情况如下:

林语堂,福建龙溪人。北京大学教授,北京女子师范大学教务长,北京师范大学讲师,美国哈佛大学文学硕士,德国莱比锡大学哲学博士。在厦门大学任文科兼语言学正教授,兼国学研究院总秘书。

沈兼士,江苏吴县人。北京大学教授,兼北大研究所国学门主任。在厦门大学任国文系主任兼文字学正教授,兼国学研究院主任。

顾颉刚,江苏吴县人。北京大学文学士。曾任北京大学研究所国学门助教,《国学季刊》编辑部编辑员,北京大学预科国文讲师,商务印书馆史地部编辑员。在厦门大学任史学研究教授兼文科国文系名誉讲师。

陈万里,江苏吴县人。医学专门学校毕业,北京大学校医,北京平民大学、新民大学讲师。在厦门大学任国学研究所考古学导师,兼造型部干事,兼管考古学事宜,兼文科国文系名誉讲师。

容肇祖,广东东莞人。广东高等师范毕业,北京大学哲学系毕业。曾任广东第一师范学校教员兼教务长,北京黎明中学教员。在厦门大学任哲学助教兼编辑,兼文科国文系讲师。

黄坚,江西清江县人。北京大学文学士。曾任农商部佥事,北京新民大学英文教员,京都市政公所编译,北京欧美同学会总务主任,北京女子师范大学总务处及教务处秘书,清室善后委员会和平公园筹备员等职。在厦门大学任国学研究院陈列部干事,兼襄理,兼管造型部摄影事项,兼文科主任办公室事务员。

孙伏园,浙江绍兴人。北京大学文学士,北京大学讲师,《北京晨报》及《北京京报》记者。在厦门大学任国学研究院编辑部干事,兼管风俗调查事宜。

章廷谦,浙江绍兴人。北京大学校长室秘书,中俄大学注册部主任。在厦门大学任国学研究院出版部干事,兼图书馆编辑。

潘家洵,江苏吴县人。北京大学文学士。曾任北京女子师范大学、北京大学、外国语专门学校英文教员,清室善后委员会顾问。在厦门大学任国学研究院英文编辑,兼管一切英文函件,兼文科外国语言文学系讲师。

丁山,安徽和县人。北京大学研究所国学门研究生。曾任京师大同学校高中国文教员。在厦门大学任国学研究院编辑。

林景良,福建龙溪人。寻源中学国文教员。

陈乃乾,浙江海宁人。曾任南洋中学教员,国民大学教员。在厦门大学任图书馆中文部干事,兼任国学研究院图书部干事,兼文科国学系讲师。

王肇鼎,江苏吴县人。东南大学商学士,崏山中学教员。在厦门大学任国学研究院编辑兼陈列部事务员。

必须承认,厦门大学国学研究院与北京大学国学门有许多相似之处,但仔细比较仍能发现厦门大学国学研究院并非北京大学国学门的简单模仿与复制,与同时期的清华大学国学研究院也有一定的差别。

第一,三校国学研究院的差别突出体现在研究院的基本定位上。民国时期对研究院的定位有两种不同的倾向,一是毕业院(大学院),一是研究院。1921年《国立北京大学研究所组织大纲》提出,"本校为预备将来设大学院起见,设立研究所为毕业生继续研究专门学术之所"①,同时强调"本所分为自然科学、社会科学、国学、外国文学四门,由大学校长与各系教授会斟酌情形提交评议会决议设立"。可见北京大学研究所国学门的定位是毕业院,为毕业学生及同等学力者继续研究与深造之所,为此,1922年北京大学正式确定预科、本科、研究所三级学制。清华大学最初也想设"大学院",清华大学《缘起》中指出,"东西各国大学,于本科之上更设大学院,以为毕业生研究之地"②,但显然吴宓主导下的清华大学国学研究院并不如此。吴宓起草的《清华开办研究院之旨趣及经过》强调,曹云祥校长最初的想法是开设"大学毕业及学问已有根柢者进修之地",但清华国学研究院"非清华大学之毕业院(大学院),乃专为研究高深学术之机关"③,这也引发毕业院与研究院、普通演讲与专门研究之争。梅贻琦在代理清华大学校长时就指出,"取消国学研究院,成立毕业院,这是同学一致的要求……毕业院是与本大学一贯的,早在计划之中"④。毕业院与研究院代表两种不同取向,清华大学成立的国学研究院的英文为"The Research

---

① 萧超然等.北京大学校史(1898—1949)[M].上海:上海教育出版社,1981:148,149.
② 清华大学校史研究室.清华大学史料选编(第1卷)[M].北京:清华大学出版社,1991:374-375.
③ 清华大学校史研究室.清华大学史料选编(第1卷)[M].北京:清华大学出版社,1991:374-375.
④ 苏云峰.从清华学堂到清华大学(1911—1929)[M].北京:三联书店,2001:329.

Institute of Tsing Hua College",而大学院(毕业院)或研究院的英文则为"Graduate School"①。当然这与清华大学本身的特点相关,直到1925年清华大学才开办大学部和研究院国学门。因此,清华大学国学研究院、大学部和留美预备部是三个相对独立的教学单位,虽然同在一个校园,由校长统一领导,但基本教育目标、学制、学生背景、学习年限、教学与研究方法等方面都大不相同。吴宓因坚持办国学研究院,不办大学院而辞职。

北京大学与清华大学国学研究院的不同模式以及清华国学研究院内部的纷争反映出早期研究生教育的不同争论与发展轨迹。厦门大学国学研究院的定位则耐人寻味。按照林文庆校长的设想,研究院来自于改造后的翰林院,研究院不仅招收本校毕业生,也招收研究者,实际上是更倾向毕业院。但在《厦大周刊》上发表的《本大学组织系统一览表》里,国学研究院和大学部、高等学术研究院为并行的机构,在组织结构、招生、学生管理以及教学上体现出相当的独立性。厦门大学改国文系为国学系又使得从国学系到国学研究院呈现出不同等级、层次与程度的差别,国学研究院的导师们往往通过兼职的方式成为国学系的教授或讲师,这加深了国学系与国学研究院之间的联系。厦门大学国学研究院实质上融合了北大与清华两种模式,即作为机构的国学研究院是独立的,但作为研究院,它事实上是建立在本科毕业基础之上的更高层级的学制。在这一点上,厦门大学无疑走得更远,更为彻底,它直接通过建立国学系确立二者之间的联系。正因为有毕业院与研究院的差别,在学员的资格上,厦门大学强调招收"本大学及本大学承认之大学本科毕业生或同等学力者",北京大学则招收"本校毕业生有专门研究之志愿者及能力者又未毕业生及校外学者等",清华大学强调学员为"国内外大学毕业生或相当之程度者;各校教员或学术机关服务人员,具有学识及经验者",清华大学的本校生附注说明"清华学校旧制大一级毕业生,得学校推荐及专任教授许可者,得为本院特别学员"。②

第二,厦门大学是私立大学,其研究院也体现出私立大学的特色,突出反映在学费设置上。北京大学研究所组织大纲中只有奖学金的规定,并没有学

---

① 苏云峰.从清华学堂到清华大学(1911—1929)[M].北京:三联书店,2001:329.
② 清华大学校史研究室.清华大学史料选编(第1卷)[M].北京:清华大学出版社,1991:377.

费及其他费用的专门说明,清华大学则明确免交学费及住宿费,只需每学期入学时交膳食费约三十五元,预存赔偿费五元①。与北京大学、清华大学不同,厦门大学明确规定,研究生报名费一元,每学期应纳学费六元。同时,如果在本校各科选修课程也应依其所选修绩点数缴费。六元的学费水平我们可以做一个简单的对比:1921年厦门大学商学部学生每年学费二十元,膳食费四元五角,住宿费免纳,师范生则学费、膳食费、住宿费均免;1927年厦门大学对学生学费进行调整,凡1927年9月以后入学的学生本科每学年学费七十元(旧生为五十元),预科每学年学费五十元(旧生四十元)。② 由此可见,厦门大学研究生的学费相对本科生而言并不高,但相对于北京大学、清华大学的免学费,只能说厦门大学的研究生收费颇具有典型的私立大学的特色。

第三,厦门大学国学研究院的教学体系与课程颇具特色。北京大学并不对研究生的课程进行专门规定,只在《国立北京大学研究所国学门研究规则》中指出,将随时聘请国内外学者进行专门演讲。可以说,在北京大学国学研究门,科学研究与教学工作并没有什么联系。③ 演讲制度后被清华大学和厦门大学所采纳。《清华大学研究院章程》就专门规定,除分组指导、专题研究以外,各教授均须普通演讲,每星期至少一小时。所讲或为国学根底之经史小学,或治学方法,或本人专门研究之心得。此种普通演讲,凡本院学员均须到场听受。④ 后针对普通演讲,清华大学还专门规定,"本学年多增加临时演讲,题目及时间随时宣布,学生每人至少要选听四门普通演讲"。⑤ 除普通演讲外,清华大学的特别讲师也专就一定学科范围演讲一次或多次,学员研究题目与此相关者,也须到场听受。可见,清华大学国学研究院是将教学和研究结合得很好的机构,教授讲授平生治学心得及专精科目,学生则根据自己的兴趣学力

---

① 清华大学校史研究室.清华大学史料选编(第1卷)[M].北京:清华大学出版社,1991:374-375.

② 厦门大学校史编委会.厦门大学校史(1921—1949)[M].厦门:厦门大学出版社,1990:13,90.

③ 萧超然等.北京大学校史(1898—1949)[M].上海:上海教育出版社,1981:149.

④ 清华大学校史研究室.清华大学史料选编(第1卷)[M].北京:清华大学出版社,1991:374-377.

⑤ 孙敦恒.清华国学研究院史话[M].北京:清华大学出版社,2002:65.

选择专修学科与研究专题,接受教授的指导。此外,"研究院的学生也可以到大学部选课或旁听;大学部及旧制生亦可旁听或选修研究院的普通演讲"。①

比较而言,厦门大学国学研究院的教学处于两者之间,既不像北京大学过于自由,也不像清华大学密集严谨。厦门大学依照研究部办事细则第八条,国学研究院每月举行专门讲演一次。第一次学术演讲为张星烺的《二十世纪之泉州》,第二次为林语堂的《闽粤方言之来源》②,也允许学生自由选修课程。由于国学院教师往往兼职其他本科院系,这也为研究生选修课程埋下了伏笔。如国学研究院总秘书林语堂,是文科兼语言学教授,国学研究院主任沈兼士也是国文系主任、文字学正教授,史学研究教授顾颉刚是国文系名誉讲师,国学研究院考古学导师陈万里兼国文系名誉讲师,等等。沈兼士等人到厦大后,力图把国文系和国学院贯通起来,将国文系改称为国学系。其目的,就是要把基础教学与高深研究连接起来,把国学系作为国学研究院的依托。这一点,正是厦大国学院教学与课程体系的一大特色。③

第四,总体来看,在学术研究与人才培养上,厦门大学国学研究院有自己的优势与特色。在人才培养上,北大优点有六:一是没有入学资格限制和入学考试,大学教员也可随时入所研究。二是实行导师制,自由研究。三是可以通信研究,不须常在住所。四是研究期限由学生自定,可以随时延长。五是无专任教授。六是学生通过所主任请指导教授,而非直接与指导教授面谈后决定,可以说是绝对自由。培养形式也甚为宽松自由,师徒制培养模式明显。比较而言,清华国学研究院旨在培养国学研究人才,采用中国旧式书院与美国研究院培养模式相结合的导师制进行研究,即以自修读书为主,教师随时予以指导,辅以专题讲座。清华国学研究院注重个人自由,师生从经常接触中培育学术和感情,营造特殊学术气氛,师生常同住宿,关系密切。④厦门大学国学研究院只有招生,并无实质上的研究生培养,但通过章程发现,厦门大学国学研究院对研究生的教育与培养继承了北京大学的优点,如没有考试,允许通信研究生存在,但厦门大学的人才培养也有自己的特色:一,重视审查与考核,强调

---

① 苏云峰.从清华学堂到清华大学(1911—1929)[M].北京:三联书店,2001:318.
② 国学研究院第二次学术讲演[N].厦大周刊,1926-12-28.
③ 洪峻峰.厦门大学国学研究院与国学系[J].鲁迅研究月刊,2003(6).
④ 苏云峰.从清华学堂到清华大学(1911—1929)[M].北京:三联书店,2001:288-289.

考生的学业成绩、研究题目、研究方法以及著作由学术会议审查,必要时加口试。二,强调共同研究,教员可以提出题目,召集有相当学力的研究生,经由学术会议审议通过后共同研究。三,形式灵活,虽无研究年限,但有严格的考核机制。研究生每学期结束时须报告取得的成绩,以此作为获取奖学金以及继续研究的基础。四,收费与奖学金并重。在研究方面,厦门大学发扬北京大学研究所国学门的传统,提倡用科学方法对国学进行研究,对闽南古迹与风俗进行广泛的调查,获得一批重要的研究成果。① 国学研究院重视考古实物和社会调查,将两者结合起来,使厦门大学国学研究院的特色更加显著。② 民俗调查与研究是"五四"后新文化人发起的学术运动,经由顾颉刚、陈万里,以及厦门大学国学研究院其他学人如沈兼士、容肇祖、孙伏园等人的大力推动,民俗学运动的中心便由北京转移到闽南。③

四、厦门大学国学研究院的停办与研究生教育的后续

1927年,由于资金问题,厦门大学无奈宣布停办工科、医科、矿科和国学研究院。关于厦门大学国学研究院的终止,研究众多,归纳起来,大概有以下几点:一是资金的问题。国学研究院开办不久,当初吸引北大教授们的重要原因——学术支持和出版资助等先后落空,《厦门大学国学研究院周刊》仅出版三期就难以为继,研究工作也无法展开,导致著名教授和核心人员离开,沈兼士、顾颉刚、鲁迅、林语堂先后辞职,宣告了国学研究院的解体。二是厦门大学内部文理科的分歧与影响。三是以北大国学门同仁为核心的团队并无以厦门大学为长期发展之地的打算,无论是沈兼士还是鲁迅,都仅以厦门为暂居地。这个团队内部矛盾重重,各种矛盾诱发的学潮则直接导致国学研究院停办。厦门大学国学研究院是我国第一所由私立大学创设的研究院,在研究生教育发展史上具有重要的地位与意义。"与同时期的新国学各研究机构相比,为时不久的

---

① 国学研究院第一次学术会议纪事[N].厦大周刊,1926-10-23.
② 杨国桢.20世纪20年代的厦门大学国学研究院[J].厦门大学学报:哲学社会科学,2006(5).
③ 洪峻峰.厦门大学国学院的泉州访古与研究[J].泉州师范学院学报:社会科学,2006(5).

厦门大学国学院的学术成就固然赶不上北大和清华,却不逊色于齐鲁、燕京的国学研究所和东南大学国学院,在学术发展史上的地位甚至更为重要。"①

事实上,不仅厦门大学国学研究院草草结束,北京大学、清华大学以及中山大学的研究生教育也先后停办。民国早期以国学研究为基本取向的研究生教育制度基本以研究院(所)的停办而宣告结束。从这一角度而言,厦门大学早期研究生教育的失败有其必然性。首先,研究生教育所耗甚巨。即使是经济实力雄厚的北京大学、清华大学都难免有停办国学研究院以节省经费的异议,更不用说依靠私人捐助的私立大学。在经费有限的情况下,学校内部不同学科的经费如何分配问题容易导致学科间的冲突与矛盾,国学院收费低,培养学生少,花费大则是明显的劣势。其次,民国早期教潮、学潮不断发生,各大学的国学研究工作受到干扰,教师的流动既成就了厦门大学国学研究院的兴盛,也导致其迅速结束。再次,民国早期的研究生教育制度尚不成熟。1928年制定的《戊辰学制》才明确由研究院正式取代大学院成为研究生教育的基本机构,1934年教育部颁发的《大学研究院暂行组织规程》才从研究院的设置条件、组织运行、研究生的招生资格、培养以及学位授予等方面做出了系统的规定。就此而言,从北京大学、清华大学到厦门大学、中山大学,国学研究院虽然有一定的延续性与继承性,但也存在明显的不稳定和简单等特点。民国国学研究院创办与运行中反映出的问题,如何解决资源分配、不同学生群体间的权益冲突问题、如何定义研究生教育制度的基本功能与价值等,不仅是早期研究生教育的实践与理论问题,也是当代研究生教育发展中值得反思的重要问题。

国学研究院的早期探索不得不结束,但厦门大学研究生教育的努力并未停止。1927年,《厦大周刊》上发表文章《理科最近进行之概况》,提出"为力求科学发达,造就高深人才起见,近拟设立研究院……"必须指出,理科研究院的设想与国学研究院相比有所发展与区别:首先理科研究院招收本科毕业生或其他大学毕业生,经该科教授会推荐者,并不招收同等学力者,这也是理科学习与国学研究的差别所要求的;其次,理科研究生的研究期限为"招收二学期以上",对毕业有具体要求,即"得有独立研究能力;于学术上有确实贡献;经该

---

① 桑兵.厦门大学国学院风波——鲁迅与现代评论派冲突的余波[J].近代史研究,2000(5).

院考试委员会实验及格";最后,首次明确"授予理科硕士学位"的创想。①1926年,北京大学研究所国学门发布通告,6名研究生经委员会审查,准予合格②,并不涉及授予学位的问题。厦门大学国学院的章程中也未明确授予学位,清华大学国学院则因是否授予学位问题引发"易长风波"。厦门大学理科研究院的这一设想直到1935年的《学位授予法》中才明确,"硕士学位候选人考试合格,并经教育部复核无异者,由大学或独立学院授予硕士学位"。只是因经费等问题,厦门大学理科研究院并未实施。1944年,厦门大学筹备设立水产研究室,计划逐渐将研究室扩充为研究所,招收研究生,设分所于台湾及海南等水产富源之地。③ 1946年,厦门大学筹设经济研究所、历史研究室,这类研究所的筹设反映了厦门大学对恢复研究生教育的基本意向,这些研究所也成为厦门大学在解放后研究生教育的基础。1950年,厦门大学率先招收经济学研究生,不能不说,这正是厦门大学研究生教育不断探索与努力的结果。

第二节 新中国成立初期厦门大学的研究生教育(1949—1966)

新中国成立后,为了适应国家社会主义建设和高等事业发展对高素质人才的需要,厦门大学于1950年开始招收研究生,是新中国较早招收与培养研究生的学校。这一时期,厦门大学研究生教育的发展不仅是厦门大学研究生教育发展的必然,折射出中国研究生教育发展的历程,也与王亚南校长重视研究,重视研究生教育的思想密不可分。1952年厦门大学成立研究部,加强对研究生培养和科研工作的领导。王亚南任研究部部长,副部长为郑重教授和林惠祥教授。为人熟知的经济学家王亚南、化学家卢嘉锡、人类学家林惠祥、

---

① 理科最近进行之概况[N].厦大周刊,1927-01-01.
② 北京大学研究生院.继往开来——北京大学研究生教育90年[M].北京:北京大学出版社,2008:24.
③ 厦门大学校史编委会.厦大校史资料(第二辑)[M].厦门:厦门大学出版社,1988:89.

生物学家严楚江等人在"文革"前都先后招收研究生,为厦门大学研究生教育发展,为国家培养高级人才做出巨大贡献。

一、新中国较早招收与培养研究生的高校

1949年全国解放,在接管原国民党政府统治区的高等学校时,北京、上海等大城市少数高等学校设有研究所,培养为数不多的研究生(总人数约100人)。解放后,这批研究生毕业后即分配,一般不再招生。① 但少数大学与科研机构事实上还在招收与培养研究生。1950年5月26日,教育部发布《关于高等学校一九五〇年度暑期招考新生的规定》,提出各校招考研究生应注意的事项:"研究生之招考应注意与国家建设之密切联系,严格选择思想进步、学业优良、有研究能力及培养前途的青年,研究生的招考应经各大行政区教育部审查,并转呈中央人民政府教育部核准后始得举行(华北五省二市由中央人民政府教育部审查核准)。"② 1950年8月,政务院颁布《高等学校暂行规程》规定,"大学及专门学院为培养及提高师资,加强研究工作,经中央教育部批准,得设研究部或研究所,其规程另定之"③。据相关统计,1950年少数大学和中国科学院等科研机构共招收研究生874人,学员主要从应届本科毕业生中留校学习或由组织分配入学,研究生招生工作由各培养单位自行负责,没有统一的招生办法。研究生的学习年限是1~3年,课程没有统一规定,主要是导师指导学习。④ 相关文献一般都强调中国人民大学和哈尔滨工业大学从1950年起,在苏联专家的帮助下,开始培养一、二年制的研究生。⑤ 中国人民大学成立之初就强调招收研究生,"1950年10月3日,中国人民大学举行开学典礼。高校是综合大学,主要培养财经、政法及俄文等方面的建设人才。本科招收中学

---

① 吴本厦.中国学位与研究生教育的创立及实践[M].北京:高等教育出版社,2009:2.
② 杨学为.高考文献(上)(1949—1976)[M].北京:高等教育出版社,2003:5.
③ 何东昌.中华人民共和国重要教育文献(1949—1975)[M].海口:海南出版社,1997:45.
④ 中国教育事典(高等教育卷)[M].石家庄:河北教育出版社,1994:581.
⑤ 中央教育科学研究所.中华人民共和国教育大事记(1949—1982)[M].北京:教育科学出版社,1983:41.

程度者入学，三年毕业。专修科招收大学程度者入学，八个月结业。研究生一或二年结业"①。

厦门大学也是较早招收研究生的高校。早在1950年，华东教育部就批复了厦门大学关于研究所招生问题的请示②，相关文件与文献资料也可以证实，厦门大学是新中国成立以来第一批招收研究生、培养研究生的大学。对于招收和培养研究生，王亚南校长有很强的意识。1950年，王亚南担任厦门大学校长后不久，就开始院系调整，厦门大学的定位为"综合大学"。王亚南校长从厦门大学的基本定位出发，制定了明确的建校和办学方针。他认为"综合大学，一方面是教学机构，另一方面是研究机构，但首先是教学机构"③。搞好教学是科研工作顺利进行的前提，教学中要不断创造条件为科研营造良好的环境。当然成功的教学工作建立在科学研究工作的基础上，教学与科研是相辅相成的，综合大学要与时俱进，必须处理好教学与科研二者的关系。王亚南接任厦门大学校长后，一心想把这所偏居南方一角、依山傍海、身处国防前线的大学建设成科研繁盛的综合性大学。为了将厦门大学办成名副其实的教学与科研并重的机构，王亚南校长领导全校师生在反空袭斗争中一手抓教学改革，一手抓科学研究工作。1950年，在原有机构的基础上，厦门大学设立经济、化学、海洋三个研究所，招收研究生。王亚南担任经济研究所的研究生导师，积极参与厦门大学的研究生培养。1952年，王亚南率先创办《厦门大学学报》，积极推动科研工作的开展。王亚南亲自组稿，广泛发动、鼓励青年教师和研究生写稿。在王亚南的大力推动下，全校科研工作蓬勃发展，研究队伍不断涌现。在王亚南的主持下，厦大创办《学术论坛》（文科）和《科学进展》（理科），厦门大学经济研究所也创办期刊《中国经济问题》。此外，王亚南还鼓励本校的教师和学生积极接受研究生教育，著名教育家潘懋元④正是在王亚南校长的

---

① 中央教育科学研究所.中华人民共和国教育大事记(1949—1982)[M].北京：教育科学出版社，1983：27.

② 厦门大学校史编委会.厦大校史资料1949—1966(第三辑)[M].厦门：厦门大学出版社，1989：85.

③ 王岱平，蒋夷牧.王亚南与教育[D].福州：福建教育出版社，1981：22.

④ 潘懋元教授又名"潘茂元"，鉴于潘先生自署"懋元"，全书统一改成"潘懋元"。正式文件中多处使用"潘茂元"一名，为保准确，引用者可参考相关文献决定使用何名。

支持下,前往中国人民大学参加研究生班的学习。

　　作为综合大学,厦门大学的主要任务之一是培养研究人员和科学研究人才,王亚南亲自参与研究生招生与培养工作,成为早期研究生的导师。为了解厦门大学早期招收研究生与培养研究生的实际情况,我们特别访谈了著名的财政学家邓子基先生,老先生为我们回忆了当年厦门大学第一批研究生培养的基本情况。

　　厦门 1949 年 10 月 17 日解放,当时中央政府任命了一批著名教授为大学校长,其中包括厦门大学校长王亚南先生。王亚南校长很重视研究工作,1950 年 5 月,王亚南先生就任后就开始着手招收研究生工作。

　　1950 年,厦门大学是全国第一个招收研究生的学校。当时招生主要集中在厦门和福州两地,当年有 87 个人报考,录取 10 人(经济 8 人,化学 2 人)。据查他们分别是化学研究所郑作光(男,福建林森)、胡玉才(男,江苏江阴),经济研究所黄良文(男,福建永泰)、邓子基(男,福建沙县)、刘清汉(男,福建漳平)、谢佑权(男,浙江绍兴)、陈肇育(男,福建莆田)、陈延炮(男,福建同安)、许如奎(男,福建福州)、陈可焜(男,福建林森)。

　　当时的招生非常严格。我记得经济研究所的考试内容为政治经济学、英语(或俄语)和统计学。当时的考试时间是 1950 年 6 月,9 月入学。

　　我于 1950 年以第一名的成绩考上厦门大学经济研究所,攻读研究生,学制为两年,1952 年 7 月毕业。

　　在这期间,我们学习了《资本论》,由王亚南校长亲自授课,胡体乾讲授统计学,傅家麟讲授经济史,由俄罗斯老师讲俄语,同时本校老师也开设了英语课。

　　老师上课主要是讲重点,学生课后看"指定参考书",在课堂上讨论,然后在讨论中发现问题,自己重点研究,形成论文并发表。在生活上,研究生有生活费补贴(刚开始并没有),后来就每月 18 块,不需要交学费,伙食费六七块就够了。研究生也可以兼助教,给本科生上课。1950 年厦门大学经济研究所招收的 8 名学生,4 个顺利毕业,我留校当讲师,兼学校教学改革委员会及教务长秘书。两个因为考试不及格留级,还有两个去世了。当时同王亚南校长同时招收研究生的,有化学系的卢嘉锡先生,他

招了两个。那时虽然没有专门的研究生管理办法与规则,但学校不论从考试还是学习,要求都比较严格,要开题,举行毕业答辩,鼓励学生发表论文。这些制度在全国都是最早的。后来教育部还专门派一位司长来了解厦门大学了解招收研究生和培养研究生的情况。

1951年6月11日,中国科学院、教育部联合发出《一九五一年暑期招收研究实习员、研究生办法》,规定中国科学院所属各研究机构招收研究实习员,教育部所属高等学校研究部招收研究生,以培养科学研究人才和高等学校的师资。本年暑期采用申请、推荐、审查的办法,在全国招收研究实习员、研究生500人。其中,中国科学院研究实习员100人,中国人民大学研究生200人,北京大学、清华大学、浙江大学、南京大学、北京农业大学、燕京大学、南开大学、北洋大学、金陵大学、同济大学、湖南大学、中山大学、东吴大学、武汉大学等十四校研究生共200人。在此以前,中国人民大学和哈尔滨工业大学从1950年起,在苏联专家帮助下,开始培养一、二年制的研究生。[1] 由于种种原因,1951年实际录取270多人,以后也未续招[2]。不过,虽然厦门大学并未出现在招生名单里,但事实上厦门大学研究生的招生与培养工作仍在继续。根据厦门大学的校史资料显示,1951年厦门大学招收研究生7人,分别是化学研究所2人,即张乾二(男,福建惠安)和卢宗兰(女,福建闽清);经济研究所5人,包括潘天顺(男,福建海澄)、胡世凯(男,江西乐平)、杨振辉(男,福建厦门)、吴钦德(男,福建漳浦)、林克明(男,福建龙岩)。

二、规模增加与制度化探索

1953年11月,高等教育部发布《高等学校培养研究生暂行办法(草案)》,建立研究生教育规章制度。《暂行办法(草案)》明确规定,凡聘有苏联专家(或人民民主国家的专家)或师资条件较好的高等学校,均应承担培养研究生的任

---

[1] 中央教育科学研究所.中华人民共和国教育大事记(1949—1982)[M].北京:教育科学出版社,1983:41.

[2] 吴本厦.中国学位与研究生教育的创立及实践[M].北京:高等教育出版社,2009:2.

务,其目的是培养高等学校师资和科学研究人才。研究生学习年限定为2~3年,毕业后应能讲授所学专业的一、二门课程并具有一定的科学研究能力,同时,《暂行办法》对研究生的条件、专业、考试、培养方式、待遇、毕业分配等做了规定,该办法规定研究生的指导教师由苏联专家担任,或由教研组(室)所选定的教授、副教授担任。研究生在导师指导下学习专门课程并进行科学研究,研究生需参加教育实习,在指导教师同意下,还可结合其所学专业,参加部分教学工作,其教学工作时间(包括教育实习在内)第一学年不得超过全学年学习总时数的10%,第二、三学年不得超过20%……①《暂行办法(草案)》是新中国成立后第一个有关研究生培养的法令性文件②,对研究生培养工作的各个环节做出具体规定,有利于研究生工作的顺利开展,在此基础上,新中国研究生教育制度逐步确立。

1956年高等教育部的文件《关于全国高等学校研究生人民助学金标准问题》明确:根据"同等条件,同等待遇;不同条件,不同待遇","学习期间的待遇,应低于工作期间的待遇"等原则规定:"凡参加工作不满两年的高等学校本科毕业生或未经高等学校本科毕业,而合乎招生规定条件并经考取的研究生,不论几年制,一律每人每月发给45元的助学金,另加地区差价补助。凡参加工作两年以上的高等学校本科毕业生或未经高等学校本科毕业而合乎招生规定条件并经考取的研究生,不论几年制,一律按离职前原工资的80%发给助学金,另按地区差价折合计算;但在研究生期间,原工资的级别和标准一般不进行调整。"③以此为基础,中国研究生的规模逐渐增加,"每年招收研究生的规模,开始几年几百名,后来增至1 000名,最多时曾达到2 000名。这批以苏联专家为主培养出来的近万名研究生,不仅负起新专业的教育任务,而且成为以后新中国高等学校教学和科学研究工作的骨干力量"④。

---

① 何东昌.中华人民共和国重要教育文献(1949—1975)[M].海口:海南出版社,1997:266.
② 周洪宇.学位与研究生教育史[M].北京:高等教育出版社,2004:309.
③ 刘光.新中国高等教育大事记(1949—1987)[M].长春:东北师范大学出版社,1990:116.
④ 吴本厦.中国学位与研究生教育的创立及实践[M].北京:高等教育出版社,2009:2-3.

这一时期,厦门大学研究生的招生数量与规模也有了很大发展,招生院系也有增加,更为重要的是,研究生制度逐渐建立。

第一,研究生招生数量有所增加,但每年的招生数量有一定起伏。据厦门大学相关史料统计,从1953年开始,厦门大学的研究生招生数量和在校研究生数量都有了一定程度的增加。1953年,化学研究所招生5人,分别是庄启星(男,福建晋江)、陈元柱(男,福建仙游)、胡盛志(男,湖北武汉)、李宋贤(男,福建泰宁)和林景臻(男,福建长乐)。1954年,生物研究所招生1人——王慧姬(女,福建古田)。1955年,共招生10人,化学研究所招生5人,分别是方一苇(女)、施彼得(男)、潘克桢(男)、余秀芬(女)和黄开辉(男);生物研究所招生5人,许振祖(男)、陈金环(女,福建同安)、彭德民(男)、李少菁(男)和张淑莲(女,福建晋江)。1956年,招生1人——经济研究所的朱乃灿。1957年招生7人,分别是考古学研究所两人——蒋炳钊(男)和叶文程(男),化学研究所5人,蔡琼英(女)、黄谅博、郑朱梓、戴治水和张炳楷。1958年化学研究所招生2人,分别是陈德安(男)、赖伍江(男)①。从招生的具体情况看,厦门大学的研究生招生不仅数量有所增加,而且女生的数量也有所增加,学生的来源地也有一定程度的丰富。

第二,招生系所的增加。厦门大学研究生招生最初集中在经济研究所与化学研究所,随后历史系、生物系也招收研究生。②

1.经济学系

1950年秋,王亚南校长开办经济研究所,招收经济学研究生,学制为两年。这是解放后我国高校中新成立的第一个经济研究所,招收我国第一批经济学研究生,共招收两届,毕业生11人,后因院系调整而停办。1960年起,王亚南又招收三届资本论研究生,学制三年,毕业生4人,最后一届因"文革"开始而取消。50年代至60年代,经济系对研究生的培养注重基础理论和专业理论的纵深发展。经济系毕业的研究生为我国经济发展和经济学的进步做出巨大贡献,50年代初经济学研究生邓子基、胡世凯、陈可焜等人都成为经济界

---

① 厦门大学校史编委会.厦大校史资料(第六辑)[M].厦门:厦门大学出版社,1990:277-364.

② 厦门大学校史编委会.厦门大学院系馆所简史(1921—1987)[M].厦门:厦门大学出版社,1990:169,83,37,11,101.

知名专家、学者。

2.化学系

化学系创办于1923年,是厦大初创时期首批建立的理学系科之一。1950年,卢嘉锡教授、陈允敦教授创办以结构化学为主的化学研究所。为培养高层次人才,1951年该所开始招收第一批结构化学研究生。1955年设立电化学专门化,1959年周绍民教授、田昭武教授先后招收研究生,培养科研人才。蔡启瑞教授于1956年回国,于1958年组建催化教研室,培养研究生,取得的成绩不仅在国内领先,也在国际上产生重大影响。截止1966年,从厦门大学毕业的研究生共有62名,化学系大约有41名毕业生,占2/3。

3.生物学系

1954年生物研究所招收研究生1名,成为厦门大学较早培养研究生的院系之一。1955、1962、1965年,郑重、金德祥教授先后招收海洋浮游生物学研究生,学制3~4年,生物学系成为海洋浮游生物学教学科研之全国重点单位。这是厦门大学及全国同行最早培养海洋科学高层次人才的学科。[①] 研究生培养采用导师制,除课程时间外,大部分时间在导师指导下从事论文工作。开设的专业课包括腔肠动物学、浮游甲壳动物学、硅藻学及海洋无脊椎动物教学实习、学年论文,此外还需学习马列主义基础、自然辩证法、外语等公共课。1958年,该所开展亚热带植物研究,次年何景教授招收2名研究生,组织力量与农垦单位协作研究。1958年,黄厚哲教授建立放射生物测试站,次年招收该专业研究生2名。1959年,在汪德耀教授的努力下,细胞学科研组成立,同年招收研究生3名,从事动物细胞亚显微结构基础研究。1961年,生物研究所共招收11名研究生,占当年研究生招生总数的半壁江山。

4.历史学系

全国解放后,历史系第一任系主任由林惠祥教授担任,1952—1966年由傅衣凌[②]担任。解放后历史系获得较大的发展空间,首先是体制的扩大和完备,设立了中国通史教研组、历史研究室等多个教研组,有力地推动教学和科

---

① 厦门大学校史编委会.厦门大学院系馆所简史[M].厦门:厦门大学出版社,1990:118.
② 傅衣凌教授又名"傅家麟",本书行文中皆用"傅衣凌"。访谈中遇有用"傅家麟"者保留。正式文件中多处使用"傅家麟"一名,本书直接改成"傅衣凌"。引用者可翻阅参考文献决定使用何名。

研工作。1952年,在林惠祥教授积极倡导和筹备下,中国高校第一所人类博物馆在厦门大学落成。林惠祥教授曾漂洋过海,在台湾、新加坡等地搜集文物,全数捐给厦门大学人类博物馆。陈嘉庚倾资兴学,林惠祥倾资建馆,为后人所敬仰,传为一段佳话。从1956年起,历史系开始招收和培养研究生,是厦门大学较早招收研究生的单位。1956年秋,经教育部批准,林惠祥教授以人类博物馆的文物和图书为依据,招收培养考古学副博士研究生2名。1961年,傅衣凌、韩国磐教授各招收3名中国经济史方向的研究生。

第三,研究生教育与培养制度的探索。培养研究生是研究生教育中的核心问题。建国之初,研究生教育制度并未规范化,国家和政府虽出台了一定的政策与规范性文件对研究生教育进行管理,但这些管理是暂时性、探索性的。在国家政策的指导下,厦门大学依据实际情况,形成与发展了研究生培养制度,如研究生选拔制度、研究生的培养年限两年制、研究生培养中的生活补贴制度、研究生课程开设制度、毕业制度、毕业生分配制度等,这也成为厦门大学研究生教育制度的早期探索与经验。

三、厦门大学研究生教育的曲折探索(1958—1966)

1958年4月,党中央召开全国教育工作会议讨论教育方针,批判教育部门的教条主义、右倾保守主义和教育脱离生产劳动、脱离实际,在一定程度上忽视政治、忽视党的领导等错误。在此背景下,全国高等学校掀起一场"教育大革命"。1959年,教育部发出通知,要求应届本科生通过推荐录取的办法,进入研究生学习。在这一阶段,研究生培养过程中出现了政治运动过多、劳动过多、课程学习较少的现象。在研究生培养质量与国家需要之间,研究生招生与培养等制度建设过程中呈现出反复与矛盾的状态,正因为如此,有研究者认为,从历史的眼光看,1958—1960年的研究生教育走了一条弯路①。

在招生上,《1959年高等学校研究生选拔考试办法》确定了考试的选拔条件、考试科目和试题范围,8月,教育部《高等学校培养研究生工作及1959年

---

① 吴本厦.中国学位与研究生教育的创立及实践[M].北京:高等教育出版社,2009:4.

全国高等学校招收研究生计划和选拔考试办法》中对研究生的数量和质量进行严格把握,明确规定"如学生来源确实不足,宁缺勿滥,不要降低标准录取,以保证培养研究生必要的质量"①,但在1959年12月,教育部《关于编制1960—1962年高等学校招收和培养研究生计划的通知》里要求各校在编制招收和培养研究生三年规划时,应该根据本校指导教师的力量,尽可能挖掘潜力,积极进行编制。凡高等学校急需补充骨干师资而又有条件培养的学科,应多安排一些招生名额;对某些薄弱的尖端学科,学校只要有一定的指导力量,也应尽早招收研究生。三年规划中要保证每年有一定名额由实际工作经验的在职教师作为研究生培养②。1960年教育部《关于1960年全国高等学校招收研究生工作的通知》,规定招收研究生的任务为2 000~2 500名,要积极争取完成或超额完成,大力开辟招生来源,包括国家统一选留应届大学毕业生做研究生;高等学校选送在职教师报考;抽调在职干部和分配给本地区本部门的大学毕业生中选留一部分报考。这类政策的反复与摇摆反映了研究生教育的矛盾。直到1961年,教育部《关于1961年全国高等学校招收研究生工作的通知》才提出研究生招生的具体办法与依据,即招收研究生计划,应根据科学研究工作进展情况、指导力量、基建设备等条件,结合学生来源研究拟定。招收研究生的专业,应结合各校重点发展方向加以安排。全国重点高等学校理工科应以新科学技术和基础理论方面的专业为重点;文科应以政治理论方面的专业为重点,适当注意薄弱学科。其他高等学校、条件较好的少数老校,确能自行解决招生来源的,其招生计划由学校主管部门负责布置拟订,报教育部汇总,统一纳入招生计划。③

在研究生学制等研究生制度建设等问题上,也是如此。早在1954年学位制度就已正式提出,并于1956年拟定《中华人民共和国学位条例》,提出我国的学位分为硕士、博士两级,明文规定硕博士论文答辩等要求,但由于1957年

---

① 刘光.新中国高等教育大事记(1949—1987)[M].长春:东北师范大学出版社,1990:154.

② 刘光.新中国高等教育大事记(1949—1987)[M].长春:东北师范大学出版社,1990:156.

③ 刘光.新中国高等教育大事记(1949—1987)[M].长春:东北师范大学出版社,1990:172.

开展"反右"运动,草案并未通过①。1961年中共中央批准试行《教育部直属高等学校暂行条例(草案)》简称《高校六十条》,对研究生培养工作做出了具体规定,使新中国的研究生教育开始走向逐步完善阶段。《高校六十条》提出,研究生培养目标是培养科学专门人才和高等学校师资;招生对象是高等学校的应届毕业生及本校的青年教师;采用选拔、审查与入学考试相结合的办法,合格者方可录取;教师进修型研究生学习年限一般为三年,在职研究生一般为五年,培养方法采取导师负责制。"高校六十条"在总结建国十二年研究生教育经验的基础上,探寻适合我国国情的研究生培养模式,为未来培养高质量的研究生奠定基础②。1961年,聂荣臻提出《关于建立学位、学衔、工程技术称号等制度的建议》,得到中共中央的同意。1962年1月,中央科学小组、国家科委党组通知中宣部、教育部、中国科学院、国家经委、国务院文教办、文化部着手起草《中华人民共和国学位条例(草案)》,但受"左"的指导思想的影响,该草案未能完成法律程序而被搁置。

1963年,我国召开建国以来规模最大的一次研究生工作会议,研究生培养质量重新成为关注的中心,并从保证招收质量优秀的新生、严格遴选导师、制定必要的规章制度、加强研究生的管理工作、建立严格的考核制度五个方面提出研究生培养质量的具体问题与解决途径。③ 为了将高等学校培养研究生工作纳入正轨,1963年教育部颁布《高等学校培养研究生工作暂行条例(草案)》,确定研究生的培养目标是培养学生具有爱国主义和国际主义精神,具有共产主义道德品质,拥护共产党的领导,拥护社会主义,愿为社会主义事业服务,为人民服务;逐步树立无产阶级的阶级观点、劳动观点、群众观点、辩证唯物主义观点;巩固并深入地掌握本专业的基本理论、专门知识和基本技能,熟悉本专业主要的科学发展趋势;掌握两种外语;具有独立地进行科学研究工作和相应的教学工作能力;具有健全的体魄。研究生分为脱产学习和在职学习,学习年限分别为三年和四年。研究生选拔要保证质量,严格遴选导

---

① 中国教育事典(高等教育卷)[M].石家庄:河北教育出版社,1994:581-582.
② 中国教育事典(高等教育卷)[M].石家庄:河北教育出版社,1994:582.
③ 刘光.新中国高等教育大事记(1949—1987)[M].长春:东北师范大学出版社,1990:582.

师,招收和培养研究生工作,由中央教育部统一规划和领导。经过反复与曲折发展,我国的研究生教育制度逐步确立。但随后的"文化大革命"给刚刚建立起来的研究生教育制度带来严重打击,1967年,教育部向国务院文教办公室提出《关于废除研究生制度及研究生分配问题的报告》,认为研究生制度是培养特权阶层、培养资产阶级和修正主义的接班人,3 000名在校研究生全部分配工作①。

厦门大学这一时期的研究生教育也有所发展,情况反复。在研究部的推动下,厦门大学的教学研究气氛浓厚。《研究部1956—1957年度工作总结》中认为,学校的科学研究气氛不断加浓,教师和科学研究的热情提高了,个别科研工作开展不够好的系,也有一定程度的转变。其具体体现为:第一,学校组织了多次学术讨论会和座谈会,研究部就直接组织了三次,研究部协同各系教研组织的约有十五次,各系教研组织独立组织的报告会和书报讨论会约四十次。讨论内容不仅包括学术争论问题,还包括教学与科研上的不同意见;第二,学校开展了第二次全校性科学讨论会;第三,学生在科学研究上有一定程度的提高,很多研究生都积极参加科研讨论会,撰写科研论文。②

1958年,在王亚南校长的主持下,厦门大学撤销教务处和研究部,成立教学科学研究处,机构调整后实行二级制,校长直接领导各系,各处是校长的办事机构,其中教学科学研究处主管审查专业教学计划和研究生教学计划,负责研究生的招收工作,培养研究生的工作则交给教研组主任,研究生的管理工作更加具体化,促进了研究生教育的发展。首先在招生数量上,1949—1965年,全校共有化学、生物、经济、历史、数学、外文6个系所招收研究生122名,至1966年共有62名研究生毕业分配至全国15个省、市的高等院校和中国科学院的各研究所工作。1949—1965年,化学系、经济系及生物系所招收和培养的研究生数量几乎占据当时厦门大学研究生数量的3/4。根据相关档案资料,以下是1958年以来可查的研究生名单及性别、籍贯见表2③。

---

① 吴本厦.中国学位与研究生教育的创立及实践[M].北京:高等教育出版社,2009:4.
② 厦门大学校史编委会.厦大校史资料(第三辑)[M].厦门:厦门大学出版社,1989:157-159.
③ 厦门大学校史编委会.厦大校史资料(第六辑)[M].厦门:厦门大学出版社,1990:364-491.

表 1-2　厦门大学研究生招生人数、院系及学生名单

时间、总数	招生系科与招生数	学生名单与具体情况
1958(2人)	化学系2人	陈德安(男)、赖伍江(男)
1959(7人)	化学研究所(7人)	陈天明(男)、张潭州(男)、李鸿钧(男)、颜明三(男)、陈天骥(男)、张潘贤(男)、黄铁钢(男)
1960(4人)	化学研究所(2人)	肖漳龄(女)、张玉鸳(女)
	经济研究所(2人)	李圭章(女)、李廷才(男)
1961(26人)	化学研究所(8人)	王尊本(男)、叶明库(男)、陈守正(男)、林祖赓(男)、王秀丽(女)、陈祖炳(男)、林国栋(男)、钱九章(男)
	生物研究所(11人)	王侯聪(男)、苏荣波(男)、杨汉金(男)、陈为发(男)、黄香(女)、蔡福龙(男)、许文献(男)、沈国英(男)、陈傅(男)、林均民(男)、蔡秉及(男)
	数学研究所(2人)	林贻谋(男)、魏献祝(男)
	历史研究所(3人)	张继训、唐文基(男)、蒋兆成(男)
	外文研究所(2人)	陈英才(男)、赵子逊(男)
1962(8人)	化学系(2人)	万惠霖(男)、张鸿斌(男)
	经济系(2人)	李诸蔼(男)、徐东林(男)
	外文系(2人)	夏孝川、翟象俊(男)
	生物系(2人)	陈睦传、黄宗平(男)
1963(9人)	化学研究所(4人)	陈水士(男)、林亚良(男)、吴金添(男)、林仲华(男)
	生物研究所(5人)	王开锡(男)、林维(女)、黄松木(男)、苏荣波(男)、姜学荣(男)
1964	9人	不详

从数据可以看出,厦门大学早期的研究生招生很不稳定。1961年研究生招生数量突然从1960年的4人增加到26人,随后在1962年又突然下降到8人。《厦门大学1959年度招收研究生工作总结》中指出,"为了保证研究生的质量,考生一律通过入学考试,经过严格的政治审查和体格初步检查,并参考其他具体条件,择优录取",但"报考生源很不充足,各专业的考生数有的不满计划招收数,有的计划招收数与实际报考数相等",其结果是"不能在大量的考生中择优录取,因此今年新招收的研究生不但数量上不能满足,质量也不是最

强的"①。

第二,招生系所进一步增加,外文系、数学系也开始招生,具体情况如下②:

1.外文系

解放后,外文系发生重大变化:其一是由单一语种向多语种发展,逐步发展成有英语、俄语、日语等专业的新格局。其二是60年代初期开始招收研究生,1961年、1962年,外文系各招收2名研究生,开展外语人才的研究生教育工作。

2.数学系

数学系的前身是算学系,创办于1923年,是理科六个系之一,后与物理系合并称为数理系。1952年恢复成立数学系,由方德植教授任系主任。1960年厦门大学数学系承担着筹建福州大学数学系的任务,因此从全系教师中抽调一半到福州大学工作,师资力量遭到严重削弱。数学系在严峻考验下,1961年,数学研究所开始进行研究生培养工作,招收2名研究生。1962年方德植教授开始招收微分几何研究生。1961—1966年这四年中数学系培养研究生4人。

第三,有关研究生培养的具体情况。为了弄清厦门大学60年代研究生教育培养的具体情况,我们访谈了厦门大学的吴辉煌教授。吴辉煌教授于1964年获得厦门大学学士学位并考取厦门大学化学系研究生,1967年毕业,曾担任厦门大学研究生院副院长。

> 我是1964年被录取为厦门大学化学系研究生的,该系的研究生教育始于上世纪50年代初。1963年贯彻《高校六十条》后,全国的研究生招生、培养和管理办法发生较大变化。1964年我们参加全国研究生招生统一考试,笔试科目共6门,其中语文、外语和政治这3门公共课程全国统一命题。当年理科生的语文考题是两篇作文,一篇作文题目是"理科学生必须重视语文修养",另一篇为记叙文,没有指定题目。我应试的3门专

---

① 厦门大学校史编委会.厦大校史资料(第三辑)[M].厦门:厦门大学出版社,1989:262.

② 厦门大学校史编委会.厦门大学院系馆所简史[M].厦门:厦门大学出版社,1990:25,67.

业课是数学、物理化学（基础课）和电极过程动力学（专业课）则由学校组织命题。据我所知，理科生考研只有1964年考过语文。研究生招生工作切实贯彻"宁缺毋滥"的原则，据说1964年全国计划招收研究生1 200名，但最后只录取800多名。

研究生培养管理办法与现在不完全一样，这与研究生教育的规模有关。1964年厦大全校共招收10名研究生，其中理科生9名，分布在化学、生物学和数学3个系，文科生（经济学）1名。理科研究生的2门公共课政治和英语由学校统一组织教学，政治课主要学习自然辩证法，考核方式是结合本学科专业知识撰写1篇与自然辩证法相关的论文，然后在班级范围内进行口头交流并由老师点评。英语课的教学重点放在加强阅读能力，并开始重视写作能力的培养，听说能力全无要求。全校各科系对外语的要求不完全一样，当时化学系要求本科生学2门外语。我们在大学本科阶段第一外语是俄语，英语是二外，经过研究生阶段，英语已经排在第一位了。专业课的教学主要由研究生导师组织安排。化学系64级电化学方向的研究生有2人，导师周绍民先生将数理方程和电化学理论2门课设为必修课。由于学生太少，数理方程这门课无法独立开设，于是我们被安排到数学系插班，跟随三年级本科生同堂学习。周绍民先生要求我们不仅要参加课堂学习，而且要有考试成绩。为了学以致用，他特地与任课教师林坚冰老师联系，结合本专业的需求出两道题进行开卷考试并评定成绩。电化学理论课由周先生亲自主持，他给我们开列了一张修读的清单，都是当时电化学学科最前沿的国外文献，要求读完之后写出读书报告，不能就事论事，必须包含自己的心得体会。

公共课和专业课在一年内完成，第二年开始着手毕业论文。当时没有明确的开题制度，但研究生被视为科学研究的主力军，论文选题大多与国家的科研任务紧密相关。由于国防的需要，我的论文选题旨在海军舰艇保护。我先到隶属某部队的研究所实习，了解相关情况，然后参加海军后勤装备部组织的大会战，在南海舰队某基地与水兵们共同生活了8个月，并进行各种现场测试。由于爆发文化大革命，我们的工作不得不被中断。当时虽然没有研究生论文答辩委员会等一些称谓，但毕业论文大多都会在一定范围内进行报告。总体上说，当时研究生各方面的素质较好，在导师指导下发表学术论文是常态。

当年研究生享有每月 44.5 元的助学金,而助教转正之前的工资是每月 48.5 元,助学金与一份薪水相当。除了学习之外,研究生参加教研室的一切活动,与老师们一起参加政治学习、政治运动等,党团组织关系也编在教研室,事实上实行了研究生的教研室管理模式。1964 年化学系开始试行研究生的单独管理,我们同年级有 5 名研究生,3 名属催化化学教研室,2 名属电化学教研室,为了兼顾研究生的自身特点,化学系党总支指派一位党员教师参加我们的单独小组活动,如某些政治学习和每年的学习工作总结和年度鉴定。以前研究生毕业后大都是留校工作,但也有少数人会被派遣到其他单位,如加强其他高校的师资。

建国初期,为适应国家社会主义建设和高等学校教育事业发展的需要,厦门大学从 1950 年开始招收研究生并于 1952 年设立研究部,加强对研究生的培养和科研工作的领导。厦门大学校长、著名经济学家王亚南和著名化学家卢嘉锡、陈国珍,人类考古学家林惠祥,以及蔡启瑞、傅衣凌、汪德耀、郑重、田昭武、方德植、周绍民、李法西、黄厚哲、金德祥、张松踪等教授都先后招收研究生,在文理各学科为国家培养高级专门人才做出贡献。1950—1965 年,学校共有 5 个系 22 个专业方向招收三年制(少部分二年制)研究生 110 名,至 1966 年前共有 61 名研究生毕业,被分配在全国 15 个省市的高等院校和中国科学院各研究所工作。总的来看,这一时期厦门大学的研究生教育数量较少,规模较小,招生的院所也比较少,招生、培养、毕业答辩等方面的制度建设还在探索之中,并未形成相应的制度体系,可以称为"自由探索的研究生教育"。随后由于"文革",研究生教育被迫中断。此后 12 年的时间里,研究生教育是一个空白。

第三节　改革开放以来厦门大学研究生教育的发展

"文革"后厦门大学迅速恢复研究生招生与培养工作。1986年厦门大学获批建立研究生院,这标志着厦大研究生教育进入新的阶段。以此为基础,厦门大学在招生数量与培养质量上有长足发展。围绕研究生培养质量,厦门大学进行了一系列研究生制度与培养机制改革,建立了具有厦门大学特色的研究生教育与制度。

一、研究生教育的恢复(1978—1980年)

1977年,为了适应我国社会主义现代化建设的需要,教育部决定,凡是教师条件和科研基础较好的高校,从1977年起恢复招收研究生。教育部发出《关于高等学校招收研究生的意见》,指出:第一,研究生的培养目标是培养具有社会主义觉悟,熟悉马克思主义,具有系统而坚实的基础理论、专业知识,科学实验的技能,至少熟练掌握一门外语,身体健康,能独立进行科研工作的科技和马克思主义理论研究人才。研究生毕业后,主要从事科研工作或担任高校教师。第二,招收研究生的专业范围重点放在填补国家科学事业的空白和赶超世界科技先进水平的基础科学和边缘科学,哲学、社会科学方面要优先考虑"青黄不接"的学科、专业。招生计划由学校提出,由省级教育部门审核,报教育部批准后纳入国家计划。第三,报考条件除思想政治条件外,要求大学毕业文化程度,在职人员不受学历限制,但需具有同等文化程度,成绩特别优良、具有研究才能的高中生和大学生也可以报考。应届生年龄不超过30岁,在职人员不超过35岁。第四,招生办法采取自愿报名,单位推荐,文化考试,择优录取。第五,研究生学制一般为三年,原则上要求学生至少用两年半的时间从事学习和研究,培养方法采取招收研究生班集体培养也可个别培养;可采取导师负责制,也可成立研究生指导小组,采取集体负责制。毕业时研究生要经过考核,写出的论文需由有关学术委员会审查,合格者予以毕业,不合格者予以结业。第六,研究生毕业后,由国家统一分配。第七,国家正式职工考取研究生后,在学期间由原单位发给原工资,其他人员考取研究生的由培养单位发给助学金,标准是普通高校应届毕业生工资标准的90%[①]。此文件的颁发标志着中国研究生教育的恢复与发展。

1977年12月,教育部召开研究生工作座谈会,确认了研究生招生的基本原则与方针,强调要注意研究生的质量,不能片面追求数量而降低质量标准,加强研究生工作的领导。随后,1978年1月10日,教育部颁发《关于高等学校1978年研究生招生工作安排意见》,将1977年、1978年两年招收研究生工作合并,补充通知放宽报考1978年研究生的年龄限制到40周岁,经过初试、复试,208所高等学校,162个研究机构,共录取研究生10 708人。

1976年后,厦门大学经过拨乱反正,不仅迅速恢复正常的教学秩序,而且为社会主义建设事业培养人才的层次、规格、规模和质量等都跃上新的台阶,教学工作不断取得令人瞩目的进展。1978年,厦门大学在教务处设立研究生科。根据教育部《关于高等学校1978年研究生招生工作安排意见》"将1977年、1978年两年招收研究生的工作合并进行,一次报名,同时考试,一起入学,统称为1978届研究生"的决定[②],厦门大学决定招收1978届"文革"恢复研究生制度后的第一届研究生。

根据规定,厦门大学研究生毕业后,主要从事科学研究工作和高等学校教学工作。当年各专业招收的名额包括电化6名,催化6名,物质结构2名,控制理论3名,势位论3名,微分几何2名,多复函数2名,植物细胞遗传3名,寄生虫学4名,细胞学3名,半导体2名,海洋化学4名,海洋浮游动物1名,动物专业3名,海洋鱼类3名,英语11名,经济史4名[③]。据统计,1978年厦门大学全校7个系(外文系、历史系、数学系、物理系、化学系、生物系和海洋系)17个专业、专门组共录取62名研究生,占全省招收研究生总数的三分

---

① 中国教育事典(高等教育卷)[M].石家庄:河北教育出版社,1994:581-582.
② 厦门大学校史编委会.厦大校史资料(第四辑)[M].厦门:厦门大学出版社,1989:161-162.
③ 厦门大学校史编委会.厦大校史资料(第四辑)[M].厦门:厦门大学出版社,1989:161-162.

二以上，大大超过学校历年招收研究生的人数。这届研究生的学制大部分专业为三年，少数专业为二年。吴辉煌教授参加了这一次的研究生招生考试，为我们谈起了这次研究生招生考试的具体情况。

1977年我国恢复高校招生，也恢复了研究生招收培养工作。根据当时的实际情况，国家鼓励64、65年入学的研究生重新报考研究生，我就是根据这一政策再次考入厦大研究生的。当年考研的科目有政治、英语和3门专业课。我觉得我校当时的招生考试还是很有特色的，从选拔人才角度看，当时的考题方式能够有效地考核和选拔优秀人才。那时没有设定什么分数线，命题老师的内心也比较放松。我记得那年的数学考题非常难，后来得知是张乾二老师出的题，他重在考生的能力，而不是考生的分数。他出的数学考题题量大、覆盖面广，考生在规定时间内要全部作答是极为困难的。显然，谁答得最多，答得最正确，谁就是最优秀。厦门大学77、78级研究生一起入学，共有60多人。后来我因参加教育部出国留学选拔，以访问学者身份前往国外进修，实际上没有在厦门大学参加学习。据我了解，当时厦门大学研究生的培养与管理情况已有新的变化：第一，学校成立了专门的研究生教育管理机构，将研究生的培养工作放在教务处管理，下设研究生科开始制订全校性的培养计划，各学科专业的研究生都设置公共课和专业课，对毕业论文工作也有较具体的要求；第三，研究生开始有独立的组织，学校派兼职老师集中进行组织和管理，如政治学习、生活管理等。77、78级的研究生后来大都成为各行各业的骨干，事实证明当时的研究生培养质量还是很高的。

1979年和1980年厦门大学招收研究生的专业略有增加。1979年有9个系和教研室（包括中文、外文、历史、数学、物理、化学、生物、海洋以及自然辩证法研究室）的14个专业、20个研究方向招收研究生44名。1980年有11个系、所、室的14个专业、19个研究方向招收研究生55名。招生办法亦有所改革，考试课程为政治理论、外语（可任选）、基础课、专业基础课与专业课五门，除英语专业外，其他专业不再进行复试。招生坚持"保证质量，宁缺勿滥"的原则，质量较高。例如1980年，物理、海洋、自然辩证法、历史、日语专业招收的研究生,三门业务课考分平均都在70分以上。厦门大学著名学者陈支平教授1979年成为了厦门大学历史系研究生,为我们回忆了当时考试与培养的具体情况。

  国家于1978年恢复招收研究生,当时我就读的厦门大学历史系只有傅衣凌教授和韩国磐教授两位老师可以招收研究生。当时报考研究生的人很少。记得当时第一届学生,两位导师各招了两名学生,年龄最大的40岁,最小的也有30岁。四人的出身是两个中学教师,一个车间工人老师傅,一个公共食堂的伙夫。第二年有报考勇气的人更少了,为了顺利完成研究生招生工作,领导给大家做工作,鼓励我们大胆报名。所以我1979年3月份报名,6月参加了考试。当时外语是由厦大外语系出题,专业考试是历史系出题,政治是由学校出题。我们这一届招收了3个人,当时学校招生的专业主要是历史、外语、经济、化学、物理、数学、海洋、生物,从第二届开始增加了中文。学校课程开设数量极少,政治课跟现在的研究生上的政治课大为不同,当时我们的政治课学《资本论》和哲学,比较专业和有深度。每周四下午都有学校统一组织的分小组政治学习。当时研究生和进修教师分到一个小组一起学习。我的老师经常出国,行政事务繁杂,所以授课较少,但他很注重因材施教,根据每个学生的个人素质特点,予以针对性的提示与指导,从而使每个学生可以扬长避短,发挥自己的潜能。

  我们是三年制的,但当时外语系是两年制的,因为外语系当时并不授予学位。毕业答辩有答辩委员会,但没有外审的环节,而是直接从北京请来两位老师组织答辩。记得第一届研究生答辩时,大家都不太清楚应该如何进行,因此老师就去北京打听消息,结果得到了一个要把答辩率控制在50%的错误消息,导致第一届有两位学生未通过毕业答辩。后来进行第二次答辩,两位师兄才顺利通过答辩,授予学位。

  1980年,厦门大学招收研究生56人,招收院系也进一步扩大,包括物理系、化学系、数学系、海洋系、生物系、自然辩证法研究所、计统系、经济系、会计系、历史系以及外文系。对于厦门大学"文革"后的早期研究生,厦门大学在总

结早期研究生教育的经验时曾这样评价[1]：七八、七九（包括部分八〇级两年制）级研究生表面上看入学水平大学毕业的占 90% 左右，但由于十年内乱，他们实际水平是参差不齐的，有的是"文革"前毕业的大学生，有的是"文革"中毕业的"三届生"，有的是"工农兵大学生"，有的业务有所荒疏，有的知识缺漏，总的来说，起点不高。针对以上情况，学校采取了一些措施，如让他们补修未学过的大学课程，或加深他们所学过的课程，巩固、加厚他们的基础理论知识，加强基本功训练，提高实验技能和科学研究能力，没有参加过教学工作的，坚持一定要参加教学实践的锻炼。通过以上培养过程，绝大多数研究生都完成了培养方案规定的各项任务，并达到了研究生学术水平。

具体来看，当时的情况大致有以下几种类型：一，"文革"前具有大学毕业或接近大学毕业水平的，个别人已考取过研究生，因"文革"而中断。这部分研究生业务虽有荒疏，但他们基础好，又经过十多年实践的锻炼，入学后在短期内就能反映出他们的业务水平，有的被选派出国留学。这一类型的研究生基础理论和专业知识掌握比较系统、扎实；一般都掌握两门或两门以上外国语。能较熟练地阅读专业文献，写论文摘要，有的经过短期培训达到出国要求，他们科研训练比较全面，动手能力强，具备独立从事高等学校教学工作和科研工作的能力。通过学位论文评阅和答辩，深为校内外专家赞赏，有的专家拟选拔为自己培养的博士生，这类型的研究生约占 30%。二，"文革"期间毕业的"三届生"和"工农兵大学生"，基础理论和专业知识方面有缺漏，经过补课或个人自学，在外语水平和专业知识方面基本上达到研究生应有的水平，这部分占研究生的 60% 以上。其中一部分进步较快，通过毕业论文的训练，显示出他们在业务上有潜力，继续加以培养，将会在教学和科研上取得较好的成绩。三，少数人经过两三年的培养，在知识技能的掌握上仍不够全面，有的基础和专业知识不系统，有的科研能力较差；有的外语水平达不到要求，达不到学位研究生应有的学术水平。这种类型约占 5%[2]。

因为厦门大学坚持严格的质量标准，早期的研究生并没有全部获得学位。

---

[1] 厦门大学校史编委会.厦大校史资料（第四辑）[M].厦门：厦门大学出版社，1989：161-162.

[2] 厦门大学校史编委会.厦大校史资料（第四辑）[M].厦门：厦门大学出版社，1989：161-162.

"八一届(包括七八级三年制、七九级两年制)应毕业48人,其中3人因各种原因延长学习时间,实际毕业45人,授予硕士学位41人,未授予学位4人,其中论文达不到硕士学术水平的3人,因政治表现暂缓授予的1人。八二届研究生应毕业69人(包括81届延期毕业3人),实际毕业65人(2人海外有亲属,申请自费留学已获准,2人因故延期)。无权授予硕士学位专业毕业生9名,有权授予硕士学位的专业毕业生56人,校学位评定委员会通过授予硕士学位49人,因业务水平达不到硕士学位要求的5人,2人因某些问题未搞清而暂缓讨论。另81届1名毕业研究生未通过硕士学位论文答辩,现答辩通过,校学位评委会批准授予硕士学位。其还批准校外无权授予硕士学位专业的1名毕业研究生硕士学位"[1]。

总的来看,这一时期,厦门大学研究生招生数量相比于建国初期有明显增长,招生系所也迅速增加,建国初期主要是经济、化学、生物、历史、数学与外文等系,这一时期增加了海洋、生物、自然辩证法、会计、计统等系所。但当时厦门大学对于研究生的培养与管理还缺乏完整、系统的制度,因此倾向于灵活而探索式的研究生培养模式。对于这一时期的研究生教育,1978年担任厦门大学副校长兼教务处处长的潘懋元先生(主管研究生工作,当时厦门大学设研究生科,隶属于教务处,后改为研究生处)这样评价:"当时的研究生管理可以用'重视质量,灵活机动'来概括。第一,招生方式机动灵活,导师有较大的自主权,学校专业既可以定期招生,也可在其他时间段招收研究生,主要取决于导师是否要录取以及学生的质量。第二,研究生所选专业也没有专门的规范,并没有形成一级学科与二级学科等体系,主要取决于导师的研究兴趣与方向,例如当时厦门大学中文系一位教授招生的专业方向是《管锥篇》研究。当然,也有按专业招收研究生的,当时厦大历史系的傅衣凌教授,是明清资本主义萌芽史专家,韩国磐教授是隋唐经济史专家,他们招收的都是中国经济史专业研究生,入学后各按自己的专长培养。第三,在少数情况下,采取学校合作培养的方式。如我在主持研究生工作期间,有一位学生报考厦门大学中文系,成绩非常好而且能力突出,希望研究戏剧理论,但当时厦门大学既没有戏剧专业也没

---

[1] 厦门大学校史编委会.厦大校史资料(第四辑)[M].厦门:厦门大学出版社,1989:165.

有从事戏剧研究的导师,为此,我帮助他联系了中文系的导师录取他,入学后则发函给上海戏剧学院商请合作,由上海戏剧学院主要培养。第四,在研究生导师的选拔上没有专门的规范,主要取决于教授的声望与研究水平。"

二、研究生教育的初步规范与制度化(1981—1986年)

1980年2月,第五届全国人民代表大会常委会第十三次会议通过《中华人民共和国学位条例》,将学位分为学士、硕士、博士三级,并就学位授予标准和相关制度进行了专门规定。名誉博士学位制度也就此建立。1980年12月,国务院学位委员会第一次扩大会议通过《中华人民共和国学位条例暂行实施办法》和《国务院学位委员会关于审定学位授予单位的原则和方法》。1981年《中华人民共和国学位条例》正式实施,5月国务院批准《实施办法》。《学位条例》及其《实施办法》的颁布为中国学位与研究生教育的发展提供了法律保障与制度支持,也成为中国高校研究生教育发展的基石。1981年6月,厦门大学召开研究生工作会议,指出恢复和健全研究生培养制度,不仅有利于加速培养水平较高、数量较多的建设人才,同时也是充实学校师资与科研队伍的根本措施。因此,今后厦门大学研究生招生工作的步子要加大,逐渐增加研究生在校的比重,进一步提高培养的质量。

1981年12月,国务院批准全国首批博士、硕士学位授予单位,厦门大学名列榜中。厦门大学可授予博士学位的学科、专业共有六个,即会计学、中国古代史、专门史、物理化学、动物学、海洋生物学,可授予硕士学位的学科、专业点24个,包括自然辩证法、政治经济学、世界经济、财政学、会计学、统计学、中国文学批评史、汉语史、英语语言文学、中国古代史、专门史(经济史、中外关系史)、基础数学、自动控制理论及应用、半导体物理与半导体器件物理、无线电物理、无机化学、分析化学、物理化学、有机化学、植物学、动物学、海洋生物学、海洋化学等。1981年批准的厦门大学博士生导师包括葛家澍、傅衣凌、蔡启瑞、田昭武、郑重、唐仲璋、汪德耀等导师。为贯彻《中华人民共和国学位条例》和《中华人民共和国学位条例暂行实施办法》,经教育部批准,学校于1982年3月中旬成立学位评定委员会。学位评定委员会由25人组成,蔡启瑞教授任主席,田昭武、唐仲璋、傅衣凌、潘懋元、葛家澍五位教授为副主席①。

从1981年开始,厦门大学开始按照博士生、硕士生分开招生。当年厦门大学根据国家需要,采取保证重点学科,注意扶持缺门短线和薄弱专业的发展,统筹兼顾,全面安排研究生招生工作。是年,全校文理科有13个系、所、室的27个专业、43个研究方向,面向全国招收攻读硕士学位研究生126名和出国预备研究生13名。② 同年,厦门大学开始招收攻读博士学位研究生。当年招收博士研究生的导师、专业、考试内容如下:蔡启瑞教授,物理化学,招博士生2～3名(多相催化,均相络合催化方向)。业务课考物理化学(包括物构)、催化原理;田昭武教授,物理化学,招博士生2名(近代电化学方向),考物理化学(包括物构)、电化学;唐仲璋教授,动物学,招博士生2名(人体、畜牧、海洋鱼类寄生虫方向),考生物化学、寄生虫学;汪德耀教授,动物学,招博士生2名(细胞器结构与功能及核质相互关系方向),考生物化学、细胞学;郑重教授,海洋生物,招博士生1名(海洋浮游动物生化学方向),考生物化学、海洋浮游生物学;傅衣凌教授,专门史,招博士生2名(明清社会经济史方向),考经济学概论、中国经济史;葛家澍教授,会计学,招博士生2名(会计基本理论与方法方向),考经济核算与经济效果、会计理论(国外财务会计理论)。上述各方向均考外语和政治课。外语考专业英语与基础英语;政治课理科考自然辩证法和当前形势与任务,文科考辩证唯物主义与历史唯物主义以及当前形势与任务。1981年厦门大学报考博士研究生的报名时间为1980年12月25日至1982年1月30日,一般可先用电报联系索取报考登记表,要求考生填寄登记表,连同科学研究论文和硕士生阶段及大学本科阶段各科课程学习成绩报名,同时规定,论文经查核认为质量特别突出的,在评定专业课考试成绩时也将之作为重要参考。考试时间为1982年2月24—25日,考试地点为厦门大学研究生招生办。虽然厦门大学第一届博士研究生计划招收14名,但实际上最终只录取10人,其中化学系3人(陈鸿博、林昌建、廖代伟)、生物系4人(关家震、李祺福、曹华、蒋行迈)、海洋系1人(苏永全)、历史系2人(李伯重、刘敏)。陈支

---

① 厦门大学校史编委会.厦大校史资料(第二辑)[M].厦门:厦门大学出版社,1989:292-293.

② 厦门大学校史编委会.厦大校史资料(第二辑)[M].厦门:厦门大学出版社,1989:291.

平于1984年成为厦门大学的在职博士研究生,以下是他个人对当时博士研究生考试与培养制度的回忆。

1982年硕士研究生毕业之后,我就直接留校。工作两年之后,我开始读博士,但没有辞去自己的工作,所以算是在职博士。当时博士招生也是自己系所命题,考外语和两门专业课,不考政治。在职博士跟应届博士在培养过程方面都是相同的。但当时的博士生培养制度相对比较灵活,我读博两年半就答辩了。课程方面,政治课相对比较灵活,我还是学习《资本论》,仍需参加政治学习。专业课课程很少,几乎没有,主要是自己读书,研究,老师指导的模式。博士生的工资比较高,大约50块。我因为读在职,所以还是由学校发给我教师工资。当时研究生答辩、学位授予这些工作基本都按照《学位条例》进行,相对规范和制度化了。

事实上,1978年恢复招收研究生工作以来,厦门大学召开过两次全校性研究生工作会议。两次会议都是以检查、总结、交流工作情况和经验为主,研究加强领导,落实措施,建立健全管理制度,提高培养学位研究生的质量。第一次会议是在1980年6月召开,第二次会议则在1982年5月召开。根据这两次会议的基本精神,厦门大学逐渐建立研究生管理的相关制度,这也为厦门大学研究生院的成立打下重要的基础。

系主任或副系主任分管研究生教学工作,系总支书记或副书记负责研究生政治思想工作的制度。

既重视教学,也重视科研的管理制度,重视培养方案的修订。刚恢复研究生招生时,各学校对研究生的培养认识并不一致,具体培养方法上也各不相同,有的主张开课,有的主张从科研入手。厦门大学根据教育部关于培养中国式的研究生要贯彻理论联系实际的原则,认为既要有课程教学,又要有科学研究,两者不可偏废。因此,厦门大学每学年会提出制定培养方案的意见,对培养目标、课程设置、教学与论文(包括科研训练)以及教学实践等提出具体要求,作为各专业制定培养方案的依据。当时的培养方案规定,厦门大学研究生的培养目标必须坚持德、智、体全面发展,不应偏废;专业必修(包括基础课、专业课)或学位课程不得少于三门;培养方案也规定研究生必须修满的学分数,强调论文时间不得少于一年、教学实践时间累计必须达到一个月等。培养方案一旦制定,厦门大学要求各系制定并落实各系的培养方案,根据因材施教的原则指导每个研究生制定学习计划。1981年、1982年,教育部在上海、南京召开若干学科(专业)制定培养方案会议后,学校也要求各研究生培养系所必须结合学校的实际和培养研究生的经验,修订好各专业的培养方案,强调培养方案必须体现培养学位研究生的质量。

培养课程体系方面,坚持必修课与选修课相结合的制度。1978—1982年7月,厦门大学共为研究生开设357门课程,其中政治课6门,外语7门,业务课344门(其中补修大学课程29门,选修大学课程39门,研究生课程289门)。任课教师222人,其中教授37人,副教授65人,讲师120人,未定职2人。理科政治课开设自然辩证法,由自然辩证法研究室主任周济副教授开课;文科政治课主要开设马列主义原著,侧重于哲学著作,如《反杜林论》的哲学篇,也有的根据各专业的要求读《资本论》《共产党宣言》《国家与革命》等专著。在外语课程方面,厦门大学研究生的公共外语设置有英、日、俄、德、法语种,绝大部分研究生以英语,少数人以日语、俄语,个别人以德语为第一外国语。研究生凡入学时未达到教育部规定的第一外国语水平的,必须开班上课,并在一年内通过。此外,学校还开设英、日、法等语种的第二外国语。研究生除必修两门外国语外,还自学或跟班修了其他外国语,个别修了三四门,基本达到借助字典阅读资料水平。研究生的专业基础和专业课由各系(所、室)开设。

教学实践制度。教学实践是培养研究生的重要环节,为此厦门大学专门制定《厦门大学试行研究生兼任助教工作的若干意见》。它规定参加教学实践的形式多样,以面向本科生教学为主,内容包括上本科生的实验课、习题课、主持课堂讨论、辅导答疑,批改作业,评改试卷;指导生产实习和野外调查;讲授部分课程;协助教师带本科生的学年论文、毕业论文等方面的教学工作。各系可根据专业特点和研究生的具体情况,确定采取其中一种或几种形式。硕士研究生参加教学实践的总学时为120~180课时,可以集中也可以分散安排。为保证研究生的培养计划正常进行,研究生兼任助教工作的时间不超过一年,兼职工作量一般约占助教工作量的三分之一到二分之一。考虑到研究生学习的特点,兼任助教工作一般安排在第二学年。学校发给兼任助教工作的研究

生必要的津贴,研究生的兼职津贴按月计算,逐月发放。

学位论文管理制度。学位论文是研究生培养工作中很重要的环节,各专业和指导教师对研究生论文定题、研究、实验、成文等各环节十分重视。首先是论文定题。导师有目的地指导研究生查找、阅读与研究方向有关的文献、论文,让研究生明了自己专业近年的动向,解决了哪些问题,还有什么问题有待于探索或发展,使研究生在研究为分析问题时能对某些问题引起兴趣,然后在导师的帮助下,根据教研室的条件,确定论文课题。课题选定后,导师让研究生围绕选题阅读有关文献资料,提出调研报告,经导师或课题组确认后,由研究生提出实验的设想计划和具体工作步骤,研究工作开始。接着,研究生按照拟定的计划进行实验,导师和课题组经常了解进展情况,必要时给予一定的帮助或提示。但实验的核心或关键数据,则一定要求研究生独立完成,实验进行到一定阶段,要小结,并修订计划,针对新发现的问题做必要的修改。实验完成后,在成文前,导师首先要求研究生将实验结果向课题组报告。在报告中,研究生要对自己的实验结果进行分析,从中得出结论。导师及课题组老师对研究生的分析和结论进行审查,分析其结论是否符合科学性并达到一定高度。然后研究生起草论文。论文要经过多次向课题组(或教研室)和导师报告,反复讨论修改成文。凡是经过以上各环节严格审查的论文,质量一般较高,多数达到可以发表的水平。

推荐免试研究生制度及其他类型研究生管理制度。根据教育部《关于博士生培养工作的几点意见(征求意见稿)》,对于在校硕士生中少数专业理论基础较好,科研能力较强,德、智、体全面发展的优秀生,可以经过推荐和考核,转为直接攻读博士学位的研究生。为此,厦门大学自1984年起决定在本校有博士学位授予权七个专业中对1982年和1983年入学的硕士研究生中的优秀生试行推荐直接攻读博士学位的办法,后又制定《关于推荐免试、推荐加考试招收攻读硕士学位研究生的试行办法及补充规定》,从1985年开始在应届毕业生中试行推荐免试、推荐加考试招收硕士研究生的改革试点工作。凡经审核批准推荐免试的优秀应届本科毕业生可直接入学学习,凡经审核批准推荐加考试的应届本科毕业生只参加初试,不必参加复试,或在初试成绩略低的情况下,准予复试。

此外,为了加强管理,厦门大学针对委托代培研究生、在职研究生也制定了相应的管理办法。针对委托代培研究生,厦门大学规定在保证完成国家下达的招收研究生计划的前提下,挖掘和培养研究生的潜力,在可能条件下接受外单位代培研究生,其形式可以分为委托代招代培和进修(选修)部分研究生课程两种,其原则为对代培攻读硕士学位研究生的管理与学校研究生一视同仁,保证教学质量,按学校研究生学籍管理规定,培养出合格的硕士学位研究生。对于边远地区委托培养的硕士生,其入学时可适当降低要求,培养过程中要采取必要措施,使之达到培养要求。针对在职研究生,厦门大学规定,"学校脱产攻读硕士研究生学习年限为三年,脱产攻读博士研究生学习年限为二至三年,在职研究生学习年限可相应延长一年,在职研究生每年至少用二分之一的工作时间进行学习,所在单位应根据专业研究培养方案'的要求和教学(科研)工作的需要,合理予以安排,做到学习、工作两不误",其具体要求包括:其一,在职研究生在入学二年内应通过政治理论课和第一外国语考试。其二,业务必修课最迟必须在第三学年内修毕并通过学位课程考试。其三,最迟应在第三学年内确定学位论文题目,题目确定后从事学位论文工作实际时间不得少于一年,在职研究生从事学位论文时根据各专业的具体情况,可脱产半年至一年。其四,在职研究生在录取前,如已担任过一年(含一年)以上大学本科教学工作,教学实践可以减免。其五,在职研究生的指导教师应密切与在职研究生所在教研室(研究室)密切配合,安排好在职研究生的学习和工作并指导在职研究生订好个人学习计划。其六,在职研究生根据上述各项规定,提前完成"专业培养方案"各项任务,经校长批准可以提前毕业。

坚持质量标准的学位授予管理。坚持质量是厦门大学授予学位的第一原则。1978级是"文革"后恢复招收研究生的第一届,由于缺乏经验,研究生管理制度也还在逐步建立之中,不够健全。但厦门大学坚持对研究生课程认真进行复查,使每个研究生所修课程及各科成绩得到落实。为了保证学位论文的质量,厦门大学在研究生课程落实后,即着手抓学位论文的审查。厦门大学要求答辩前必须由研究生本人提出申请,向教研室汇报论文进行情况,导师向教研室介绍研究生论文情况或写出书面评语,有的教研室对研究生的学位论文进行多次审查、讨论,提出修改意见;有的还争取机会让研究生参加校外学术会议,进行论文报告,广泛听取校外专家的意见,经过反复的审查、讨论、修改保证论文质量。最后由系向学校(当时学位评定委员会还尚未建立)推荐。

厦门大学坚持专家审评工作,绝大多数研究生的论文都请两位校外学术造诣深的专家评阅并聘请一两位校外专家参加答辩委员会,对每位研究生的论文水平进行客观评议。在严格标准的情况下,厦门大学81届研究生48名,其中3名因论文未完成经校长批准延期毕业,45名毕业生中,经答辩委员会建议,学位评定委员会评议授予硕士学位41名。未授予学位的研究生,个别经答辩委员会同意在一年内修改论文,再答辩一次。对基础差、论文水平低的学生不授予学位。① 对此,厦门大学认为研究生能否得到学位不是个人说了算,一定要坚持条件,凡品德良好,修完学位课程并完成培养方案各项要求,论文达到一定学术水平,答辩委员会通过并建议授予学位,校学位评定委员会通过,才能授予学位,不符合要求的绝不照顾、搞平衡、甚至送学位。关于研究生得不到学位有碍导师面子问题,当时,副校长傅衣凌教授指出:"研究生未达到应有的学术水平而授予学位反而降低了导师的威望。"②

此外,厦门大学还是较早应用电脑对研究生招生、学籍、学位和行政等方面进行管理的大学。1985年厦门大学开始设计一套招生录取程序,从编制考生名单到最后录取打印通知书,全部由计算机进行处理,节省了大量时间和人力,提高了工作效率和优选考生的科学性和准确性,该成果因此荣获厦门大学"南强奖"(行政管理)一等奖。1987年厦门大学对招生程序进行了修改,使之更为完善,并着手进行学籍、学位、文书档案的计算机程序的设计工作。③

这些制度的建立与完善为厦门大学的研究生培养质量提供了保障,也为厦门大学研究生教育发展打下基础。1984年国务院先后批准北京大学、清华大学等33所学校试办研究生院。1986年,厦门大学获批建立研究生院,标志着厦大研究生教育进入一个新的阶段。至1986年,厦门大学参加招收攻读博士学位研究生的导师有田昭武、蔡启瑞、唐仲璋、傅衣凌、郑重、汪德耀、葛家

---

① 厦门大学校史编委会.厦大校史资料(第四辑)[M].厦门:厦门大学出版社,1990:244-247.

② 厦门大学校史编委会.厦大校史资料(第四辑)[M].厦门:厦门大学出版社,1990:246.

③ 厦门大学校史编委会.厦门大学院系馆所简史[M].厦门:厦门大学出版社,1990:4-5.

澍、张乾二、周绍民、韩国磐、金德祥、余绪缨、韩振华、邓子基、吴宣恭、钱伯海、黄良文、洪文金、陈安、潘懋元、黄典诚、杨国桢、吴伯僖、许少鸿（兼）、林祖庚、黄本立、陈国珍（兼）、林鹏、林宇光、唐崇惕、丘书院、达纳·凯斯特（兼）等32位教授；共计有会计学、财政学、政治经济学、统计学、货币银行学、国际经济法、高等教育学、汉语史、中国古代史、经济史、中外关系史、半导体物理与半导体器件物理、物理化学、分析化学、植物学、动物学、海洋化学、海洋生物学18个博士学位专业。至1986年厦门大学共招收博士研究生58名，已毕业并取得博士学位的有5人。全校有在学硕士研究生636名、博士研究生53名、研究生班61名，有权授予博士学位的学科、专业点18个，指导教师32人，有权授予硕士学位的学科、专业点50个，指导教师近200人，获得首批博士后科研流动站一个（物理化学专业）。学校的研究生教育已初具规模。同时学校还获得教授、副教授任职资格审批权。1987年6月，国务院学位委员会批准厦门大学为第二批在职人员申请博士、硕士学位的试点单位，博士学位试点学科、专业有会计学、中国古代史，硕士学位试点学科、专业有会计学、财政学、中国古代史。1988年初，财政学专业和会计学专业各5人，作为学校第一批在职人员获得硕士学位。同年，经国务院批准，厦门大学计划在汉语史、中国古代史、会计学、海洋生物学、物理化学、分析化学等6个专业向港澳招收博士研究生，有11个专业向港澳招收硕士研究生。

三、研究生教育的进一步发展（1987—1999年）

20世纪80年代中期以来，国家加强了对研究生培养质量的管理。1984年国务院学位委员会发出《关于做好博士研究生学位授予工作的通知》，1987年在总结两次博士生培养工作的基础上形成的《关于加强博士生培养工作的几点意见》，1986年国家教委颁发的《关于改进和加强研究生工作的通知》等文件。这些文件明确按照"保证质量，稳步发展"的原则确定研究生教育发展的速度与规模，对研究生教育发展的指导思想，研究生教育的层次、规格和学习年限，研究生招生考试办法、培养工作的改进，毕业研究生的分配工作以及加强领导和管理等问题作出了规定。随后1987年开始的重点学科评选进一步加快研究生培养制度的发展，从而形成我国博士生培养的基本制度。1988

年，国家教委、国家计委、财政部、人事部四部委又联合发出研究生招生工作改革的意见，要求改革招生计划体制，贯彻按需招生的原则，实行国家计划招生和委托培养招生两种基本形式。此外，这一时期还完善学位授予权审核办法，设立专业学位加大应用型研究生的培养规模，加强研究生教育质量的评估与检查等等。

　　1992年10月，中国共产党第十四次全国代表大会通过《加快改革开放和现代化步伐，夺取有中国特色社会主义事业的更大胜利》的报告，明确提出"必须把教育摆在优先发展的战略地位"。1992年国家教委研究生工作办公室、国务院学位委员会办公室发布《研究生教育和学位工作"八五"计划和十年规划要点》，1993年国家教委、国务院学位委员会联合印发《关于学位与研究生教育改革和发展的若干意见》。前者不仅提出"八五"期间研究生教育和学位工作的基本方针，即"坚持方向、稳定规模、优化结构、深化改革、改善条件、提高质量"，还提出研究生教育的主要任务和措施；后者则建议我国的研究生教育为了适应经济和社会发展的需要，在博士生数量要有一个大的发展；学位与研究生教育应侧重于内涵的发展；改革研究生教育的管理体制、招生和就业制度以及培养方式；逐步改革研究生教育经费拨款和投资机制等。后者提出的2000年在学研究生规模力争比1992年翻一番，其中博士生数量要有更大的发展的指导建议对我国的研究生教育发展产生重要影响。1993年2月13日，中共中央、国务院印发《中国教育改革和发展纲要》，这是建设中国特色社会主义教育体系的纲领性文件。在学位与研究生教育方面，该文件确立了"完善研究生培养和学位制度"的战略目标，强调在培养教学、科研岗位所需人才的同时，应大力培养经济建设和社会发展所需的应用型人才；鼓励有实践经验的优秀在职人员采用多种形式攻读硕士、博士学位的原则。为了更好地落实该文件精神，1994年7月3日，国务院发布《国务院关于〈中国教育改革和发展纲要〉的实施意见》。在"把教育摆在优先发展的战略地位"精神的鼓舞下，1992—1999年，我国研究生招生规模均以10%～20%的速度增长。同时，针对我国研究生教育存在的问题，国家教委1995年又发布《关于进一步改进和加强研究生工作的若干意见》，明确了研究生教育改革与发展的基本方针。在此阶段，研究生教育改革还涉及其他具体层面的诸多问题，如修订调整学科专业目录，规范研究生院设置管理，成立高等学校与科研院所学位与研究生教育评估所,完成博士生导师审批制度改革,加强省级政府对学位与研究生教育的统筹权,增设专业学位类别等等。

  在这一期间,厦门大学根据国家的政策与方针新建和完善了研究生教育的相关制度。1996年,厦门大学研究生院经过试办和评估,获国家教委批准,正式建院,根据《研究生院设置暂行规定》中提出的各项职责,厦门大学在研究生学科建设、教学改革、培养质量等方面取得可喜的成绩。在此背景下,厦门大学研究生招生数量迅速增加,截至1998年已授予博士学位312人、硕士学位3 140人。在学博士生300多人、硕士生1 200多人。经学科、专业目录对应调整后,厦门大学有21个博士学位授予专业,63个硕士学位授权专业,同时成为工商管理硕士专业学位、法律硕士专业学位的试点单位,先后建成化学、生物学、经济学和海洋科学4个博士后科研流动站。自1994年起,厦门市、福建省先后与国家教委共建厦门大学,为学校的进一步发展提供了有力的保障。1995年6月学校通过国家教委"211工程"的部门预审,1997年9月被正式立项为"211工程"重点建设的高校,研究生院在"211工程"建设中,为重点建设项目的立项做了大量工作。为了发挥重点学科在研究生培养中的示范作用,学校对全校7个国家重点学科的研究方向、学术队伍、办学条件和工作业绩进行了全面的分析评价,提出改进工作的建议。1996年6月开始,厦门大学进行全校第五次博士生、硕士生培养方案的修订,继续贯彻增强质量意识、拓宽培养口径的方针。此间适逢培养研究生的学科专业目录的调整,各单位根据新的要求再次对培养方案进行审定,从而为日后按新专业目录招收和培养研究生做好准备。①

四、研究生教育的大规模发展与质量提升(1999—)

  科学规划研究生发展的规模和速度,探索合理有效的招生调控机制是这一阶段研究生管理的重要内容。为满足国家经济建设、科技进步和社会发展对高层次人才的需求,国家教育委员会提出将逐步采取公布当年各学科研究生分配和需求情况来引导研究生招生工作,要求在1995年招生规模的基础

---

① 厦门大学.厦门大学研究生教育概况[J].学位与研究生教育.1998(3).

上,逐年增加招生数,计划到2000年,在校研究生达到20万人。但真正意义上的研究生扩招,即扩招规模与速度较大的时间起点应从1999年算起。1999年1月13日,国务院批准了教育部1998年12月24日制定的《面向21世纪教育振兴行动计划》。2002年11月8日,中国共产党第十六次全国代表大会指出中国高等教育大众化的时代已经到来。相应地,1999年全国招收研究生9.22万人,比上年增加1.97万人,增长21.4%;2000年全国招收研究生12.85万人,比上年增加3.63万人,增长39.4%;2001年全国招收研究生16.52万人,比上年增加3.67万人,增长28.6%;2002年全国招收研究生20.3万人,比上年增加3.78万人,增长22.8%。全国在学研究生人数从1998年的19.9万人增加到2002年的50万人。①

数量上的大规模发展引发了有关研究生培养质量的担忧。围绕着研究生制度改革,提高研究生质量成为研究生教育改革的重要命题。2002年《中国学位与研究生教育发展战略报告(2002—2010)(征求意见稿)》出台,对我国学位与研究生教育的发展进行了前瞻性的规划。2003年研究生招生政策出现重大改革,教育部下发《关于做好2003年招收攻读硕士学位研究生工作的通知》,首次提出复试差额比例、扩大招生自主权、推荐、接受免试生由校级部门管理等重要措施。2004年1月,教育部正式设立"学位管理与研究生教育司",履行教育部学位与研究生教育行政管理职责。2005年1月,教育部下发《关于实施研究生教育创新计划 加强研究生创新能力培养 进一步提高培养质量的若干意见》,强调通过培养研究生创新能力提高质量,尤其是博士生质量。2006年,教育部学位管理与研究生教育司委托中国学位与研究生教育学会,对我国研究生教育质量现状开展调查与研究工作。2007年9月,国务院学位委员会、教育部、人事部联合发布《关于开展全国博士质量调查工作的通知》,要求对所有具有博士学位授予权的高等学校和科研院所开展博士质量调查工作,以期全面评价我国博士研究生教育的发展状况,逐步建立博士质量保障制度和体系。

2006年,围绕着创新人才培养与质量提高,哈尔滨工业大学、华中科技大学和西安交通大学成为首批研究生培养机制改革试点高校。2007年,试点高

---

① 政协委员关注研究生教育[N].中国教育报,2003-03-09.

校扩大到17所。2008年,包括厦门大学在内,所有设有研究生院的56所高校都进行培养机制改革。厦门大学开展旨在提高人才培养质量、改革研究生培养经费制度的系列改革,开始了具有厦门大学办学特色的研究生教育改革之路。

2013年,研究生教育改革继续深化,教育部、国家发展改革委、财政部印发《关于深化研究生教育改革的意见》,财政部、国家发展改革委、教育部印发《关于完善研究生教育投入机制的意见》,教育部、人力资源和社会保障部印发《关于深入推进专业学位研究生培养模式改革的意见》,为研究生教育深化培养模式与机制改革、提高质量、健全质量保障体系、推进高校建立有特色的研究生教育模式提供政策支持。在此背景下,厦门大学持续推进的研究生教育改革进入全方位的系列改革阶段:博士生招生推行"申请—考核"制,博士生学制从三年改为四年,建立奖助学金多元体系,按照一级学科设定培养方案,优化课程体系,强调资源共享与学科交叉等都成为重要内容。

总的来看,近15年来我国研究生教育实现持续、快速发展,研究生教育质量稳步提高,我国在短期内从研究生教育规模较小的国家一跃成为世界研究生教育大国;同时,国家积极推进制度建设,把制度创新作为提高研究生教育质量的重要保证和基础,实现规模增长与质量提高的相互促进。当前,国家将学位与研究生教育的重点放在提高研究生培养质量上,将质量作为建设研究生教育强国的根本,作为学位与研究生教育改革与发展的指导思想。厦门大学则为我国研究生教育改革的缩影,积极推进研究生教育,为我国现代化建设输送了一大批优秀的高层次专门人才。

据统计,1978—2016年,厦门大学共培养硕士、博士研究生人数超过5万人。其中,我国第一个高等教育学博士、第一个会计学女博士都由厦门大学培养。截至2016年12月31日,全校学历教育研究生15 126人,其中:硕士研究生11 897人(含港澳台生47人,外籍生373人)、博士研究生3 229人(含港澳台生196人,外籍生237人)。学历研究生中学术型研究生9 250人、专业学位硕士研究生5 789人、专业学位博士研究生87人。学位教育研究生4 493人。专业学位研究生人数与学术型研究生的比例基本持平。

目前,攻读博士学位的外籍学生237人,攻读硕士学位的外籍学生373人,分别来自泰国、美国、俄罗斯等98个国家,占研究生总人数的5%。2013

年,与世界一流大学——加拿大 McGill 大学签署合作协议,共同培养博士研究生,这开启了厦门大学与世界一流大学合作培养研究生的先例,先后与英、美、日、法、俄等国家和港澳台地区的近 300 所高校建立校际合作关系。在对台交流方面,厦门大学具有得天独厚的地理条件和难以替代的人文优势,已成为台湾研究的重镇和两岸学术交流的重要高校。现有台籍在学攻读硕士和博士学位的研究生 200 余人,每年厦门大学到台湾交流的研究生达 300 余人。

厦门大学一贯坚持质量标准,认真进行学位授权审核及改革工作,基本建成学科门类比较齐全、学位质量能够得到基本保证的学位授权体系。目前学校有博士学位授权一级学科点 31 个,博士学位授权二级学科点 5 个;硕士学位授权一级学科点 50 个,硕士学位授权二级学科点 5 个;交叉学科专业授权点 9 个;博士专业学位授权点 1 个,硕士专业学位授权点 23 个。厦门大学有 5 个一级学科国家重点学科(理论经济学、应用经济学、化学、海洋科学、工商管理)、9 个二级学科国家重点学科(国际法学、高等教育学、专门史、基础数学、凝聚态物理、动物学、水生生物学、细胞生物学、环境科学)、3 个福建省优势学科创新平台、3 个福建省优势学科创新培育平台、17 个一级学科福建省特色重点学科、46 个一级学科福建省重点学科。厦门大学为研究生培养提供了一批高水平的研究平台,采取措施,建设了一批既是教学中心又是科研中心的高层次专门人才的培养基地。其中,学校有国家重点实验室 4 个,国家工程实验室 2 个,国家工程技术研究中心 1 个,教育部重点实验室 5 个,教育部工程技术中心 3 个,教育部文科重点研究基地 5 个,福建省重点实验室、中心 29 个,厦门市重点实验室、中心 30 个。

为保证研究生培养质量,厦门大学研究生院认真实践,坚持全面提高学位授予质量的方针,逐步建立起学校学位和研究生教育质量保证机制和管理工作体系,把培养基础知识扎实、学科特色鲜明、创新意识突出的具有国内外竞争力的高层次专门人才的思想贯穿于研究生教育的全过程,研究生培养质量有了长足进步。2013—2016 年,学校博士生在 Science、Nature 和 Nature 子刊上以第一作者发表论文 25 篇,2013 年,获得全国百篇优秀博士论文 5 篇,列当年全国第三;艺术学院研究生张玉惠的美术作品获第十二届全国美术展览金奖,取得历史性突破。2016 年我校申报的"遵循人才培养规律,严格培养过程管理"成果获中国学位与研究生教育学会研究生教育成果二等奖。

第二章

厦门大学研究生学位授权点建设与招生

学位授权点建设是研究生教育的基础,是学校研究生教育实力的象征,反映出学校研究生教育的结构、规模、特色与质量。围绕着学位授权点,学校在一定学科范围内招收和培养研究生,授予相应的学位,形成研究生教育的基本流程,统合学校的各项资源。

第一节 厦门大学研究生学位授权点建设

学位授权点,指经国务院学位委员会审核批准的可以授予博士、硕士学位的学科或专业学位类别,其审批核准权属于国务院学位委员会。因此厦门大学学位授权点的建设与国家政策有密切联系。厦门大学研究生学位授权点建设大致可以分成三个时期:第一阶段为自然成长期(1950—1980年),在此阶段国家并无针对学位授权建立相应的制度与管理措施,厦门大学主要根据学科发展以及导师的研究兴趣与方向灵活招生,为后来的学位授权点建设打下基础。第二阶段为迅速发展期(1981—2010年),随着《中华人民共和国学位条例》的颁布,学位授权点的审核与批准逐渐规范与制度化,形成国家统一评选、审核和批准的基本模式,确立了学位授权点审批的基本程序和规范。这一

阶段,国家完成十批博士、硕士学位授权审核与批准工作,至此,厦门大学形成博士、硕士学位点的基本体系。第三阶段为自主审核期(2010—2016年),为扩大学位授予的单位办学自主权,推动研究生教育主动适应经济社会发展需求,2010年国家开始委托部分学位授予单位自行审核博士学位授权一级学科和硕士学位授权一级学科,厦门大学进入自主审核招收研究生阶段。同时,因国家《学位授予和人才培养学科目录》的调整,厦门大学的研究生学位授权点数增多。

一、国家研究生学位授权政策的沿革

1981年的《中华人民共和国学位条例》规定,硕士学位、博士学位由国务院授权的高等学校和科学研究机构授予。授予学位的高等学校和科学研究机构及可以授予学位的学科名单,由国务院学位委员会提出,经国务院批准公布。在此之前,厦门大学也招收研究生,但主要依据导师的研究兴趣与方向。《中华人民共和国学位条例》颁布后,严格审定学位授予单位及其授予博士、硕士学位的学科、专业点,是国家对各级学科实施质量保障的主要前提。1981年2月,国务院学位委员会颁布《关于审定学位授予单位的原则和办法》,明确为了保证所授学位具有应有的学术水平,学位授予单位审定工作的基本原则,要求在审定学位授予单位时,按学科、专业,从学术力量、教学工作质量、科学研究基础等方面加以综合考察,坚持条件,严格审核,保证质量,并提出列入授予硕士学位单位的基本条件:一,由学术水平较高,在教学或研究工作中有成绩,目前正在从事科学研究的教授、副教授(研究员、副研究员或相当职称的人员)担任指导教师。二,高等学校应能为攻读硕士学位研究生开出必修和选修基础理论、专业理论和较高水平的实验技术课程;科学研究机构应有研究生院,或与高等学校合作,能为硕士研究生开出上述各项课程;或配备足够的教学力量,指导硕士研究生学习上述各项课程。三,在培养研究生的有关学科方面,有确定的科学研究方向和项目,能解决研究生作硕士论文所需要的科学实验设备和有关的图书、资料。四,研究生考核管理制度健全。

对于授予博士学位的单位及其学科、专业,根据规定,其主要限于全国重点高等学校和国务院有关部门主管的科学研究机构中,确能培养攻读博士学位研究生的重点学科,其条件包括:一,由学术造诣较高、在教学或研究工作中成绩显著、目前正在从事较高水平的科学研究工作并获得一定成果的教授(研究员或相当职称的人员)担任指导教师。少数新兴学科、边缘学科和国家急需发展的学科,由学术造诣较高、在研究工作中成绩显著的教授(副研究员或相当职称的人员)担任指导教师。二,能为攻读博士学位的研究生提供充分的学习条件,保证研究生完成课程学习。三,在培养研究生的有关学科方面,属于全国同类学科中学术水平较高的,有较好的科学研究基础,承担国家重点科学研究项目或国务院各部委和省、市、自治区重点科学研究项目或其他有重要价值、学术水平较高的科学研究项目,能解决研究生作博士论文所需要的科学实验设备及有关图书、资料。四,研究生考核管理制度健全。国学院学位委员会分别在1981年、1984年、1985年(特)、1986年、1990年、1993年、1996年、1998年、2000年、2002年、2005年进行了十批博士、硕士学位授权审核工作。

  国务院学位委员会的授权审批工作始终伴随着高校自主权的下放。从1985年开始,扩大学校办学自主权,逐渐下放学科、专业审批权的改革逐渐开展起来。1985年《中共中央关于教育体制改革的决定》明确提出:"在教育事业管理权限划分上,政府有关部门对学校主要是对高等学校统得过死,使学校缺乏应有的活力;而政府应该加以管理的事情,又没有很好地管起来……中央认为,要从根本上改变这种状况,必须从教育体制入手,有系统地进行改革。改革管理体制,在加强宏观管理的同时,坚决实行简政放权,扩大学校的办学自主权。"1986年,国务院学位委员会第六次会议通过并颁发《国务院学位委员会授权部分学位授予单位审批硕士学位授权学科、专业的试行办法》,提出:"逐步试行在一定的学科范围内下放硕士学位授权学科、专业审批权。"从1995年开始,国家逐步实行新的学位授权审核办法:新增博士、硕士学位授予单位和博士点由国务院学位委员会组织审核和批准;学士学位授予单位和学科、专业,硕士点的审核,国家授权由地方、部门或学位授予单位根据统一规定的办法组织审核、批准;博士生指导教师的确定由国家审核的办法改为下放由学位授予单位审核,学位授予单位在自行审核招收培养博士生计划的同时,遴选确定博士生指导教师。学位授权审核办法的改革,发挥有关部门、省市在学位授权审核中的作用,扩大高等学校的办学自主权。

2005年,国务院学位委员会《关于进行第十次博士、硕士学位授权审核工作的通知》提出,"委托经教育部批准设置研究生院的学位授予单位和中国社会科学院研究生院自行审核本单位增列的二级学科硕士学位授权点(不含军事学门类);对已经设有二级学科硕士点的一级学科,可以自行审核增列一级学科硕士学位授权点,结果报国务院学位委员会审批","委托北京大学、清华大学自行审核其已有二级学科博士点所在一级学科的博士学位授权,并将结果报国务院学位委员会审批"。以此为基础,我国一级学科硕士学位审核权下放到设有研究生院的56所高校和中国社会科学院,但审批权仍在国务院学位委员会。第十次学位授权审批工作结束后,国务院学位委员会认为博士、硕士学位授予单位及学位授权学科、专业的布局已基本完成,新增博士点要重点解决学科布局不平衡和国家特殊需要的问题。2008年,国务院学位委员会出台《关于做好新增博士、硕士学位授予单位工作的指导意见》《关于做好2008—2015年新增博士、硕士学位授予单位立项建设规划工作的通知》,提出由全国统一评审博士学位授权单位改为各省学位委员会进行评审,评审结果报省政府批准,国务院学位委备案。

2010年4月17日,国务院学位委员会《关于委托省(自治区、直辖市)学位委员会中国人民解放军学位委员会进行博士学位授权一级学科点初审和硕士学位授权一级学科点审核工作的通知》提出,各省(自治区、直辖市)学位委员会对本省(自治区、直辖市)区域内博士学位授予单位申请增列的一级学科博士点,博士、硕士学位授予单位申请增列的一级学科硕士点进行初审,审核通过的一级学科博士、硕士点,报国务院学位委员会审批。2010年4月19日《关于委托部分学位授予单位自行审核博士学位授权一级学科点和硕士学位授权一级学科点的通知》决定,委托部分学位授予单位自行审核本单位除军事学门类以外的一级学科博士点和一级学科硕士点,由自行审核的单位制定本单位自行审核办法,按照所制定办法开展审核工作,要求拟增列的授权点必须组织同行专家进行评议;拟增列和拟撤销的授权点,由本单位学位评定委员会审议通过;各单位所制定的自行审核办法应予公开并报国务院学位委员会办公室备案;对于自行审核工作出现严重问题的单位,国务院学位委员会将取消该单位的自行审核资格。2010年5月7日,国务院学位委员会颁布的《关于开展新增硕士专业学位授权点审核工作的通知》提出:"委托部委属高等院校及中国科学院研究生院、中国社会科学院研究生院自行审核本校(院)新增硕士专业学位授权点;委托各省(自治区、直辖市)学位委员会组织审核所属院校新增硕士专业学位授权点。"

2014年,为使研究生教育更好地适应经济社会发展需要,提高人才培养质量,国务院学位委员会颁发《关于开展博士、硕士学位授权学科和专业学位授权类别动态调整试点工作的意见》,决定开展主动撤销博士、硕士学位授权学科和专业学位授权类别,或撤销现有学位授权点并增列相同层次的其他学位授权点的动态调整试点工作。其目标在于坚持稳定学位授予单位和学位授权点规模,撤销需求不足、水平不高或不符合学位授予单位办学目标定位要求的授权学科,增列符合经济社会发展需要、优势突出、特色鲜明、符合学位授予单位学科发展规划要求的学位授权点,优化人才培养的学科和类型结构,限制增列当前培养规模偏大、学生就业困难的学科为学位授权点。学位授权点动态调整只在现有学位授予单位范围内进行,增列授权点数量不超过撤销授权点数量。尊重学位授予单位调整学位授权点的自主权,学位授予单位可以根据经济社会发展需求和本单位学科发展规划主动撤销学位授权点,并自主增列其他学位授权点。对于动态调整撤销和增列的学位授权点,由国务院学位委员会办公室报主任委员同意后予以批准,并将每一年度的学位授权点调整情况向国务院学位委员会作出报告。

根据《意见》,经调整增列的学位授权点,须在批准三年后进行复核。博士学位授权点的复核由国务院学位委员会学科评议组或专业学位教育指导委员会进行,硕士学位授权点的复核由省级学位委员会组织进行。复核未通过的,进行为期一年的整改,一年后复核仍未通过的,撤销学位授权点。

2015年11月在总结前期博士、硕士学位授权学科和专业学位授权类别动态调整试点工作经验的基础上,国务院学位委员会对《博士、硕士学位授权学科和专业学位授权类别动态调整办法(试行)》进行了修订,形成了《博士、硕士学位授权学科和专业学位授权类别动态调整办法》,根据《国务院学位委员会关于开展博士、硕士学位授权学科和专业学位授权类别动态调整工作的通知》,决定自2016年起,博士、硕士学位授权学科和专业学位授权类别动态调整工作的实施范围扩大到全国。

二、厦门大学研究生学位授权点建设

厦门大学在哲学、经济学、法学、教育学、文学、历史学、理学、工学、医学、管理学、艺术学等11个学科门类中授予博士或硕士学位。目前,学校有博士学位授权一级学科31个,博士学位授权二级学科5个;硕士学位授权一级学科50个,硕士学位授权二级学科5个;9个交叉学科,24个专业学位学科授权(1个博士专业学位学科授权、23个硕士专业学位学科授权)。这些学位授权点是学校根据经济和社会发展对高层次人才的需求、国内外学科的最新发展,结合学校学科特色而设置,是学校学科建设和人才培养的重要内容。

(一)学术型博士学位授权点建设

1981年,国务院学位委员会通过首批博士学位授予单位151个,博士学位授予单位的学科、专业点812个,硕士学位授予单位358个,硕士学位授予单位的学科、专业点3 185个。在此次评审中,厦门大学专门史(经济史)、中国古代史、物理化学、海洋生物学、动物学、会计学6个专业可招收博士研究生。1984年增加专门史(中外关系史)、分析化学、海洋化学、植物学、财政学5个专业。1986年又增加半导体物理与半导体器件物理、政治经济学、货币银行学、统计学、国际经济法、高等教育学、汉语史等专业。这些学科都是厦大最早优先发展的学科,也成为厦门大学最具优势的重点学科。厦门大学先后获得经济思想史(1993年)、英语语言文学(1993年)、环境科学(1996年)、企业管理(1998年)、世界经济(1998年)、中国近现代史(1998年)、基础数学(1998年)、戏剧戏曲学(2000年)、科学技术哲学(2000年)、理论物理(2000年)、测试计量技术及仪器(2003年)、通信与信息系统(2003年)、控制理论与控制工程(2003年)、工业催化(2003年)、行政管理(2003年)、中国哲学(2003年)、外国哲学(2003年)、民商法学(2003年)、政治学理论(2003年)、人类学(2003年)、文艺学(2003年)、社会学(2006年)、民族学(2006年)、教育史(2006年)、传播学(2006年)、机械电子工程(2006年)、精密仪器及机械(2006年)、材料物理与化学(2006年)、材料学(2006年)、电路与系统(2006年)、微电子学与固体电子学(2006年)、系统工程(2006年)等专业授权。

1998年厦门大学获得应用经济学、化学一级学科博士学位授予权,这是厦门大学首次获得一级学科博士学位授权。随后海洋科学(2000年)、生物学(2000年)、工商管理(2000年)、理论经济学(2000年)、环境科学与工程(2003年)、数学(2003年)、物理学(2003年)、哲学(2006年)、法学(2006年)、管理工学与工程(2006年)、公共管理(2006年)也获得一级学科学位授权。

2006年以后,一级学科硕士学位审核权下放,厦门大学加快了一级学科授权建设。《2010年审核增列的博士和硕士学位授权一级学科名单》是新一轮关于硕博士学位授权一级学科的评定和公示。此次国务院学位办批准的一级学科博士点共1 004个,其中各省级学位委员会初审并经国务院学位委员会学科评议组复审通过的一级学科博士点632个,研究生院自行审核通过的一级学科博士点372个。厦门大学共新增12个一级学科博士点:政治学,教育学,中国语言文学,外国语言文学,新闻传播学,机械工程,仪器科学与技术,材料科学与工程,电子科学与技术,信息与通信工程,计算机科学与技术,化学工程与技术。2011年,《关于下达按〈学位授予和人才培养学科目录〉进行学位授权点对应调整结果的通知》公布了经国务院学位委员会学科评议组审议通过对应调整的博士学位一级学科授权点名单。厦门大学考古学、中国史、世界史、生态学、统计学、戏剧与影视学等6个博士一级学科获批。截止2016年厦门大学拥有31个博士学位一级学科授权点,5个博士学位授权二级学科点,这为实现建设世界知名高水平研究型大学的目标,奠定了坚实的基础。

(二)学术型硕士学位授权点建设

1978年,厦大开始招收"文革"后的首届硕士研究生,全校7个系17个专业、专门组共录取62名研究生,占全省招收研究生总数的2/3以上,大大超过本校历年招收研究生的人数。这些专业主要是厦门大学实力较强、有相当科研能力、有一定发展基础的经济、化学、历史、生物等学科专业。1979年和1980年招收研究生的专业略有增加。1979年厦门大学有9个系和教研室的14个专业、20个研究方向招收研究生44名。1980年学校有11个系、所、室的14个专业、19个研究方向招收研究生55名。

1981年第一批国务院学位委员会授权科学技术哲学(自然辩证法)、政治

经济学、世界经济、财政学、会计学、统计学、中国文学批评史、汉语史、英语语言文学、中国古代史、专门史(中外关系史、经济史)、基础数学、自动控制理论及应用、半导体物理与半导体器件物理、无线电物理、无机化学、分析化学、物理化学(含化学物理)、有机化学、植物学、动物学、海洋生物学、海洋化学等专业获得硕士学位授予权。

1984年,厦门大学国民经济与管理、货币银行学、国际贸易学、数量经济学、民法学、国际法、高等教育学、中国地方史、中国民族史、海洋物理学、生物化学11个专业获得硕士学位授予权。1986年,马克思主义哲学、西方哲学、逻辑学、商业经济、国际经济法、科学社会主义、中国古代文学、中国现当代文学、中国近现代史、世界地区史、国别史(东南亚史)、概率论与数理统计、理论物理、系统工程、音乐学、美术学等专业获得硕士学位授予权。后民族学(1990年)、光学(1990年)、高分子化学与物理(1990年)、微生物学(1990年)、分析仪器(1990年)、企业管理(1990年)、文艺学(1993年)、新闻学(1993年)、行政学(1993年)、考古学(1993年)、细胞生物学(1993年)、分子生物学(1993年)、环境化学(1993年)、环境海洋学(1993年)、中国哲学(1993年)、马克思主义经济思想史(1993年)、凝聚态物理(1996年)、计算机应用技术(1996年)、产业经济学(1996年)、经济法学(1996年)、政治学理论(1996年)、材料学(1998年)、建筑设计及其理论(1998年)、化学工程(1998年)、艺术学(1998年)、戏剧戏曲学(1998年)、人口、资源与环境经济学(1998年)、区域经济学(1998年)、诉讼法学(1998年)、外国语言学及应用语言学(1998年)、计算数学(1998年)、应用数学(1998年)、精密仪器及机械(2000年)、材料物理与化学(2000年)、电路与系统(2000年)、微电子学与固体电子学(2000年)、通信与信息系统(2000年)、模式识别与智能系统(2000年)、工业催化(2000年)、环境工程(2000年)、管理科学与工程(2000年)、教育经济与管理(2000年)、社会保障(2000年)、宪法学与行政法学(2000年)、刑法学(2000年)、国际关系(2000年)、社会学(2000年)、中国少数民族史(2000年)、语言学与应用语言学(2000年)、日语(2000年)、传播学(2000年)、信号与信息处理(2003年)、检测技术与自动化装置(2003年)、计算机系统结构(2003年)、计算机软件与理论(2003年)、结构工程(2003年)、生物化工(2003年)、应用化学(2003年)、生物医学工程(2003年)、设计艺术学(2003年)、宗教学(2003年)、法学理论(2003年)、中外政治制度（2003年）、中共党史（2003年）、国际政治（2003年）、马克思主义理论与思想政治教育（2003年）、课程与教学论（2003年）、教育史（2003年）、比较教育学（2003年）、体育教育训练学（2003年）、比较文学与世界文学（2003年）、法语语言文学（2003年）、机械制造及其自动化（2003年）、机械电子工程（2003年）、内科学（2006年）、外科学（2006年）、肿瘤学（2006年）、药物化学（2006年）、药理学（2006年）、发展与教育心理学（2006年）、民族传统体育学（2006年）、中国古典文献学（2006年）、机械设计与理论（2006年）、航空宇航科学与技术（2006年）先后获得授权。

1998年，厦门大学化学、应用经济学获得硕士学位一级学科学位授予权，随后海洋科学（2000年）、生物学（2000年）、工商管理（2000年）、理论经济学（2000年）、环境科学与工程（2003年）、生物医学工程（2003年）、数学（2003年）、物理学（2003年）、管理科学与工程（2006年）、公共管理（2006年）、哲学（2006年）、法学（2006年）、社会学（2006年）、教育学（2006年）、外国语言文学（2006年）、新闻传播学（2006年）、力学（2006年）、光学工程（2006年）、仪器科学与技术（2006年）、材料科学与工程（2006年）、电子科学与技术（2006年）、信息与通信工程（2006年）、控制科学与工程（2006年）、计算机科学与技术（2006年）、建筑学（2006年）、土木工程（2006年）、化学工程与技术（2006年）、政治学（2011年）、中国语言文学（2011年）、考古学（2011年）、中国史（2011年）、世界史（2011年）、生态学（2011年）、统计学（2011年）、机械工程（2011年）、航空宇航科学与技术（2011年）、软件工程（2011年）、基础医学（2011年）、临床医学（2011年）、公共卫生与预防医学（2011年）、中医学（2011年）、药学（2011年）、艺术学理论（2011年）、音乐与舞蹈学（2011年）、戏剧与影视学（2011年）、美术学（2011年）、设计学（2011年）也先后获得一级学科授权。截止2016年厦门大学现有50个硕士学位授权一级学科，5个硕士学位授权二级学科。

（三）硕士、博士专业学位授权点建设

厦门大学最早于1991年获得工商管理硕士专业学位授权，随后，逐步获得包括法律硕士（1998年）、公共管理硕士（2000年）、工商管理硕士（高级管理人员，2002年）、工程硕士（仪器仪表，2002年）、工程硕士（控制工程，2002

年)、工程硕士(软件工程,2004年)、工程硕士(化学工程,2004年)、工程硕士(项目管理,2004年)、工程硕士(物流工程,2004年)、会计硕士(2004年)、工程硕士(材料工程,2005年)、工程硕士(电子与通信工程,2005年)、工程硕士(建筑与土木工程,2005年)、艺术硕士(2005年)、翻译硕士(2007年)、建筑学硕士(2007年)、工程硕士(机械工程,2007年)、社会工作硕士(2009年)、教育硕士(2009年,2016年取消)、汉语国际教育硕士(2009年)、金融硕士(2010年)、应用统计硕士(2010年)、税务硕士(2010年)、国际商务硕士(2010年)、保险硕士(2010年)、资产评估硕士(2010年)、新闻与传播硕士(2010年)、文物与博物馆硕士(2010年)、旅游管理硕士(2010年)、工程管理硕士(2010年)、审计硕士(2011年)、航空工程硕士(2014年)、临床医学硕士(2014年)、公共卫生硕士(2014年)在内的专业学位授权。2014年,根据国务院学位委员会《关于开展增列硕士专业学位授权点审核工作的通知》文件精神,经相关单位申报、答辩,经校专业学位专家委员会和校学位评定委员会表决,厦门大学确定临床医学硕士、公共卫生硕士和工程硕士航空工程领域为学校新增硕士专业学位授权点,撤销工程硕士(集成电路工程领域)授权点。

2009年,经国务院学位办批准,厦门大学作为全国首批获得教育博士专业学位(Ed.D)授权单位,开始招收教育博士专业学位研究生,以适应我国教育事业发展的需要,培养教育实践领域高层次专门人才。

(四)交叉学科授权点建设

根据国务院学位委员会、教育部下发的《学位授予和人才培养学科目录设置与管理办法》,授予硕士、博士学位和培养研究生的二级学科,由学位授予单位依据国务院学位委员会、教育部发布的学科目录,在一级学科学位授权权限内自主设置与调整,分为目录内、目录外和交叉学科的自主设置与调整。2012年5月,厦门大学首次自主设置妇女/性别研究、能效工程、海洋事务3个交叉学科,之后设置国学、知识产权管理、转化医学、台湾研究、计算科学,航空航天工程等6个交叉学科,总计9个交叉学科。其中转化医学授予硕士学位授权,其余8个交叉学科授予博士学位授权。

三、重点学科建设与学科评估

(一)厦门大学国家重点学科建设

国家重点学科是国家根据发展战略与重大需求,择优确定并重点建设的培养创新人才、开展科学研究的重要基地,在高等教育学科体系中居于骨干和引领地位。重点学科建设对于全面提高我国高等教育整体水平,提高人才培养质量、科技创新水平和社会服务能力;满足经济建设和社会发展对高层次创新人才的需求,建设创新型国家提供高层次人才和智力支撑;提高国家创新能力,建设创新型国家,具有重要的意义。

第一次国家重点学科评选工作于1986—1987年展开。1985年5月27日颁布的《中共中央关于教育体制改革的决定》中提出,"为了增强科学研究的能力,培养高质量的专门人才,要改进和完善研究生培养制度,根据同行评议、择优扶植的原则,有计划地建设一批重点学科"。根据这一要求,国家教育委员会于1987年8月12日发布《国家教育委员会关于做好评选高等学校重点学科申报工作的通知》,决定开展高等学校重点学科评选工作。根据《通知》精神,重点学科的门类要比较齐全,科类结构比例和布局应力求合理,要有利于促进学科间的横向联合,逐步形成高校科研优势。重点学科点应承担教学、科研双重任务,要逐步做到能够自主地、持续地培养和国际水平大体相当的博士、硕士、学士;能够接受国内外学术骨干人员进修深造,进行较高水平的科学研究;能够解决四化建设中重要的科学技术问题、理论问题和实际问题,能为国家重大决策提供科学根据,为开拓新的学术领域、促进学科发展做出较大贡献。此次评选共评选出416个重点学科点,其中文科78个,理科86个,工科163个,农科36个,医科53个,涉及108所高等学校。厦门大学在此次评选中,共有7个二级学科被确定为国家重点学科,分别是财政学、会计学、统计学、高等教育学、专门史、物理化学、动物学。

第二次评选工作在2001—2002年展开。根据《教育部关于开展高等学校重点学科评选工作的通知》规定,国务院学位委员会开展了新一轮的高等学校重点学科评选工作,以促进我国高等学校的学科建设,进一步提高我国

高等学校教学科研的能力,形成一批立足国内培养高层次专门人才、解决经济建设和社会发展重大问题的基地。评选工作要求根据目前我国经济建设、社会发展、科技进步和国防建设的需要,对高等学校的学科建设方向进行引导和示范,使高等学校学科建设进一步适应现代化建设的需要;同时优化高等教育资源配置,集中国家和地方有限财力,通过重点建设,逐步在全国范围内形成布局合理、各具特色和优势的重点学科体系,巩固和扩大高等学校在人才培养、科学研究方面的综合优势。这次评选工作共选出964个高等学校重点学科。非军事院校中,有906个国家重点学科通过审批。此次厦门大学共有13个二级学科被确定为国家重点学科,分别为政治经济学、财政学、金融学、统计学、国际法学、高等教育学、专门史、分析化学、物理化学、海洋化学、海洋生物学、动物学、会计学,占964个全国重点学科的1.35%,在全国高校中并列全国第21位。

第三次评选工作于2006—2007年展开。经过近20年的建设,国家重点学科的教学、科研条件得到明显改善,学术水平、培养高层次人才和承担国家重大任务的能力得到显著提高,高等学校学科结构得到进一步调整和优化,相关重点学科已成为我国具有骨干和示范作用的教学、科研基地。面对世界科技革命的严峻挑战和世界范围内日益激烈的人才竞争,为适应建设创新型国家、构建社会主义和谐社会和全面建设小康社会对人才和科技的要求,根据建设创新型国家的战略部署,学位委员会决定调整国家重点学科结构。根据《教育部关于加强国家重点学科建设的意见》相关精神,在"服务国家目标,提高建设效益,完善制度机制,建设一流学科"指导思想下,此次改革调整的重点是在按二级学科设置的基础上,增设一级学科国家重点学科,要求一级学科国家重点学科的建设要突出综合优势和整体水平,促进学科交叉、融合和新兴学科的生长,二级学科国家重点学科的建设突出特色和优势,在重点方向上取得突破。此次评选共评选出286个一级学科,677个二级学科,217个国家重点(培育)学科。厦门大学共有5个一级学科国家重点学科,分别为理论经济学、应用经济学、化学、海洋科学、工商管理,在全国高校中并列第17位。学校有9个二级学科国家重点学科,分别为国际法学、高等教育学、专门史、基础数学、凝聚态物理、动物学、水生生物学、细胞生物学和环境科学,在全国高校中并列第15位。2014年,《国务院关于取消和下放一批行政审批项目的决定》发布,国家重点学科审批被取消。

(二)福建省重点学科

2012年,福建省共评出210个"福建省省级重点学科"建设项目。其中,厦门大学共有46个福建省省级一级重点学科,分别为哲学、理论经济学、应用经济学、法学、政治学、社会学、民族学、教育学、中国语言文学、外国语言文学、新闻传播学、考古学、中国史、世界史、数学、物理学、化学、海洋科学、生物学、生态学、统计学、机械工程、仪器科学与技术、材料科学与工程、电子科学与技术、信息与通信工程、控制科学与工程、计算机科学与技术、建筑学、土木工程、化学工程与技术、航空宇航科学与技术、环境科学与工程、生物医学工程、软件工程、基础医学、临床医学、公共卫生与预防医学、药学、管理科学与工程、工商管理、公共管理、音乐与舞蹈学、戏剧与影视学、美术学、设计学,约占全省省级重点学科的22%。

(三)"211工程""985工程"与学科建设

1."211工程"学科建设

"211工程",即面向21世纪重点建设100所左右的高等学校和一批重点学科的建设工程,于1995年经国务院批准后正式启动。"211工程"建设的总体目标是面向21世纪重点建设一批高等学校和重点学科,经过若干年的努力,使100所左右的高等学校以及一批重点学科在教育质量、科学研究、管理水平和办学效益等方面有较大提高,在高等教育改革特别是管理体制改革方面有明显进展,成为立足国内培养高层次人才、解决经济建设和社会发展重大问题的基地。其中,一部分重点高等学校和一部分重点学科,接近或达到国际同类学校和学科的先进水平,大部分学校的办学条件得到明显改善,在人才培养、科学研究上取得较大成绩,适应地区和行业发展需要,总体处于国内先进水平,起到骨干和示范作用。"211工程"建设的主要内容包括学校整体条件、重点学科和高等教育公共服务体系建设三大部分。

厦门大学"211工程"一期学科建设项目(8个):物理化学与应用化学、海洋资源与环境、现代动植物生物学、信息光电子材料与信息技术、经济理论与管理、东南亚问题和台湾问题研究、高等教育学、国际经济法及台港澳法。

厦门大学"211工程"二期学科建设项目(11个):经济理论应用、工商管理学科建设、国际经济法与海洋法、高等教育研究、福建.台湾与东南亚研究、物理化学与分析科学、海洋资源与环境、亚热带滨海生物科学与技术、电子信息技术、光电信息材料、器件及其应用、材料与化学能源。

厦门大学"211工程"三期学科建设项目(15个):中国社会经济史与国学研究、高等教育发展研究、现代经济理论与应用研究、国际法律制度、两岸法律问题及和平发展研究、公共政策与政府治理、中国—东盟关系研究、特色社会主义理论与实践、管理科学创新与发展、数学及其应用、基础化学与能源化学、生物医学科学、立体通信与信息集成智能化技术、光电信息材料与微纳光电器件、海洋资源与环境、先进材料及其制作技术。

2."985工程"学科建设

1998年5月4日,江泽民总书记在庆祝北大建校100周年大会上向全社会宣告:"为了实现现代化,我国要有若干所具有世界先进水平的一流大学。"1999年,国务院批转教育部《面向21世纪教育振兴行动计划》,"985工程"正式启动建设。"985工程"一期建设率先在北京大学和清华大学开始实施。2004年,根据国务院批转教育部《2003—2007年教育振兴行动计划》,教育部、财政部印发《教育部、财政部关于继续实施"985工程"建设项目的意见》,启动了"985工程"二期建设,列入"985工程"建设的学校共39所。2010年,根据中共中央国务院印发《国家中长期教育改革和发展规划纲要(2010—2020年)》,教育部、财政部印发《教育部、财政部关于加快推进世界一流大学和高水平大学建设的意见》,新一轮"985工程"建设开始实施。"985工程"的目标是通过持续重点支持,加快推进世界一流大学和高水平大学建设。力争在2020年前后,形成一批达到国际先进水平的学科,使若干所大学跻身世界一流大学行列;使一批学校整体水平和国际影响力跃上一个新台阶,成为国际知名的高水平研究型大学;使一批学校成为特色鲜明的高水平研究型大学。经过不懈的努力,到本世纪中叶有一批大学屹立于世界一流大学行列,其中一些学校位于世界一流大学前列,为实现我国建成中等发达国家的目标奠定坚实基础。2001年2月,厦门大学被列入国家"985工程"一期重点建设高校名单。

厦门大学"985工程"一期建设项目:目标为至2005年,全校半数左右学科居国内一流水平,若干学科接近或达到国际先进水平,成为我国特别是东南部地区高水平创新人才培养、基础研究、高新技术研究和成果转化、高层次决策咨询的重要基地,成为国际学术交流特别是对东南亚、对台港澳交流的桥梁和窗口。学科建设主要包括化学、生命科学、经济学等传统优势学科,信息、能源、材料等新兴学科,海洋、台湾研究、东南亚研究等特色学科以及微机电、半导体光子学等应用学科平台建设。

厦门大学"985工程"二期建设项目(平台基地建设):总体目标为巩固厦门大学"985工程"一期建设成果,为创建国际知名的高水平研究型大学进一步奠定基础,使若干学科达到或接近国际一流学科水平。创新管理体制和运行机制,积极探索和形成建设世界一流大学的新机制;引进和培养若干具有世界一流水平的学术带头人及学术团队,建成一支高水平师资队伍;加强顶层设计和规划,以"有所不为"保证"有所为",集中及集成有限资源,在哲学社会科学、自然科学与工程技术科学等领域重点建设一批能冲击国际先进水平的学科及相应的学术平台;与国家实验室、其他国家重大项目、国际重大合作项目相整合,使厦门大学成为国家知识创新、技术创新和高层次人才培养的重要基地,取得一批具有国际先进水平的创新性科研成果,为解决国家经济建设、科技发展和社会进步的重大问题做出重要贡献,成为国家创新体系的生力军。在学科与平台建设方面力图跨院系、跨学科组建6个科技创新平台和5个哲学社会科学创新基地。

6个科技创新平台:一是集成学校最具优势的学科,以国家级科技基地为依托,组建以创建国家实验室为目标的2个科技创新平台,即"嘉庚化学"科技创新平台和"国家海洋研究中心(厦门)"科技创新平台。这两个科技创新平台瞄准国家在能源、生命、材料、环境领域的重大基础化学问题以及海洋环境与资源领域中的重大科技需求和前沿重大科学问题,集中优势兵力,加强学科融合,扩大组织体量,以原始性创新为重点,建成具有世界水平的国家级实验室,带动相关学科的快速发展。二是以现有国家级重点学科、重点科研基地等为核心,结合学校未来的学科整体发展需求,组建以强化、提高和创建国家重点实验室、国家工程中心、国防重点实验室为目标的4个科技创新平台,即"细胞生长与发育调控"科技创新平台、"光电信息材料与器件"科技创新平台、"新型疫苗工程中心"科技创新平台、"智能化国防安全信息技术"科技创新平台。这四个平台项目结合国家建设需求及地方经济建设和社会发展中存在的重大问

题,以学科交叉融合为基础,集成综合优势,拓展学科研究方向和科技领域,抢占21世纪学科发展的制高点,促进相关学科水平的提高。

5个哲学社会科学创新基地:围绕国家及地方经济建设和社会进步中的重大问题,突出自身特色和区域优势,组建东南亚研究、台湾研究、财务管理与会计、中国特色高等教育体系、宏观经济分析与预测等5个跨学院、跨学科、具有创新性、交叉性、开放性的哲学社会科学创新基地。

厦门大学"985工程"三期建设项目:在学科建设方面,厦门大学对不同学科进行分类专门规划,提出具体目标。第一,加强化学、生命科学、海洋科学、经济、管理、法学等学科建设,不断增强发展后劲、强化主流地位、提高国际竞争力,争取若干学科方向尽快达到国际先进水平。第二,加强物理、数学、环境科学、历史、教育、公共管理等学科建设,不断汇聚高端人才、提高整体实力,力争在新一轮国家一级学科重点学科评估中取得新进展。第三,在中文、外文、哲学、政治学、新闻传播、材料、通信、电子、化工、机械、仪器、计算机等有实力、有特色、有前景的学科中选择若干方向进行重点建设,着力夯实基础,尽快形成优势,力争在新一轮国家重点学科评估中取得新突破。第四,大力推动学科交叉、融合与渗透,努力培育新的学科生长点。学校结合发展战略性新兴产业,高起点规划、高水平建设、高效率推进新能源、新材料、生物医药、新一代信息技术、节能环保、先进装备制造等学科建设,发挥学科综合优势,推动医学与生命科学、化学、信息科学、材料科学、环境科学等领域的交叉融合,加快发展现代医学、药学和公共卫生等学科。第五,选择若干对学科整体布局和提高整体水平具有重要影响的薄弱学科进行重点扶持,使之尽快跨入国内同类学科先进行列。

根据目标,建设项目分为学科建设与平台建设两部分。学科建设包括化学与化工学科、生命科学与医学学科、公共卫生学科、药学学科、物理科学与技术学科、数学学科、材料科学与工程学科、经济学科、工商管理学科、法学学科、人文优势学科、公共管理学科、马克思主义理论学科、教育学科等。平台建设包括南方海洋中心科技创新平台、萨本栋微纳科学与技术创新平台、洁净能源科学与工程科技创新平台、国防安全立体通信与监控系统科技创新平台、台湾研究哲学社会科学创新基地、东南亚研究哲学社会科学创新基地。

(四)学科评估

1.学科评估

学科评估是教育部学位与研究生教育发展中心按照国务院学位委员会和教育部颁布的《学位授予和人才培养学科目录》的学科划分,对具有研究生培养和学位授予资格的一级学科进行的整体水平评估。此项工作于2002年首次在全国开展,至2012年已完成三轮评估,2016年已启动第四轮学科评估。

第一轮(2002—2004年)全国学科评估,完成除军事学门类外的全部80个学科的评估,共有229个单位,1 336个学科点参加学科评估。厦门大学应用经济学(排名第4)、理论经济学(排名第9)、法学(排名第8)、教育学(排名第5)、新闻传播学(排名第5)、艺术学(排名第5)、历史学(排名第8)、海洋科学(排名第2)、工商管理(排名第3)进入全国评估前10。

第二轮(2007—2009年)学科评估共有331个单位的2 369个一级学科自愿申请参加,参评学科数比第一轮增加了77%。厦门大学共有15个学科参与此轮学科评估工作,其中海洋科学在全国参评的10个单位中排名第2,应用经济学在全国参评的68个单位中排名第3,民族学在全国参评的8个单位中排名第4,教育学在全国参评的34个单位中排名第6。另外,理论经济学、应用经济学、生物学、环境科学与工程4个学科较2004年的第一轮评估时的排名有了相应的提高,以生物学一级学科尤为突出,在62个参评单位中排名第8,较第一轮评估的第16提升了8个名次。同时理论经济学、应用经济学、法学、社会学、民族学、教育学、新闻传播学、艺术学、历史学、海洋科学、生物学、航空宇航科学与技术、环境科学与工程13个一级学科排名进入全国学科评估前10名。从学科参评情况来看,在学校第二轮第二批参评的15个一级学科中,既有学校优势明显的传统特色学科,也有蓬勃发展的新兴学科,涵盖学校8个学科门类,占学校第二轮第二批符合参评条件的24个一级学科的62.5%,有部分学科出于各种原因没有参加此轮的评估工作。从学科评估成绩来看,学校参评的学科在全国各高校中排名总体情况良好,基本反映出学校相关学科在全国同类学科中的地位和综合实力,体现学校以学科建设为核心、凝炼学科方向,构筑学科平台,汇聚学科队伍的工作成效,证明了学校

一直以学科建设为学校工作核心的科学性和正确性。从学科评估数据看，学校学科建设工作在一些方面有待进一步加强，特别是在加快传统优势学科的持续快速发展，推动应用特色学科的拓展丰富，扶植新兴交叉学科的培育建设等方面还有大量的工作要做精做细，切实把学校学科建设抓紧、抓实和抓好。

第三轮(2012年)学科评估中，共有391个单位的4 235个学科自愿申请参评，学科参评率比第二次增长79%。全国高校中，国家重点学科的参评率为93%，博士一级授权学科的参评率为80%。厦大共有24个一级学科参加本次评估工作，其中5个一级学科进入前5名，占此次厦大参评学科的20.8%，它们分别为海洋科学、统计学、应用经济学、民族学、工商管理；另有11个学科进入前10名，占此次厦大参评学科的45.8%，它们分别为教育学、戏剧与影视学、化学、理论经济学、中国史、世界史、法学、外国语言文学、考古学、生态学、公共管理。前10名数量居全国高校第15位。

第四轮学科评估于2016年正式启动。厦门大学有52个一级学科参评。

2.ESI学科排名

基本科学指标数据库(Essential Science Indicators，简称ESI)是由世界著名的学术信息出版机构美国科技信息所于2001年推出的衡量科学研究绩效、跟踪科学发展趋势的基本分析评价工具，是基于汤森路透Web of Science所收录的全球11 000多种学术期刊的1 000多万条文献记录而建立的计量分析数据库，ESI已成为当今世界范围内普遍用以评价高校、学术机构、国家/地区国际学术水平及影响力的重要评价指标工具。2014年，厦门大学有9个学科进入ESI全球前1%，数量居全国高校第17位；化学已经进入ESI全球前0.1%。2016年全球ESI数据库更新结果显示：厦门大学有11个学科进入ESI全球前1%(化学、工程学、材料科学、临床医学、植物与动物学、环境与生态学、生物与生物化学、物理学、数学、农业科学、社会科学总论)。厦门大学进入ESI前1%的学科总数在国内排名并列16名。

表 2-1 厦门大学 ESI 学科排名表

年度	2009	2010	2011	2012	2013	2014	2016
数量（个）	2	3	5	6	8	9	11
ESI学科	化学、工程学	化学、工程学、材料科学	化学、工程学、材料科学、临床医学、植物与动物学	化学、工程学、材料科学、临床医学、植物与动物学、环境与生态学	化学、工程学、材料科学、临床医学、植物与动物学、环境与生态学、生物与生物化学、物理学	化学、工程学、材料科学、临床医学、植物与动物学、环境与生态学、生物与生物化学、物理学、数学	化学、工程学、材料科学、临床医学、植物与动物学、环境与生态学、生物与生物化学、物理、数学、农业科学、社会科学总论

第二节 厦门大学研究生招生制度与发展

通过考试、推荐、申请、审核等途径选拔优秀生源,促进高层次专门人才培养,推动科学研究发展,维护教育与社会公平是研究生招生考试的应有之义。正因为如此,研究生招生考试历来为政府、高校及社会所关注,不断改革和完善研究生入学选拔方式,促进专门人才的培养质量,是时代发展的必然要求,也是厦门大学全面提高研究生教育质量的重要举措。早期厦门大学研究生招生数量少,招生制度与模式也相对简单,主要按照国家相关政策统一招生。随着国家研究生招生权力下放以及招生数量急剧增加,为全面提高研究生培养质量,选拔对学术研究有浓厚兴趣,具有学术潜能和创新能力的学生进入研究生阶段深造,厦门大学在广泛借鉴国内外知名高校研究生入学选拔的成功经验的基础上,积极探索研究生招生考试制度改革,形成具有厦门大学特色的研究生招考模式。

一、厦门大学早期研究生招生制度与模式

1977 年我国着手恢复研究生招生工作,厦门大学也开始为研究生招生做准备。1978 年 10 月,厦门大学招收"文革"后的首届研究生。全校 7 个系 17

个专业、专门组共录取研究生62名,占全省研究生招生总数的三分之二以上,大大超过本校计划招收研究生的人数(图2-1)。1981年,国家实行学位制度,厦门大学的研究生教育事业打开新的局面。从1984年起,厦门大学在国家计划外试办研究生班,招收在职研究生,为其他院校和外单位代招代培研究生。1985年,厦门大学开始招收品学兼优的应届本科大学毕业生,免试、推荐加考试攻读硕士学位研究生。为避免"近亲繁殖",校外单位人员报考,在录取时适当放宽要求。

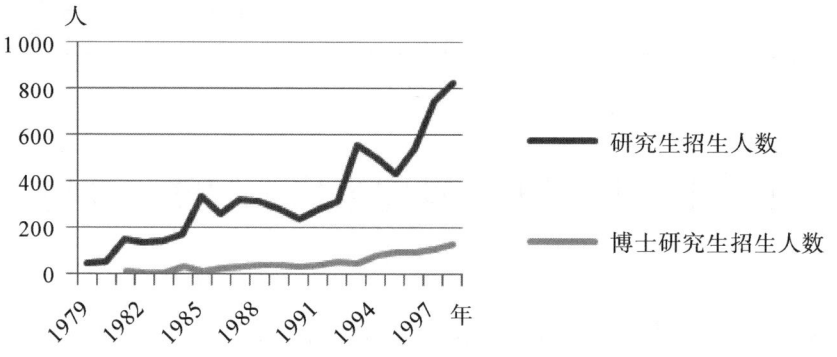

图2-1　1979—1998年厦门大学研究生和博士研究生招生人数

1984年,根据《关于博士生培养工作的几点意见》(征求意见稿),厦门大学决定对于在校硕士生中少数专业理论基础较好,科研能力较强,德、智、体全面发展的优秀生,可以经过推荐和考核,转为直接攻读博士学位的研究生。为此学校在有博士学位授予权,并在1984年招收博士生的七个专业中,对1982年和1983年入学的硕士研究生中的优秀生试行推荐直接攻读博士学位的办法。根据规定,被推荐的硕士生必须具备以下条件:一,政治表现及思想品德好,学习态度端正,学风正派;二,已按培养计划的规定学完全部硕士学位课程并通过考试,政治理论课和外国语(第一外语)的考试成绩必须达到良,各门专业学位课的成绩一般必须达到优(个别有特殊业务才能者可酌情考虑);三,在硕士学习阶段,已经显示出具有较强的科研工作的能力(82级硕士生应表现在硕士学位论文的学术水平和创造性的趋上);四,身体健康。被推荐的研究生填写《在校硕士生直接攻读博士学位申请书》,交系(所)办公室,由系办公室提供该生学习成绩等情况(按表格要求填写),由硕士指导教师提出推荐意见;由两名本专业有关专业的专家(一般应副教授以上)推荐,填写书面推荐意见,经系(所)审核同意申请的,由系(所)组织考试小组对申请者进行业务考核(考试小组由三人组成,其中应有博士指导教师参加),由系总支进行政治审查,体格检查合格者,经系主任讨论同意后,报校长审批。同时规定,1984年在校硕士研究生转入攻读博士学位研究生与1984年统一招生的博士研究生同时入学,攻读博士学位的学制为二至三年。

1985年,为了提高研究生素质,选拔更多更好的合格人才入学,根据一九八五年全国硕士研究生招生工作会议精神,厦门大学开始在应届毕业生中试行推荐免试和推荐加考试招收硕士研究生的改革试点工作。凡经审核批准推荐免试的优秀应届毕业生可直接入学学习,凡经审核批准推荐加考试的应届毕业生只参加初试,不必参加复试,或在初试成绩略低的情况下,准予复试。根据厦门大学《关于推荐免试、推荐加考试招收攻读硕士学位研究生的试行办法及补充规定》,推荐免试的人数控制在应届毕业生5%以内;推荐加考试的人数控制在应届毕业生10%以内。对于推荐免试的应届毕业生,学校要求其应满足以下基本要求:一,各门主干课程(包括基础课、专业课和主要选修课)的学习成绩应有3/4在90分或优以上,其余课程成绩也应达到良好;二,在校学习期间,逻辑思维清楚、反应敏锐、具有较强的综合分析能力和解决问题的能力,以及实验动手能力;三,连续三年被评为学校的三好学生或优秀学生干部、业务成绩符合要求的优先给予推荐。对于推荐加考试的应届毕业生应具备以下条件:一,各门主干课程(包括基础课、专业课和主要选修课)的学习成绩有1/2在90分或优以上,其余课程学习成绩也属良好;二,在校学习期间、逻辑思维清楚、反应敏锐、具有较强的综合分析能力和解决问题的能力,以及实验动手能力;三,三好学生和优秀学生干部业务成绩符合要求的,优先给予推荐。同时,学校也对取消推荐免试或推荐加考试的资格进行专门规定,凡是最后一学年受行政处分的,或最后一学年的学习成绩有一门课程不及格的,或毕业论文不合格的,或入学前复查,发现有不符条件的,一律取消其资格。[①]
1986年,厦门大学有37名82级优秀应届毕业生获得免试资格。其中,向校

---

① 厦门大学校史编委会.厦大校史资料(第四辑)[M].厦门:厦门大学出版社,1990:256-260.

外单位推荐11名同学,有6位同学获准免试。向校内推荐的26名全部获准免试,被确定可录取的免试硕士生为32名,占应届毕业生的2.6%。① 1986年,学校对推荐免试规则进行修订,确定"推荐加考试"工作由各系直接办理,学校不再审批,推荐免试生按应届生10%的比例择优推荐,被推荐免试的优秀应届毕业生应控制在该应届学生数的5%以内,推荐免试生应具有较强的业务能力,包括:一,主干课程(必修课和指定选修课)的学习成绩必须有3/4在85分以上。外语平均成绩在80分以上;政治理论课的学习,除了看其考试成绩之外,还要结合平时表现综合考察,体育课则必须结合身体素质等因素加以考虑。二,在校学习期间,逻辑思维清楚,反应敏锐,具有较强的综合分析问题和解决问题的能力以及实验动手能力。三,连续二年被评为学校的三好学生或优秀学生干部、业务成绩符合条件的优先给予推荐。②

在此期间,厦门大学招收研究生的专业逐年增加。1979年有9个系和教研室的14个专业、20个研究方向招收研究生44名。1980年11个系、所、室的14个专业、19个研究方向招收研究生56名。1981年,学校根据国家需要,采取保证重点学科,注意扶持薄弱专业的发展,统筹兼顾,全面安排研究生招生工作,13个系、所、室的27个专业、43个研究方向,招收读硕士学位研究生126名和出国预备研究生13名。同年,厦门大学化学系、生物系、海洋系、历史系共招收10名博士研究生。虽然厦门大学1991年正式获得工商管理专业学位授权,不过从1988年起厦门大学招收工商管理硕士。

二、1999年以来厦门大学研究生招生基本情况

国家招生政策对厦门大学研究生招生产生非常大的影响。早期厦门大学的招生政策几乎是国家招生政策的细化与具体化。厦门大学自1978年以来招生规模的变化可以说是我国研究生招生政策演变的缩影。

1995年,国家教育委员会发出《关于进一步改进和加强研究生工作的若

---

① 厦门大学校史编委会.厦大校史资料(第四辑)[M].厦门:厦门大学出版社,1990:261-264.

② 厦门大学校史编委会.厦大校史资料(第四辑)[M].厦门:厦门大学出版社,1990:261-264.

干意见》,对研究生教育发展的规模和速度进行规划,计划到 2000 年,在校研究生达到 20 万人左右。国家将逐步采取公布当年各学科研究生分配和需求情况来引导研究生招生工作。真正意义上的研究生扩招,即扩招规模与速度较大的时间起点应从 1999 年算起。研究生教育发展政策对研究生教育的规模产生重大影响。自 1999 年起,我国招收研究生的人数年平均增长率在世界上已经处于领先地位,在校博士生数量位居世界前列。2004 年以后,我国研究生招生规模增长速度逐渐放缓,2006 年以后降到 10% 以下。2009 年,根据国家经济、科技、社会发展对高层次人才培养的要求,根据《国家教育事业发展"十一五"规划纲要》确定的发展目标,2009 年硕士研究生招生计划比上年增长 5% 左右。

在此背景下,厦门大学的研究生招生也呈现出以下五个特点:

(1)随着学校学科建设、队伍建设的发展,办学实力的增强,研究型大学建设步伐的加快,学校研究生整体规模迅速增加,以 2005 年为界,1998—2005 年增长速度较快,2005 年以后增长速度有所减缓,但仍保持持续增加的发展速度。2010 年由于国家政策调整,专业学位硕士发展较快,2010—2013 年厦门大学研究生招生又出现数量上的高峰,随后由于专业学位硕士(单证)政策调整,厦门大学单证专业学位硕士招生数开始下降。

表 2-2　1999 年以来厦门大学研究生(含港澳台外籍生)招生数统计表

(单位:人)

年份	双证				单证		总数
	学术型博士	专业博士	学术型硕士	专业学位硕士	学术型含(中职、高师)	专业学位硕士	
1999 年	168		483	165		180	996
2000 年	218		735	196		152	1 301
2001 年	278		934	280		426	1 918
2002 年	343		1 252	287	110	712	2 704
2003 年	436		1 656	334	179	629	3 234
2004 年	500		2 089	339	239	945	4 112
2005 年	543		2 432	295	330	1 143	4 737
2006 年	571		2 512	334	242	1 151	4 810
2007 年	584		2 678	331	237	1 215	5 045

续表

年份	双证				单证		总数
	学术型博士	专业博士	学术型硕士	专业学位硕士	学术型含(中职、高师)	专业学位硕士	
2008年	619		2 765	365	90	1 385	5 224
2009年	651		2 490	684	25	1 818	5 668
2010年	674	7	2 407	1 083		1 750	5 921
2011年	738	10	2 329	1 187		2 221	6 485
2012年	761	19	2 132	1 175		2 239	6 326
2013年	789	12	2 117	1 553		3 495	7 966
2014年	763	19	2 117	1 604		963	5 466
2015年	785	15	2 062	1 734		1 020	5 616
2016年	796	18	2 123	1 772		400	5 109

(2)厦门大学研究生规模的增长主要体现在硕士研究生的数量增长上,其中专业学位硕士研究生招收数量增长明显,呈现出增长的趋势,其招生人数在2010年后飞速增长,这与国家大力培养高水平的应用型人才政策密切相关,2016年厦门大学招收专业学位硕士(双证)1 772人,占2015年硕士研究生招生总数(双证)的一半左右。比较而言,学术型硕士研究生增长平稳,从1999—2007年呈现出稳步增长,但自2008年开始,学术型硕士研究生招生数呈现出缓慢下降的趋势,2008年招收2 765人,达到顶峰,随后开始下降,2013年2 117人,2015年2 062人,与2004年的招生人数接近。

同样,学术型博士生的招生人数虽有一定增长,但增长速度相对平缓,2011年招收738人,2013年789名,2014年763名,2015年785名。如果不考虑港、澳、台和外籍博士生的数量,这一增长则更为缓慢。2006年,厦门大学招收学术型博士生535人,2010年为616人,2015年也仅为688人。比较而言,专业学位博士生虽然数量较少,但保持相对稳定。

(3)厦门大学研究生可招生专业获得显著增长。特别是2012年以来,由于国家学位授权制度的改革以及专业学位授权点的迅速增加,厦门大学的可招生的学科和专业迅速增加。2011年,厦门大学共有121个学术型专业和教育博士专业学位招收博士研究生,194个硕士专业及27个专业学位招收硕士研究生。2013年厦门大学共有133个学术型专业和教育博士专业学位招收博士研究生,214个学术型硕士专业,34个专业学位硕士点(含方向)招收硕士研究生;2016年厦门大学共有138个学术型专业和教育博士专业学位招收博士研究生,227个学术型硕士专业,23个专业学位硕士点招收硕士研究生。

与专业学位硕士研究生发展相一致,厦门大学专业学位硕士点发展迅速。我国自1991年开始实行专业硕士学位教育制度,设立第一个专业学位——工商管理硕士。至2010年,国务院学位委员会已批准设置38种专业学位,其中已开展试点的研究生专业学位类别有19种,具有研究生专业学位授予权的培养单位达476所,累计招收硕士专业学位研究生85万人。1991年厦门大学被国务院学位委员会和教育部确定为我国首批授予工商管理硕士(MBA)学位的九所大学之一,自此学校专业学位教育不断发展、稳步前进。2011年学校新增10个专业学位授权点。

(4)招生自主权进一步扩大。2003年教育部改革研究生考试录取制度,扩大学校的自主权。根据《关于做好部分高校进行自主确定硕士研究生入学考试复试分数线试点工作的通知》,厦门大学开始进行自定复试分数线的改革试点,加大复试权重和复试力度,确定参加研究生复试的比例增加到1∶1.2。2006年厦门大学研究生招生考试改革进一步推进,复试逐渐采用笔试、实践能力考试和面试等方式进行,考核专业素质和综合素质与能力,复试成绩权重占总成绩的30%~50%。2007年是研究生复试改革的重要一年,根据教育部相关文件精神,厦门大学明确了研究生复试成绩占总成绩的30%~50%;突出复试一票否决制等改革。这些改革事实上也是厦门大学招生自主权逐步扩大的表现。

(5)研究生招生工作的特色。厦门大学本科生、硕士生、博士生、台港澳侨生、国际学生、继续教育学生的招生录取工作统一由厦门大学招生办公室管理。厦门大学招生办公室负责制定招生计划,颁布研究生招生文件,编制研究生招生专业目录,执行研究生复试与录取工作和研究生数据处理和管理工作,协助做好各类学生的招生宣传、咨询以及录取工作。这种集中管理招生事务的模式,不仅方便考生查询招生信息,也有利于提高招生管理效率。

为了有效推进研究生招生工作,厦门大学招生办公室和研究生院加大了招生宣传与拓展。近年来,厦门大学为吸引优质生源,从2010年开始推出夏令营招生模式,主要针对其他学校应届本科毕业生开展大学生夏令营活动。

该模式由学生提出申请,各学院(研究院)组织专家对学生的申请材料进行认真审核,经过严格和科学地考核之后,选拔具有科研创新潜质的优秀营员。夏令营活动内容与形式一般为校史介绍、学科导航、名师讲座、实验操作、师生互动和参观走访等内容与方式。通过夏令营考核且具备推免资格的夏令营营员,可不用参加学校该年9月份或10月份的校外硕士推免生考试;通过夏令营考核但不具备推免资格的夏令营营员,如果选择以公开招考方式报考厦门大学下一年度的硕士研究生,成绩达到相应标准,可不用参加学校针对统考生的复试,同时学校将酌情给予政策倾斜。一般而言,获得厦门大学夏令营营员资格的学生,在厦期间的食宿全部或部分免费,往返厦门的交通费将全部或部分报销(以硬座火车票价为标准,须凭票据报销)。大学生夏令营是研究生招生宣传工作的特色之一,它有效地扩大了厦门大学在其他学校在校大学生中的影响力,吸引了优质生源,为保证研究生教育的质量打下了基础。

积极推进夏令营招生模式,效果明显,近年来厦门大学,报考人数显著增长,报录比位居全国高校前列。在学校整体实力不断提高的情况下以及卓有成效的招生宣传与拓展工作下,报考厦门大学研究生的人数不断增加,位居全国高校前列。学校2007—2010年硕士研究生报考人数分别为:15 631人、12 803人、14 226人和15 575人。2011年报考学校硕士研究生的总人数达到历史新高的17 482人,报考人数高居全国各高校第8名;报考录取比为53∶1,排名全国第2名。

第三节 厦门大学研究生招生类型与模式

厦门大学研究生招生类型按培养层次可以分为硕士研究生和博士研究生,按学位类型可以分为学术型学位和专业学位,按生源来源的国家或地区可分为境内研究生招生、台港澳研究生招生和国际学生研究招生,但实际上,厦门大学研究生招生类型与模式复杂得多,在学术型与专业学位型基础上,厦门大学的研究生招生类型还一度包含双证与单证的不同类型。在学术型招生类型中,厦门大学从1981年开始招收双证学术型研究生;从2002开始,为满足国家战略调整的需要,厦门大学开始招收"中职教师攻读硕士学位"、2003年增加"高校教师在职攻读硕士学位",招收在职教师,属于"单证学术型学位"。在专业学位中,双证专业学位研究生从1991年工商管理硕士开始,单证专业学位招生从1999年工商管理硕士和法律硕士开始。从2016年开始,因国家政策调整,厦门大学不再招收单证研究生。

一、硕士研究生

厦门大学硕士研究生招生数量增长较快,其中学术型硕士研究生保持缓慢递减的趋势,专业学位则呈现出迅速增加的态势。比较而言,台、港、澳以及外籍硕士研究生人数基本保持稳定发展。

表2-3 厦门大学2006年以来硕士研究生招生人数统计表

(单位:人)

硕士	中国大陆		台港澳		外籍		总计
	学术型	专业学位	学术型	专业学位	学术型	专业学位	
2006年	2 483	333	16	1	13		2 846
2007年	2 611	329	7	2	60		3 009
2008年	2 632	363	10	1	123	1	3 130
2009年	2 401	661	12	2	77	21	3 174
2010年	2 314	1 048	17	3	76	32	3 490
2011年	2 235	1 160	8	4	86	23	3 516
2012年	2 125	1 132	5	2	102	41	3 407
2013年	2 020	1 515	7	2	90	36	3 670
2014年	1 989	1 565	6	1	122	38	3 721
2015年	1 958	1 700	13	4	91	30	3 796
2016年	2 019	1 726	12	8	92	38	3 895
总计	24 787	11 532	113	30	932	260	37 654

(一)学术型硕士

进入21世纪后,硕士研究生报考人数突飞猛进地增长。为缓解压力,提高招生质量,教育部于2003年采取多项改革措施,包括初试考试科目由五门

减少为四门,扩大研究生院的招生自主权,34 所高校自行划定进入复试的最低分数线。从 2006 年开始,教育部加快了硕士研究生招生考试制度改革的步伐,开始推荐免试制度改革、复试制度改革和初试制度改革。其中,推荐免试制度改革主要是增加具有推荐免试资格的高校数量,扩大招荐免试比例。复试制度改革的措施是,扩大复试权重,差额复试比例可达 1:1.5,加大复试成绩在录取总成绩中的比重。初试改革的具体措施是,整合优化初试科目,减少招生单位自命题科目。从 2006 年起,教育部连续四年增加统考和联考科目 12 门,将招生单位自命题科目的试卷种类由 2.5 万种减少到目前的 2 万多种。

厦门大学现行硕士研究生招生模式有两种类型:一是考试型,即招生对象必须通过统一考试,经过复试后方可取得入学资格,这是现行研究生招生模式的主体形式。这一类硕士研究生的招生考试由两部分组成,一部分初试,一部分复试。初试是由国家组织的统一考试,复试是由各招生单位组织的考试、考察。作为教育部批准的 34 所自行划定本校复试基本分数线的高校之一,厦门大学有权结合研究生招生计划和报考生源情况,自行确定复试基本分数线,原则上以不低于 120% 的比例进行差额复试。二是非考试型,又称为推荐免试型。即招生对象在院系和学校的推荐下,免试攻读学校相应专业的硕士研究生。免试对象限于应届本科毕业生中能力较强、素质较高、知识功底较扎实的学生。推荐免试生是厦门大学研究生教育中的重要组成部分,厦门大学硕士推荐免试生制度从 1985 年开始试行。以 2007 年为界,推荐免试生呈增长趋势。

表 2-4　厦门大学研究生各类招生模式人数统计表

(单位:人)

硕士	学术型				专业学位			总计
	全国统考(联考)	推荐免试	单独考试	其他	全国统考(联考)	推荐免试	其他	
2006 年	1 951	455	93	13	334			2 846
2007 年	1 695	824	99	60	331			3 009
2008 年	1 734	811	97	123	364		1	3 130
2009 年	1 590	749	74	77	663		21	3 174
2010 年	1 510	793	28	76	960	91	32	3 490
2011 年	1 505	738		86	1 001	163	23	3 516

续表

硕士	学术型				专业学位			总计
	全国统考（联考）	推荐免试	单独考试	其他	全国统考（联考）	推荐免试	其他	
2012年	1 414	716		102	1 063	71	41	3 407
2013年	1 406	621		90	1 328	189	36	3 670
2014年	1 285	710		122	1 329	237	38	3 721
2015年	1 269	702		91	1 546	158	30	3 796
2016年	1 160	871		92	1 472	262	38	3 895
总计	16 519	7 990	391	932	10 391	1 171	260	37 654

从2007年开始，按照规定，设立研究生院的高校一般按应届本科毕业生数的15%左右推免，因此厦门大学的推免生招生总量在2007年迅速增加，然后趋于平稳。学校对推免生的基本要求包括：

第一，对申请厦门大学文科类各学术型专业的硕士推免生毕业院校的要求为教育部直属重点高校、"211工程""985工程"高校获得推荐免试资格的应届本科毕业生；所在专业为全国重点学科或者国家基础学科人才培养基地（基地班）的应届本科毕业生（艺术学院各专业和体育部各专业接收推免生的条件可适当放宽）。对申请学校理、工、医类各专业的硕士推免生毕业院校的要求为所有具有推免资格院校的具备推免资格的应届本科毕业生。

第二，关于成绩，厦门大学要求推免生必须学习成绩优秀，专业成绩和综合成绩均名列本专业前茅。

第三，对外语水平的要求为已获得国家英语六级水平考试合格证书（或参加英语六级新题型考试成绩达到425分以上）。

第四，对有特殊学术专长或具有突出培养潜质的获得推荐免试资格者，需要三名以上相关专业教授联名推荐，上述条件可适当放宽。

整体而言，推免生是考生中较为精英的群体，也是各高校竞相争取的生源，厦门大学一直非常重视推免生工作。全国具有推免资格的院校仅300余所，推免生又是所在高校中学业及综合素质都很优秀的考生。学校接收的外校推免生必须是来自"211工程"和"985工程"院校的具备推免资格的学生。

经过大量的宣传工作和艰苦的审核选拔工作,学校推免生人数逐年增长,从整体上提高了学校研究生的生源质量。

从生源情况来看,厦门大学学术型研究生的招生质量较好,自2010年以来保持50%以上的招生比例来自"985"或"211"高校,其中来自本校的招生比例维持在25%左右,来自其他985高校的招生比例维持在11%左右,来自"211"高校的招生比例大约为16%,仍有45%以上的学生来自其他高校。

表2-5 学术型硕士研究生生源情况表

(单位:%)

学术型硕士	本校	其他985	其他211	其他
2010年	26.10	13.66	18.84	41.40
2011年	26.04	11.12	15.69	47.15
2012年	24.45	13.12	16.46	45.98
2013年	24.80	10.46	15.42	49.31
2014年	25.21	11.73	16.87	46.18
2015年	20.65	13.92	20.39	45.04
2016年	21.23	15.42	22.96	40.39

从录取率来看,厦门大学学术型硕士录取率偏低,以2014—2015学年为例,该年大部分一级学科的录取率不超过50%,心理学、基础医学、新闻传播学、设计学、机械工程、法学低于10%,信息与通信工程、应用经济学、计算机科学与技术、教育学、美术学、外国语言文学、土木工程、统计学、中国语言文学、控制科学与工程、材料科学与工程、工商管理、艺术学理论、公共管理、世界史、管理科学与工程、理论经济学、化学工程与技术、音乐与舞蹈学、临床医学、建筑学、中国史、中医学都低于20%,考古学、哲学、戏剧与影视学、数学、环境科学与工程、软件工程、政治学、体育学、社会学、生物学、光学工程、化学、马克思主义理论、电子科学与技术则低于30%。

从招生人数来看,2005—2016年,厦门大学共招收学术型硕士研究生28 264人,招生最多的是理学,其次是工学和经济学,招生较少的是艺术学、哲学、教育学和历史学,这与学校推动发展理工科政策相关,也与社会发展需求相关。值得关注的是,十多年来,厦门大学每年招收女性学生的比例都超过男生,十年里女生比男生大约多招收2 800人。

表 2-6 厦门大学 2005 年以来学术型硕士研究生招生情况统计表

(单位:人)

学科门类	2005年	2006年	2007年	2008年	2009年	2010年	2011年	2012年	2013年	2014年	2015年	2016年	总计
哲学	24	34	42	40	37	32	30	31	25	26	21	22	364
经济学	480	502	504	491	356	384	360	343	288	258	252	252	4 470
法学	250	247	254	236	236	200	180	179	183	179	186	180	2 510
教育学	34	34	51	50	45	41	28	32	33	33	35	38	454
文学	328	360	374	359	300	267	262	163	149	147	132	146	2 987
历史学	75	68	75	56	48	40	40	30	31	37	28	37	565
理学	483	462	485	569	549	598	625	594	606	634	611	654	6 870
工学	501	507	535	601	525	505	466	443	384	350	378	391	5 586
医学			58	89	116	92	110	148	165	189	160	147	1 274
管理学	257	298	300	274	278	248	228	207	193	203	199	194	2 879
艺术学								62	60	61	60	62	305
总计	2 432	2 512	2 678	2 765	2 490	2 407	2 329	2 232	2 117	2 117	2 062	2 123	28 264
性别 男	1 154	1 242	1 217	1 286	1 140	1 068	1 031	955	932	910	914	891	12 740
性别 女	1 278	1 270	1 461	1 479	1 350	1 339	1 298	1 277	1 185	1 207	1 148	1 232	15 524

(二)专业学位硕士

专业学位(professional degree),相对于学术型学位(academic degree)而言,其目的是培养具有扎实理论基础、适应特定行业或职业实际工作需要的应用型高层次专门人才。厦门大学工商管理专业从1988年开始试点招收研究生,据统计当年,工商管理专业学位在校研究生人数大约为61。但厦门大学的专业学位招生早期主要集中在工商管理和法律硕士两个专业学位上。

从2009年开始,为适应我国当前社会经济形势对研究生教育结构转变的需要,教育部决定除工商管理硕士(MBA)、公共管理硕士(MPA)、工程硕士的项目管理方向、公共卫生硕士、体育硕士的竞赛组织方向等管理类专业和少数目前不适宜应届毕业生就读的专业学位外,其他专业学位均面向应届毕业生招收专业学位研究生,实行全日制培养,并且从2010年开始减少学术型硕士,减少的名额用以增加全日制专业型硕士。计划到"十二五"末期,实现科学型硕士与专业型硕士1∶1的比例,促进中国专业型硕士的发展。以此为基础,专业学位在招生和培养模式上,逐步形成较为完善的两种格局:一是吸引包括应届毕业生在内的考生,参加硕士生全国统一入学考试,采取全日制学习方式,培养实践部门需要的应用型人才;二是面向广大在职人员,参加非全日制硕士专业学位全国联考,采取非全日制学习方式,实现在职人员在职深造、终身学习的目的和愿望。

为更好地适应国家经济社会发展对高层次应用型人才的迫切需要,调整优化研究生教育类型结构,进一步完善研究生教育培养体系,推动硕士研究生教育从以培养学术型人才为主的模式向以培养应用型人才为主的模式转变,厦门大学2009年共增招收450名全日制专业学位(双证)硕士研究生。根据教育部文件精神,厦门大学优化调整硕士研究生学科结构,扩大专业学位招生计划,递减学术型招生计划,积极关注专业硕士的发展。2010年,共有20个专业学位招收硕士研究生,2011年增加到27个专业学位招收硕士研究生。从2012年开始,厦门大学招收的全日制专业学位硕士研究生享受与学术型硕士研究生完全相同的奖学金待遇,当年有25个专业学位硕士点招收硕士研究生。2012年,学校大部分专业学位只招收在职考生,但从2013年开始大部分专业学位招收全日制专业硕士,只有少部分专业学位硕士只招收在职考生。厦

表 2-7　2005 年以来厦门大学专业学位硕士研究生分类统计表

（单位：人）

学位类别	2005年	2006年	2007年	2008年	2009年	2010年	2011年	2012年	2013年	2014年	2015年	2016年	总计
保险	50											17	96
法律		95	104	113	207	124	96	71	20	30	29	78	1 143
翻译						29	34	42	32	43	30	57	296
工程					122	311	258	128	370	498	481	470	2 638
工程管理							2		28	36	30	29	125
工商管理	242	239	227	252	291	450	482	473	449	357	389	408	4 259
公共管理						94	130	211	157	153	131	138	1 014
公共卫生											18	21	39
国际商务							13	6	20	2	4	27	72
汉语国际教育					20	54	46	73	67	69	66	58	453
会计					15				27	41	52	41	176
建筑学									10	24	23	20	77
教育									20	9	22	16	67

续表

学位类别	2005年	2006年	2007年	2008年	2009年	2010年	2011年	2012年	2013年	2014年	2015年	2016年	总计
金融							23	40	50	57	54	82	306
临床医学								53	55		104	108	212
旅游管理							27	12	32	36	44	45	260
社会工作						21	37			35	31	30	198
审计									4	4		7	15
税务							9	46	50	25	28	22	180
文物与博物馆								15	15	13	17	10	70
新闻与传播							10	5	30	47	45	41	178
应用统计							20		31	33	38	30	152
资产评估									20	26	25	17	88
总计	292	334	331	365	684	1 083	1 187	1 175	1 553	1 604	1 734	1 772	12 114
性别 男	169	204	205	201	362	632	626	584	835	845	901	6 489	5 588
性别 女	123	130	126	164	322	451	561	591	718	759	871	5 625	4 754

门大学 2012 年招生的各全日制专业学位均可接收推免生。2016 年学校有 23 个专业学位硕士专业招收硕士研究生。十多年来,厦门大学共招收和培养了 12 114 名专业学位硕士。按学位类别来看,工商管理招生最多,共培养了 4 259 名专业硕士。在录取率上,2015 年审计硕士、翻译硕士的录取率低于 10%,汉语国际教育硕士、新闻与传播硕士、公共管理硕士低于 20%,工商管理硕士、社会工作硕士则低于 30%。按性别来看,男性的招生比例则超过女性。

二、博士研究生

厦门大学博士研究生以学术型博士研究生为主,专业学位博士研究生招生专业仅限于教育博士,因此招生数量与规模较小,自 2010 年招收 7 名教育博士以来,截至 2016 年学校共招收 100 名教育博士,其中包含 15 名台湾籍学生。近十年来,学术型博士研究生招生规模比较稳定,呈现出稳步增长的趋势。在招生模式上,博士研究生招生可以分为公开招考、硕博连读、本科直博、提前攻博(2009 年停止)等几种类型。

表 2-8 厦门大学博士研究生各类招生模式招生人数统计表

(单位:人)

博士	中国大陆					台港澳	外籍	总计
	公开招考	提前攻博	硕博连读	本科直博	其他	公开招考	其他	
2006 年	378	83	53	21		21	15	571
2007 年	384	92	52	12		27	17	584
2008 年	386	102	49	22		33	27	619
2009 年	412	30	140	20		25	24	651
2010 年	424		180	19		36	15	674
2011 年	400		228	17		55	38	738
2012 年	398		245	18		50	50	761
2013 年	412		252	34		29	62	789
2014 年	438		214	20		40	51	763
2015 年	133		161	31	378	33	49	785
2016 年	149		185	42	373	21	44	814
总计	3 914	307	1 759	256	751	370	392	7 749

厦门大学博士研究生招生考试分为普通招考的入学考试和申请考核制。申请考核制招考方式和普通招考方式不能兼报,考生只能选择其一。

1.普通招考

普通招考的入学考试分为初试和复试两部分。至2010年,厦门大学初试科目主要是外语、两门业务课。同等学力的考生还须加试政治理论。自2011年开始初试考试科目一般为三门——外国语、业务课一和业务课二。其中业务课分为"人文社科基本素质"科目(主要考核考生的人文社科基本文化素养和对问题的分析、判断、论述及表达能力)、"数理基础与能力"科目(主要考核考生的数理基础和应用能力、逻辑思维能力)。其由各学科(专业)根据各自的选拔要求,确定一门作为本专业的业务课一考试科目。业务课二主要考核考生报考的相关学科的基本知识。同等学力报考的考生还须加试政治理论科目。复试则全面考察考生的专业素质,厦门大学采取笔试、口试和实验技能考核等方式进行,对考生的学科背景、专业素质、操作技能、科研能力、创新能力及已取得的科研成果等进行全面考核。同等学力考生复试须以笔试方式加试两门硕士学位课程。根据教育部文件精神和学校博士研究生入学考试改革精神,学校不断扩大考生入围复试的比例,从2013年开始复试权重占总成绩的60%,给院系、专家组更充分的人才选拔空间。另外,经学校各院系选拔确定的"硕博连读"考生,须与统考生一起参加复试,公平竞争,学校综合评价,择优录取。

2.申请考核制

为了更加科学地选拔优秀人才,进一步提高博士研究生的培养品质,厦门大学从2013年开始在理工科类学院的国家一级重点学科和国家二级重点学科所属的一级学科试点申请考核制招考选拔方式。试点学科包括:化学化工学院—化学;海洋与地球学院—海洋科学;环境与生态学院—环境科学与工程;物理与机电工程学院—物理学;数学科学学院—数学;生命科学学院—生物学。各院系收到考生报名材料后,组织本院博导专家组对考生提供的报名材料进行认真评审,以评分方式确定入围面试名单,通知入围者参加面试,然后由学院组织入围面试的考生进行面(笔)试,考试由学科负责人、评审考核小组和相关导师负责。厦门大学2014年开始在所有的理工医学院全面实行博士研究生招生申请考核制选拔方式,选择部分文科类学院试行博士研究生招生申请考核制选拔方式,包括物理与机电工程学院、电磁声学研究院、萨本栋微米纳米科学技术研究院、数学科学学院、化学化工学院、材料学院、信息科学与技术学院、软件学院、生命科学学院、海洋与地球学院、环境与生态学院、海洋与海岸带发展研究院、医学院、药学院、公共卫生学院、能源研究院、教育研究院(仅限教育博士)。此外,经济学院、王亚南经济研究院将拿出部分名额进行申请考核制选拔,其余名额以普通招考方式选拔,学校为进一步推行博士研究生招生申请考核制的选拔方式,2015年开始管理学院管理科学系(试行)、法学院(试行)、知识产权研究院(试行)、南海研究院(试行)、财务管理与会计研究院(试行)、海外教育学院(试行)全部实行申请考核制。

以厦门大学医学院2014年博士招生申请考核制选拔办法为例,首先符合报考条件的考生通过网上报名,向医学院详实提供报名材料(包括专家推荐信、个人陈述)。学院收到考生的申请材料后,院系研究生招生秘书负责申请材料的完整性和真实性初审,将符合要求的材料递交系专家组审核。专家组对考生提供的申请材料所体现的专业基础、学术背景、科研经历及成果、专家推荐情况、拟攻读博士学位的科学研究计划等,进行认真评审并给出成绩。学院根据评审成绩从高到低和差额比例的原则来确定入围考核名单并公示,通知入围者参加考核。考核形式为面试和笔试,包括专业知识、综合能力及英语三部分,总分100分。专业知识及综合能力采用面试的形式考核,占70%。每个考核小组成员在考生打分表中,以百分制方式对每个考生打分,面试过程将以电子文档方式全程录音。面试重点考核考生的专业基础知识、对所从事的科研工作的理解程度、分析问题和解决问题的能力、对跨领域新知识的接受能力、专业知识的综合应用能力、是否具备拟从事的专业方向的学科背景、逻辑思维是否清晰和批判性思维能力,同时考核考生的心理素质以及抗压能力等方面。英语采用笔试的形式进行考核(30%),普查考生的英语基础,形式不限,不指定参考教材。考核结束后,学院招生工作领导小组将根据每个申请人的综合表现,最终确定每个申请人的分数。目前申请考核制基本按这一模式进行。截至2016年,通过公开招考模式的人数逐年下降,而通过申请考核制的人数已经超越公开招考模式的学生人数。

3.硕博连读

硕博连读是指从本单位已完成规定课程学习且成绩优秀,具有较强创新

精神和科研能力的在学硕士研究生中择优遴选博士研究生的招生方式。拟参加硕博连读方式选拔的学生需根据招生单位的规定提出申请,通过招生单位组织的博士研究生入学考试或考核,被录取后才能进入博士阶段的学习。为激励学校硕士研究生攻读博士学位的积极性,保证优秀博士生生源,提高博士生培养质量,2003年,厦门大学根据《教育部关于做好攻读博士学位研究生工作的通知》精神,结合学校实际情况,制定了《厦门大学"硕博连读"研究生选拔工作试行办法》。最初硕博连读的选拔要求和程序相对比较简单,全日制、非定向委培硕士生在入学后第一学期末只要英语通过国家六级或硕士生入学考试外语成绩在70分以上,即可申请,经本专业两名专家推荐及院系审批同意后,报研究生院核准,然后在第二学期由院系成立选拔考核小组,对申请者进行德智体全面衡量,考核内容包括外语水平、科研能力、学业成绩以及该专业公开招考入学考试相关内容等。考核合格的研究生,由所在院系报研究生院和校招生办审核后,报学校研究生招生领导小组审批。通过"硕博连读"方式选拔的研究生,一般不超过当年该一级学科博士生招生规模的20%。在第四个学期结束前,各院系还必须组织对硕博连读生是否具有博士生资格进行认定。硕博连读研究生学制为五至六年。前两年按硕士生进行学籍管理,享受硕士生待遇;通过博士生资格认定后,从第三年开始按博士生进行学籍管理,享受博士生待遇。

2005年厦门大学专门修订《厦门大学"硕博连读"研究生选拔工作试行办法》,在选拔程序以及选拔比例上进行了调整,明确厦门大学硕博连读的选拔对象为接受学历教育的一年级硕士研究生,要求研究生课程成绩优良并具有科学研究培养潜质;如果研究生是委培生和定向生,必须提供原单位同意其"硕博连读"的有效证明;在学科专业与导师要求上,要求具有博士毕业生的学科专业,而拟招生的博士生导师必须已列入当年的博士生招生简章。

在选拔程序上,一般硕博连读的研究生需要经历初选阶段和考核阶段,在初选阶段,各院系在硕士研究生第一学年第一学期,进行"硕博连读"研究生初选工作。选拔工作的方式、程序、名额由学院根据学科研究生培养的具体情况自主制定,研究生院不统一组织。初选名单于第一学期末报研究生院备案。初选进入"硕博连读"计划的研究生执行"硕博连读"培养方案。在初选研究生第二学年第一学期至第二学期,各学院组织对初选入"硕博连读"研究生的博士生资格认定考核,考核分两阶段进行。第一阶段考核,列入初选名单的研究生经本专业两名专家(其中一名为拟招生的博士生导师)推荐,提交院系考核小组考核。各院系由主管领导和博士生导师组成考核小组(一般由五人组成)。考核小组对初选人的思想品德、业务能力、科研潜能与综合素质进行考核,考核结果以专业知识、外语水平、综合素质分类量化,综合打分。研究生院、校招生办、考试中心联合审核"硕博连读"研究生候选人复试资格。第二阶段考核与当年统考博士生入学复试一并进行,考核办法与程序依照博士生入学复试办法。各学科根据所有考生复试成绩排序,确定计划内与计划外名单。未能进入计划内招生的在学研究生,有选择放弃"硕博连读"的权利,改为继续完成硕士学历教育。已通过初选进入硕博连读培养计划的研究生所修的博士学位课程和选修课程可记同类硕士学位课程和选修课程的学分。根据规定,通过"硕博连读"博士生资格认定和"提前攻博"选拔第一阶段考核的研究生总数,原则上不超过本学科当年博士招生计划的50%。

从2009年开始,获得硕博连读资格的研究生须与公开招考的考生一起参加博士入学考试,各培养单位录取时,在硕博连读考生和公开招考考生之间,按复试成绩排序录取。同时培养单位应在选拔工作实施细则中制定具体标准,并制定区别于普通博士研究生与硕士研究生的专门培养方案。从2009年开始,厦门大学规定,硕博连读研究生不作硕士论文,不发硕士毕业证书。申请硕博连读的研究生在正式录取为博士研究生前有权放弃硕博连读资格,继续完成硕士学历教育。已录取为博士研究生的硕博连读研究生在博士研究生学习阶段若中途放弃学业,原则上不予转为硕士研究生。考核过程中有弄虚作假行为的,违反校纪校规,受纪律处分的情况,取消硕博连读资格。从2010年开始,为保证硕博连读选拔工作公平、公正、公开,厦门大学规定各培养单位应制定实施细则,内容包括选拔标准与程序、考核内容、方式与要求等。近年来,厦门大学硕博连读主要针对学校二年级硕士研究生,原则上三年级硕士研究生不参加硕博连读选拔,硕博连读资格的确认人数比例则限制在当年博士研究生招生计划的25%~70%,取得博士生入学资格的硕博连读研究生,按照学校博士研究生培养方案进行培养。为了进一步加大硕博连读研究生所占比例,研究生院对2016年硕博连读办法进行了调整,从2016年起,一年级至三年级(开展申请考核制学院三年级硕士研究生除外)的全校双证硕士研究生(含

专业学位)可申请硕博连读;取消硕博连读研究生推荐人数占当年博士研究生招生计划比重的限制。2006—2016年,厦门大学共招收硕博连读学生1 759人。

4.本科直博

本科直博是面向全国取得推荐免试资格(简称推免生)的优秀应届本科毕业生直接选拔博士研究生的招生方式。本科直博生(简称直博生)入学后即取得博士学籍,在相关政策上学校给予特别考虑。直博生招生工作安排在每年的推免生接收阶段,入学申请条件及办法与接收"推荐免试"硕士研究生相同。按照教育部和厦门大学关于推免工作的相关规定,直博生应有推免资格及名额,在教育部推免服务系统上成功报名。最终录取信息以教育部推免系统的信息为准。学校目前在化学化工学院、生命科学学院等理工医类学院所属的国家重点学科招收直博生。如能源材料化学协同创新中心对于本科直博生的基本要求是国内知名高校前三学年的总评成绩在本专业的年级排名前20%(科研能力特别突出者可以适当放宽)、英语四级550分或六级450分以上、具有推免资格的应届本科生。中心本直博研究生主要在化学、化工、材料、物理及能源等相关理工科的优秀本科生中遴选,实行跨校、多导师和国际化联合培养。全体本直博研究生入选后第一年应至少参加三个课题组的轮转式学习和科研活动,满一年后通过双向选择确定第一导师。第一导师应是协同中心的教授,其他导师由第一导师和直博生根据协同中心的重大协同创新任务商定(导师来源不局限于协同中心)。直博生的学籍挂靠在第一导师所在的单位。大部分博士研究生在四五年期间,将获得中心支持前往国际著名科研院所合作研究一两年。

为了进一步提高博士研究生生源质量,厦门大学明确将大幅提高直博生招生比例和直博生的奖学金待遇,以吸引国内更多的优秀本科生报考该校。自2017年起,厦门大学将新设直博生新生奖学金,每人2万元,直博生新生奖学金与学校其他各类奖助学金可以同时享受。2006—2016年,厦门大学共招收本科直博生256人。

总的来看,自2006年以来厦门大学博士生招生发展平稳,这与厦门大学坚持质量的原则密切相关,十多年来厦门大学共招收博士研究生7 749人,其中理学、经济学以及工学招收博士生人数排名靠前,特别是理学和工学发展较快。在招生录取比例上,以2014—2015学年为例,教育、戏剧与影视学的录取

表 2-9　厦门大学 2005 年以来学术型博士研究生招生情况统计表

(单位:人)

门类		2005年	2006年	2007年	2008年	2009年	2010年	2011年	2012年	2013年	2014年	2015年	2016年	总计
哲学		15	17	17	22	17	20	21	18	14	14	10	19	204
经济学		98	112	116	116	96	93	127	124	116	95	70	60	1 223
法学		48	51	57	66	69	78	82	80	82	82	66	71	832
教育学		17	15	14	19	15	20	10	12	13	9	11	13	168
文学		32	24	37	57	46	48	49	41	45	49	51	45	524
历史学		38	45	36	29	31	23	28	26	23	19	17	20	335
理学		186	187	163	179	218	236	242	264	288	294	348	367	2 972
工学		44	61	82	73	85	83	93	86	119	129	144	156	1 155
管理学		70	59	62	58	74	66	76	86	74	51	51	42	769
艺术学									5	3	2	2	3	15
总计		548	571	584	619	651	667	728	742	777	744	770	796	8 197
性别	男	334	362	353	400	389	423	472	485	486	479	461	5 119	4 658
	女	214	209	231	219	262	244	256	257	291	265	335	3 078	2 743

率在 10% 以下，公共管理、新闻传播学、哲学、外国语言文学、社会学、政治学、中国语言文学、法学、世界史、中国史的录取率则低于 20%，机械工程、生态学、化学工程与技术、物理学、环境科学与工程、化学、信息与通信工程、电子科学与技术、材料科学与工程、海洋科学的录取率则高于 50%。在性别比例上，男性远远超出女性，在学生来源上，公开招考方式始终占据主导地位，但从 2015 年开始这种情况有所改变，通过硕博连读和申请考核制方式招收的博士生人数增加明显。生源构成上，按本科毕业单位，来自"985""211"高校的博士生不到 50%，但按硕士研究生毕业单位，有 70% 左右的博士生来自"985""211"高校。

三、台港澳生

因地缘优势，厦门大学从 20 世纪 80 年代开始招收台湾地区的硕士研究生，随后开始招收港澳研究生。近年来，厦门大学的台港澳研究生人数基本稳定，以学术型研究生为主，专业学位研究生则人数较少。

表 2-10　厦门大学台港澳研究生招生统计表

时间	台港澳博士（人）		台港澳硕士（人）	
	学术型	专业学位	学术型	专业学位
2006 年	21	0	16	1
2007 年	27	0	7	2
2008 年	33	0	10	1
2009 年	25	0	12	2
2010 年	36	0	17	3
2011 年	55	0	8	4
2012 年	45	5	5	2
2013 年	27	2	7	2
2014 年	33	7	6	1
2015 年	33	0	13	4
2016 年	20	1	12	8
总计	355	15	113	30

根据规定,台港澳考生报考硕士研究生,须具有与内地(祖国大陆)学士学位相当的学位或同等学力,有两名与报考专业相关的副教授以上或相当职称的学者当面推荐。招生类别有自费全日制研究生和自费非全日制(兼读)研究生。2016年厦门大学有227个学术型硕士专业、23个专业学位硕士点面向港、澳、台的招收硕士研究生。入学考试分为初试、复试两个部分。初试科目:报考会计硕士、工商管理硕士、公共管理硕士、旅游管理硕士、工程管理硕士和审计硕士考试科目为外国语及管理类综合能力。报考其他专业的考试科目为外国语及报考专业指定的两门专业课。初试合格者,须参加学校复试。复试采用笔试、面试和实验技能考核等方式,对学生学科背景、专业素质、操作技能、外语口语水准、思维能力、创新能力等进行全面考核。最后学校根据考生报名材料、初试和复试成绩的总成绩、导师意见,结合素质考核结果等,综合评价,择优录取。初试成绩占总成绩的50%~70%,复试成绩占总成绩的30%~50%。学校规定复试不及格者不予录取;同等学力考生加试科目不及格者不予录取。

台港澳考生报考学校博士研究生,须具有与内地(祖国大陆)学士学位相当的学位或同等学力,有两名与报考专业相关的副教授以上或相当职称的学者当面推荐。2014年以来,学校共有138个学术型专业和教育博士专业学位招收博士研究生。台港澳博士研究生招生分为普通招考方式和申请审核制方式。考试方式与内容与学术型博士生招生基本一致。

四、外籍研究生

厦门大学地处我国东南部沿海地区,凭借优越的地理条件,在招收外籍研究生上有一定优势。20世纪50年代,厦大设立了中国高校第一个海外函授学院,为海外华侨华人提供远程教育;改革开放后,厦门成为经济特区,凭借开放的政策,厦门大学在国际化方面领先于许多高校;近年来,厦门大学高度注重研究生教育的国际化,将高层次留学生教育与出国出境交流项目作为重点,形成"内外兼修"的双轨模式。厦门大学外籍研究生招生人数也不断增长。近年来,研究生院不断加强对外籍研究生培养的重视力度,积极引进和建设全英文课程,实现课程设置、教学内容、教学方法和手段国际化,为外籍研究生构筑跨文化、跨国际、跨种族的知识体系。同时研究生院开发了英文官方网站,制作英文版研究生教育手册、英文版选课指南、自助打印英文成绩单等多种形式,增加学校国际化教育氛围,方便外籍研究生在学校的学习生活。

表2-11 2006—2016年厦门大学外籍研究生招生数

时间	博士(人)	硕士(人)	
	学术型	学术型	专业学位
2006年	15	13	
2007年	17	60	
2008年	27	123	1
2009年	24	77	21
2010年	15	76	32
2011年	38	86	23
2012年	50	102	41
2013年	62	90	36
2014年	51	122	38
2015年	49	91	30
2016年	44	92	38
总计	392	932	260

为推动国际化进程,提高国际化办学水平和国际影响力,学校从2007年开始启动国际硕士项目,面向海外招收全英文授课的国际硕士研究生。项目启动至今共培养来自97个国家和地区的617名硕士生。

2007年学校仅有6个国际硕士专业(分布在6个学院),培养国际硕士生35人。2007—2016年,国际硕士招生专业以平均每年新增1个的增速逐年递增,至2016年增加至17个(从2007年至今,学校共有18个专业招收国际硕士生,其中2个专业于2011年停招,1个专业于2013年停招)。国际硕士学生人数也呈现稳步增长趋势。2014年招收国际硕士的15个专业中,社会科学类专业共10个,占招生专业总数的60%。2016年招收国际硕士的17个专业中,人文社会科学类专业共13个,占招生专业总数的70%。其中经济学类专业最多,共6个,约占招生专业总数的40%。从2014年国际硕士学生学科分布来看,社会科学类学生共60人,占学生总人数的78%。其中经济学类学生人数最多,共31人,占学生总人数的40%。

项目启动至今,学校共培养来自97个国家和地区的国际硕士生。国际硕士生的生源国家数呈逐年递增趋势,从2007级的22个国家和地区,增加至2016级的62个国家和地区。生源国家数的增加表明学校国际影响力不断增强。但学校的国际硕士主要来自非洲和亚洲地区,2007年至今,学校46%的国际硕士生主要集中在美国、加纳、孟加拉国、俄罗斯、印度尼西亚、巴基斯坦、波兰、卢旺达等国家和地区。

根据规定,应届硕士毕业生、硕士以上学历,身体健康,持外国有效普通护照的非中国籍公民可以申请厦门大学国际学生(博士)学位。博士研究生学制三至四年,在学年限(含休学、保留学籍)三至七年;考虑到学校大部分博士专业采用中文授课,招生简章要求,人文社科类(含经管法类)专业需达到汉语水平考试新HSK5级(HSK6级)或以上;理工医类专业需达到汉语水平考试新HSK4级(HSK3级)或以上。硕士阶段以汉语为教学语言的,可以免提交HSK证书,但须提交中文教学语言证明。目前学校有60多个博士专业的博士生导师可以用英文指导学生。因此申请者的英语水平需要为新托福80分或以上,雅思6.0分或以上,或提供达到相当英语水平的证书。来自英语国家或以英语为官方语的申请者免英语水平证书;硕士阶段授课语言为英语的申请者可免英语水平证书,但须提交英文教学语言证明。学校招生办公室将会同相关院系对申请材料进行认真审核,综合申请者的学业成绩、学术能力、科研成果和导师意见等择优选拔录取,录取名单报校领导审批。2013年,学校推荐32人参加"孔子新汉学计划"项目,生源来自全球17个国家的23所海外孔子学院,最终入选12人,入选人数位居全国高校首位。2016年厦门大学"新汉学计划"在学人数17人。

截至2016年,台港澳研究生在校生共257人,其中硕士研究生51人,博士研究生206人,外籍研究生在校生共643人,其中亚洲学生最多,占外籍研究生总数的一半,外籍生研究生国籍学生数排名前十位的分别是泰国(57人)、印度尼西亚(39人)、美国(36人)、巴基斯坦(32人)、尼日利亚(30人)、越南(28人)、俄罗斯(26人)、加纳(26人)、韩国(26人)、孟加拉国(20人)。2016年厦门大学在校外籍研究生占全校全日制双证研究生数的5%。

第三章

厦门大学研究生导师队伍建设与发展

研究生导师队伍的建设直接关系研究生的培养质量，严格选拔研究生导师一直是研究生教育中的重要原则。近年来，厦门大学不断完善导师队伍建设机制，把师德师风和研究生培养质量作为导师选聘的重点，加强导师对研究生思想、学习和科研实践的教育与指导，提高对博士生指导教师指导能力的要求。

第一节 厦门大学研究生导师政策与管理

一、国家关于研究生导师的相关政策

我国于1981年创立学位制度，制定并实行由国家评审博士研究生指导教师的办法，当时确定了在教授中挑选学术造诣较深，科研成果显著，对国家和社会有重要贡献的专家、学者做博士生指导教师的原则。经前后共五批的审核，全国共批准博导8 043名。这种集中且严格的审核办法，对保证博士生的培养质量，建立完备的博士生培养制度发挥了重要作用。

但随着博士生招生规模的日趋扩大,这种集中审定的办法已无法适应形势发展的需要,也不利于调动各高校自主办学的积极性。国务院学位委员会于1994—1995年在全国部分高校开展自行审定博导的试点,首次提出"博士生指导教师是一个重要的工作岗位,而不是教授中的一个固定层次和荣誉称号"的重要指导思想,为深化博导评审制度的改革指明了方向。1995年,经国务院学位委员会第十三次会议通过《关于改革博士生指导教师审核办法的通知》,决定,博导由各博士学位授予单位或有关部门在审定招生计划的同时遴选确定。经过三年的实践,1998年国务院学位委员会办公室发文,要求各博士学位授予单位对自行审定博导工作进行全面的检查和总结,这对保证自行审定博导工作的健康顺利进行起到良好的作用。1999年,国务院学位委员会发布《关于进一步下放博士生指导教师审批权的通知》,进一步下放权力,同时在博导遴选的基本条件中,对年轻博导提出了学位的要求。

二、博士研究生导师遴选与确认政策的变化与调整

1994年,厦门大学实施自审博士生导师的试点工作,学校制定了相关自审博导实施方案,并报国务院学位办审批。10月,厦门大学第一次自审博导工作顺利完成。在自审博导工作中,有部分教师对自审博导中的申诉问题提出讨论。1998年,厦门大学对前几次自审博导工作进行了总结,认为厦门大学博士生导师数总体偏少,影响了部分学科的建设与发展,而且年龄结构等方面也不太合理。为此,1999年厦门大学制定《选聘博士生指导教师工作实施细则》,确定选聘博士生指导教师的基本原则为:(1)有利于学科建设和调整学科结构,有利于发挥指导集体的作用,有利于培养国家经济建设、科技进步和社会发展所需要的高层次创新型专门人才。培养国家经济建设、科技进步和社会发展所需要的高层次创新型专门人才,有利于高水平科研成果产出,有利于学科建设;(2)充分调动学科带头人的积极性,尊重专家评审意见和发挥学位评定委员会的作用,在具体的申请、送审和评审工作中应遵循诚信原则和严格执行自我约束制度;(3)坚持标准,严格要求,保证质量,公正合理。

2003年厦门大学选聘博士生指导教师的基本条件主要包括：(1)热爱研究生教育事业，熟悉国家有关研究生教育的政策法规，能教书育人，为人师表，具有高尚的科学道德和严谨的治学态度；能认真履行导师职责，每年保证有半年以上的时间在国内指导博士生；身体健康情况良好。(2)具有教授(研究员或相当职称)专业技术职务，新选聘的1953年1月1日以后出生的博士生指导教师一般应具有博士学位。(3)应当是学校博士学位授予学科、专业范围内的在岗教授(研究员或相当职称)，并能够真正担负起指导博士生的实际工作。(4)新增列的博士生指导教师年龄一般在55岁以下，应重视有博士学位的年轻教授。学科建设特殊需要的，年龄可适当放宽，但原则上不得超过60周岁。(5)有较高的学术造诣和丰富的科研工作经验。(6)所从事的研究方向有重要的理论意义或实际应用价值，正承担国家或省部级科研项目或有重要价值的项目，有较充足的科研经费。(7)已完整培养过一届硕士生，或者参加过博士生指导小组工作并协助培养过一届博士生，培养质量良好，能胜任博士研究生的教学和培养任务。(8)作为人才引进的教师在原所在院校已具有博士生指导教师资格的，可直接申请指导博士生的工作岗位，其申请经所在学科的学位评定委员会审核后，直接报送学位评定委员会批准。(9)凡在学校申请兼职博导的，必须是学校的兼职教授，并对学校相应学科建设及博士生培养有重大支持。(10)具有博士学位的副教授，教学与科研成果特别突出，所培养的硕士生质量优秀，可由个人申请，经学位评定委员会审核推荐，报校学位评定委员会讨论。

根据2003年的规定，选聘新增博士生指导教师工作一般每两年举行一次。随后厦门大学博士生导师遴选几经变化，除了年龄限制变化、每两年举行一次变为每年举行一次以外，突出的表现在对导师学术水平和科研项目经费的要求上，学校对博士生导师的规定越来越具体、类别越来越详细、学术水平与科研经费的要求也越来越高的趋势反映出厦门大学对博士生导师的标准越来越严格。

(1)根据2014年的相关规定，博士生指导教师资格的遴选工作一般每年一次，由校学位评定委员会统一安排，研究生院具体组织实施申请博士生指导教师资格应当具备的基本条件有：热爱研究生教育事业，熟悉国家有关研究生教育的政策法规，能教书育人，为人师表，具有高尚的科学道德和严谨的治学态度;一般应具有博士学位;应当是学校博士学位授予学科、专业范围内的教授(含兼职、讲座或客座教授)、副教授或者相当专业技术职务的教师;年龄一般不超过55周岁,身体健康,能担负起实际指导博士生的职责。如因学科建设等特殊需要,申请者的年龄可以适当放宽,但原则上不超过57周岁;已完整培养过一届硕士生,或者参加过博士生指导小组工作并协助培养过一届博士生,培养质量良好,能胜任博士研究生的教学和培养任务;有较高的学术造诣和丰富的科研工作经验,所从事的研究方向有重要的理论意义或者实际应用价值,学术水平应当居国内本学科的前列;已获得显著的教学和科研成果,并主持过相当水平的科研项目且经费充足。

(2)学术水平与科研经费的要求变化。考察2003年、2005年、2009年、2014年厦门大学博士生指导教师资格遴选教学科研成果指标发现,学校对博士生导师的科研成果指标越来越具体化,要求也越来越严格。2003年,厦门大学科研成果指标在学科类别上,只分为理工科、文科两大类,但在2014年已经分化出理学、工学、医学、人文类、社会科学类五大类;在具体科研指标上,2003年最初只规定文章篇数、省部级奖或发明专利、科研经费要求,但随后的科研成果指标越来越细化,不仅是数量与质量上的提高,还包括对署名排名、发表杂志的具体要求。这不仅反映出近年来厦门大学希望建立高水平研究型大学的企图心,也突出对博士生培养工作的重视。

(3)博士生指导教师遴选的程序基本未发生重大改变,基本按以下程序进行:首先由学位评定分委员会进行资格初审。申请人向申请学科所在的学位评定分委员会提出申请,填报"博士生指导教师资格申请表"等表格并提交相关证明材料。学位评定分委员会对申请人员进行基本条件审核,将申请人的申请材料公示一周。通过基本条件审核、公示的申请人,须向学位评定分委员会报告近五年的主要教学科研成果及当前从事的科研工作和培养研究生等方面的情况,回答学位评定分委员会委员的质询。学位评定分委员会召开会议,表决通过博士生导师候选人,向校学位评定委员会推荐候选人。会议采取无记名投票的方式进行表决,经出席会议委员的三分之二以上且超过全体委员半数以上同意,方为通过,然后,由校学位评定委员会审定。研究生院对各学位评定分委员会推荐候选人的申报材料进行审核,汇总后提交校学位评定委员会审定。校学位评定委员会采取无记名投票的方式对推荐候选人的资格进

表 3-1 2003、2005、2009 年博士生指导教师资格遴选教学科研成果指标

学科	2003年教学科研成果指标	2005年教学科研成果指标	2009年教学科研成果指标
理科或基础研究	1.申请人近五年来在SCI、EI刊物上至少发表论文3篇； 2.曾获省部级及以上科技奖或取得发明专利； 3.近三年至少主持一项国家级或省部级科研项目，近三年纵向科研经费至少5万元/人年均	1.近五年来在SCI、EI刊物上作为第一作者或通讯作者至少发表论文5篇； 2.近五年来曾获省部级及以上科技奖或取得发明专利； 3.近三年至少主持一项国家级或省部级科研项目，总经费不少于15万元，总经费不少于30万元	近五年，至少获得5篇（项）以下成果（合计） 1.在SCI、EI刊物上作为第一作者或通讯作者发表研究论文； 2.以第一排名获省部级以上科研成果奖或国家级教学成果奖； 3.以第一排名获发明专利或计算机软件著作权； 科研项目及经费要求：近三年主持的科研项目，纵向经费不少于50万元（数学科学学院招生学科15万元），或纵向招横向经费总额不少于100万元（数学科学学院招生学科40万元）
工科或应用研究	1.近五年来在国内外权威刊物、核心刊物上至少发表论文3篇； 2.曾获省部级及以上科技奖或取得发明专利； 3.近三年或近五年来主持的较高水平的横向科研项目，或近三年主持已完成或目前正在主持一项经费至少10万元/人年均（纵向）或100万元以上（横向）的有较高水平的应用开发项目	1.近五年来在SCI、EI刊物上作为第一作者或通讯作者至少发表论文3篇； 2.近五年来曾获省部级及以上科技奖或取得发明专利； 3.近三年至少主持一项国家级或省部级科研项目，总经费不少于15万元，或近三年主持横向课题，总经费不少于50万元	近五年，至少获得5篇（项）以下成果（合计） 1.在一类核心学术刊物上作为第一作者或通讯作者发表核心学术论文； 2.以第一排名获省部级以上科研成果奖或国家级教学成果奖； 3.以第一排名获发明专利或计算机软件著作权； 科研项目及经费要求：近三年主持的科研项目，纵向经费不少于10万元（外文学院招生学科6万元），或纵向招横向经费总额不少于30万元（外文学院招生学科20万元）。
文科	1.近五年来在国内权威刊物上至少发表论文3篇或出版高水平学术专著2部； 2.曾获省部级及以上科研成果奖； 3.近五年来主持的科研项目正在主持或已完成一项经费在20万元以上（纵向）或40万元以上（横向）的有较高水平的开发项目	1.近五年来在一类核心刊物作者至少发表论文3篇或出版高水平学术专著2部； 2.近五年来曾获省部级及以上科研成果奖； 3.近三年至少主持一项国家级或省部级科研项目，总经费不少于5万元，或近三年主持横向课题，总经费不少于20万元	近五年，至少获得5篇（项）以下成果（合计） 1.在一类核心学术刊物上作为第一作者或通讯作者发表核心论文； 2.以第一排名获省部级以上科研成果奖或国家级教学成果奖； 3.以第一排名获发明专利或计算机软件著作权； 科研项目及经费要求：近三年主持的科研项目，纵向经费不少于6万元，或纵向招横向总额不少于20万元。

注：一般应同时满足三项，但如果其中某项成果特别突出，达到规定数量的2倍以上，可抵另一项条件。

表 3-2　2014 年博士生指导教师应当具备的科研课题及科研成果指标

	最近五年科研课题要求	最近五年科研成果要求（近五年，至少获得以下 7 篇（项）成果。在厦门大学工作三年以上的，必须有 1 篇为通讯作者且以厦门大学为署名单位的学术论文）
理学	主持过国家级科研课题，或主持过省部级以上科研课题，且累计到校各类科研经费 150 万元以上（数学学科 75 万元以上）；或主持过科研课题且累计到校各类科研经费 250 万元以上（数学学科 125 万元以上）。	独立完成或以第一作者或通讯作者署名在本学科或相关学科学术刊物上发表被 SCI,EI 收录的学术论文（不含会议论文）；或取得同等水平的其他学术成果（含以第一排名获得省部级二等奖以上科研成果奖，或以第一排名获得发明专利）。其中，至少以通讯作者署名在学术期刊上发表 3 篇被 SCI 二区以上学术刊物上发表 2 篇学术论文。
工学		独立完成或以第一作者或通讯作者署名在本学科或相关学科学术刊物上发表被 SCI,EI 收录的学术论文（不含会议论文）；或取得同等水平的其他学术成果（含以第一排名获得省部级二等奖，或以第一排名获得发明专利）。其中，至少以通讯作者署名在学术期刊上发表 3 篇被 SCI,EI 收录的学术论文（不含会议论文）。
医学	主持过国家级科研课题，且累计到学院招生各类学科计到校各类科研经费 30 万元以上（外文学科 20 万元以上；或主持过科研课题且累计到校各类科研经费 60 万元以上（外文学科招生 40 万元以上）。	独立完成或以第一作者或通讯作者署名在本学科或相关学科学术成果（含以第一排名获得省部级二等奖，或以第一排名获得发明专利）。其中，至少以通讯作者署名在学术期刊上发表 3 篇被 SCI 一类核心学术刊物以上发表学术论文；或取得同等水平的其他学术成果（含以第一排名获得省部级二等奖，或以第一排名获得发明专利）。其中，至少以通讯作者署名在最优刊物上的学术论文。
人文类	主持过国家级科研课题，且累计到学院招生各类学科计到校各类科研经费 50 万元以上；或主持过科研课题且累计到校各类科研经费 100 万元以上。	独立完成或以第一作者或通讯作者署名在本学科或相关学科一类核心学术刊物以上发表学术论文，或取得同等水平的其他学术成果（含以第一排名获得省部级一等奖以上科研成果奖，或以第一排名出版高水平学术专著），其中至少有 3 篇发表在最优刊物上的学术论文。
社会科学类		独立完成或以第一作者或通讯作者署名在本学科或相关学科一类核心学术刊物以上发表学术论文，或取得同等水平的其他学术成果（含以第一排名获得省部级一等奖以上科研成果奖，或以第一排名出版高水平学术专著），其中至少有 3 篇发表在最优刊物上的学术论文或 2 篇被 SSCI《社会科学引文索引》收录的学术论文。

注：在 Nature 子刊、Science 子刊、Cell 子刊及 JCR 一区发表学术论文的，1 篇论文按照 2 篇 JCR 二区计。

——厦门大学研究生导师队伍建设与发展

行表决,经出席会议委员的三分之二以上且超过全体委员半数以上同意,方为通过。最后,名单要公示。经表决通过,获得厦门大学博士生指导教师资格的人员名单由研究生院在校内进行为期一周的公示。另外,如申请人为两院院士、中组部千人计划入选者、973首席科学家、国家杰出青年科学基金获得者、国务院学科评议组成员、入选国家"百千万人才工程"、长江学者特聘教授或讲座教授、中组部青年千人计划入选者,可以直接报校学位评定委员会主席批准确认为学校博士生导师。

为了严格管理,学校对于取消博士生指导教师资格做出具体规定:博士生指导教师任职期间,如有下列情况之一者,经校学位评定委员会审议可取消其博士生指导教师资格:违反我国法律并受到刑事处罚者;严重违反教师职业道德者;由于其他特殊原因,经校学位评定委员会审议,做出取消决定的。校学位评定委员会做出取消博士生指导教师资格的决定后,应当将决定送达当事人。

三、硕士生导师选聘与确认政策

为加快校院二级管理,改革学校研究生招生模式,加强学校研究生指导教师队伍的建设,培养高质量研究生,按照国务院学位委员会和国家教育部有关规定的精神,学校决定每年进行一次硕士生指导教师的遴选和聘任,颁布《厦门大学关于遴选硕士生指导教师的试行办法》《厦门大学选聘硕士生指导教师工作细则》《厦门大学研究生指导教师招生资格确认工作实施细则》《厦门大学研究生指导教师职责》《厦门大学研究生指导教师工作条例》等,规范与指导厦门大学硕士生指导教师选聘与资格确认工作。

厦门大学针对硕士生指导教师工作,经历了从遴选到选聘再到直接招生资格确认的转变。最初,厦门大学硕士指导教师需要经过严格遴选或选聘才能取得招生资格并招生,但随着学校加强研究生指导教师主要是工作岗位的观念,硕士生指导教师工作主要为招生资格确认。

(一)硕士生指导教师招生资格确认基本条件

一般而言,硕士研究生指导教师应具备以下基本条件:(1)必须是学校全职教师或各院聘请的兼职教师;(2)一般应具有高级职称,具有博士学位的优秀讲师也可申请;(3)政治思想好,治学严谨,作风正派,工作认真负责,重视教书育人,能认真履行导师职责;(4)有在研科研项目和科研经费;或近三年来有较重要的科研成果;或近三年获得副省级以上教学、科研成果奖。专业学位硕士生的指导教师在科研方面的条件可适当放宽;(5)有教学经验,能承担一门以上硕士生课程;(6)年龄符合校内管理体制的有关规定,身体健康,能胜任指导研究生的工作。随着厦门大学关于《厦门大学研究生招生与导师配套经费管理办法》的实施,愿意提供《厦门大学研究生招生与导师配套经费管理办法》规定的导师配套经费成为重要条件。硕士生指导教师遴选工作也主要为硕士生指导教师招生资格确认工作。根据规定,有在研科研项目或其他教学科研成果,专业学位硕士生指导教师在科研方面的条件可以适当放宽。

(二)申请的基本程序

一般申请者向学位评定分委员会提出申请。学位评定分委员会根据申请者基本条件和岗位需要进行评审,确定人选名单,并报研究生院学位与学科建设办审批。该规定从 2011 年开始,改为学位评定分委员会(学位评定工作小组)将审议表决结果报研究生院、人事处及招生办等部门备案并予以公布。遴选和聘任硕士生指导教师必须坚持公平、公正和公开的原则,坚持标准,宁缺毋滥。校研究生院有责任受理个人或组织对选聘硕士生指导教师工作过程或结果提出的异议,对有关异议调查核实的结果作出合理仲裁。同时研究生院对相关审查工作进行抽查,发现造假等违规行为,情节严重者将取消申请人今后三年的选聘资格,并对相关学院进行通报批评。根据《厦门大学研究生指导教师工作条例》,有下列情形之一者,取消导师资格:(1)违反国家法律规定而受到刑事处分者;(2)严重违反教师职业道德或学术规范,或对研究生违纪违法或学术不端行为负有责任,造成恶劣影响者;(3)在研究生招生、考试、科研、学位论文答辩等工作中渎职失职、徇私舞弊者;(4)有其他对研究生培养或研究生教育造成严重不良影响行为的;(5)不能满足任职条件者。2016 年,厦门大学《研究生指导教师招生资格确认工作实施细则》进一步明确研究生指导教师招生资格暂停的措施:(1)研究生指导教师违反师德师风,将暂停其招生资格,暂停年限视具体情节严重程度而定;(2)指导的研究生学位论文在国务院

或福建省学位委员会办公室论文抽检中,抽检结果为"存在问题论文",其指导教师下一年度招生资格暂停一年;指导的研究生学位论文因涉嫌抄袭被取消学位,其指导教师自下一年度起招生资格暂停三年。

四、研究生导师的其他管理制度

(一)导师组制度改革

为深入贯彻落实科学发展观,改革研究生培养机制,创新研究生培养模式,有效整合学校博士研究生导师及其他资源,2011年厦门大学颁布《厦门大学关于推进博士研究生导师组制度建设的若干规定》,推行博士研究生导师组。导师组可以由相同或不同学科、专业、职称、技术特长的博士研究生导师和其他人员组成;也可依托科技合作项目或平台,吸纳国内外高水平大学或研究机构的专家、业界精英参加研究生指导。导师组实行组长负责制,导师组组长是有在研项目和科研经费的学术骨干。组长由学院学位评定分委员会审核确定,全面负责导师组工作。研究生的具体指导实行主导师制,主导师是指导研究生的第一责任人,主导师由导师组组长提名并报学位评定分委员会审核批准,其他成员由组长提名并报学位评定分委员会审核批准。为有效推行导师组制度改革,厦门大学推进了系列措施,包括:(1)建立基于导师组的博士研究生招生选拔制度,加大导师组在招生录取工作中的主导权。(2)博士研究生入学后,导师组组长根据培养管理要求,组织研究生主导师的确认工作。主导师是研究生科研成果认定、导师业绩考核、博导津贴、导师配套经费等相关管理的依据。(3)导师组在博士研究生个人培养计划的制定、学位论文选题与开题、学位论文课题研究、阶段报告、中期检查、论文撰写、论文预审和预答辩等培养环节发挥学术指导作用,为博士研究生的学位论文相关工作提供帮助和支持。(4)博士研究生申请学位,参评科研成果奖的科研成果认定,以导师组组长或主导师为第一署名,研究生为第二署名的科研成果,视同研究生为第一成果完成人予以认定。导师组提供的导师配套经费根据该导师组内博导数按最小化进行计算。导师组成员在其他学科专业的招生数应计入招生总数计算导师配套经费。导师配套经费中的基本配套经费部分可由导师组统筹支配,用于博士研究生的研究助理岗位津贴和研究生学术活动。

以厦门大学王亚南经济研究院的导师组制度为例,厦大王亚南经济研究院成立于2005年,现已逐渐成为中国乃至亚太地区一个活跃、有影响力的经济学研究机构、高级人才培养基地和国际学术交流中心。从成立开始,经济学院首先从人才培养的"源头"——学生入学进行改革,根据研究院规定,学院按照学科大类方向而不是按照导师个人研究方向进行招生。这就意味着,学生在报考时并不知道自己今后的导师是谁,报考的"依据"仅仅是自己的兴趣爱好和学科实力。这种没有固定导师的"状况"要持续整整一年半。在此期间,学生们按照专业大类一起上课,直至第二学年秋季学期结束。与此同时,王亚南经济研究院不以一个导师而是以导师组的形式对学生进行指导。导师组成员包括一名资深教授任主导师;一两名联合导师,往往是比较年轻且研究领域不同于主导师研究方向的教授担任。这种模式不是传统的教学指导培养模式,而是一个老中青不同年龄且跨不同研究领域,充满创造力、生机和活力的研究团队,这种模式不仅能充分满足学生的研究兴趣,发掘他们的研究潜能,也利于科学研究良好氛围的形成。

(二)博士生导师自主遴选改革

为进一步推动我校研究生教育综合改革,加强导师队伍建设,2015年,厦门大学研究生院首次在经济学院和王亚南经济研究院试点自主开展博导遴选工作。两院采取"引、培"并举、打造国际化师资队伍,积极参加海外招聘,自主设置博导遴选条件、聘任青年骨干教师充实博导队伍等积极措施,进一步优化我校经济学科博导队伍结构,引领青年博导进入核心团队。2015年、2016年两院自主开展博导遴选工作,引导科研成果突出的青年骨干教师申报博导资格,共有30人获批博导资格。这些青年教师知识结构前沿,科研成果突出,且都有海外进修或留学经历,为提高博士生培养质量提供了强有力的保障。

(三)导师资助制

根据《厦门大学研究生招生与导师配套经费管理办法》规定,研究生与导师共同构成学校创新的主体。导师承担的研究课题是研究生培养的基础,研

究生参与导师的研究课题;导师负有培养责任,与学校共同承担培养经费并提供研究资助,这部分经费仅用于研究生的研究助理岗位津贴和研究生学术活动。同时,为了加强博士研究生的培养与高水平科学研究相结合,进一步提高研究生科研创新能力,完善以科研为导向的研究生培养资助体系,鼓励和调动导师对争取科研经费的积极性,2014年,研究生院与其他相关部门在广泛征求全校各学院和导师的基础上,起草了《关于改革科研项目经费资助博士研究生培养的意见》,经校长办公会议审议通过。该《意见》对博士生指导教师招收博士研究生需缴纳的配套经费进行大幅度调整,大幅度提高博士研究生的生活待遇,让博士研究生能潜心科学研究。研究生导师提供研究生培养经费,为研究生开展科研与实践提供经费支持,大大改善了研究生的生活状况和学习条件。

(四)研究生指导教师的责任制

为充分发挥研究生指导教师(导师)在研究生培养中的主导作用,加强师德师风建设,增强导师的责任感和使命感,保证研究生培养质量,促进我校研究生教育事业的发展,厦门大学修订《厦门大学研究生指导教师工作条例》,明确导师是研究生培养的首要责任人,是研究生培养工作的主要实施者,在研究生培养过程中居主导地位。作为厦门大学研究生导师,需要履行以下义务:(1)根据学校要求认真做好研究生入学考试命题、评卷、复试、录取及其他有关生源选拔的工作。根据学校研究生招生考试、录取的有关规定择优录取研究生。(2)承担学科建设任务,积极参与指导学院(研究院)组织的科学研究与学术交流活动,参与研究生培养方案制定与研究生培养教育相关工作。(3)承担教学任务,不断总结教学经验,积极参加学院(研究院)组织的各项教学改革活动。(4)在研究生培养过程中发挥导师组指导作用,依托科技合作项目或平台吸纳国内外高水平大学或研究机构的专家、业界精英参与研究生指导,充分利用优质资源,联合培养、指导研究生。(5)负有对研究生进行思想政治教育的首要责任,了解和掌握研究生的思想状况,全面关心研究生的成长,帮助他们解决学习和生活中遇到的困难和问题,对研究生进行就业指导,构建和谐的师生关系。(6)引导研究生在德、智、体诸方面的全面发展,注重培养研究生的创新精神和实践能力,注重培养研究生实事求是、严谨治学的科学精神,培育优良的学风,严格要求学生遵守学术道德规范,营造良好的学术环境。(7)导师所承担的研究课题是研究生培养的基础。导师应安排研究生参与课题研究,按照学校导师配套经费管理相关规定提供研究生培养经费,为研究生开展科研和实践活动提供必要的经费支持。(8)根据培养方案要求和研究生的实际情况,制定和实施个性化的研究生培养计划,严格督促研究生认真完成培养计划规定的各项学习、科研和实践任务;指导研究生学位论文选题,组织开题报告,定期检查论文研究工作进展情况,认真审阅研究生的学术和学位论文,把好论文质量关,指导研究生的论文答辩。(9)指导研究生开展科学研究和实践活动,定期听取研究生的阶段性学习或研究工作汇报并形成制度,加强对研究生从事科研工作和承担专门技术工作能力的锻炼,鼓励和支持研究生参加国内外各类学术讨论、学术交流和实践活动。(10)尊重和保护研究生的合法权益,认真处理好与研究生合作研究成果(如专利、论文、著作与科研鉴定成果等)的相关知识产权界定。

2002年修订的《厦门大学研究生指导教师职责》规定,指导教师职责主要包括:(1)贯彻国家的教育方针政策,积极参加研究生教育改革,熟悉并认真执行学校有关研究生培养的规章制度;(2)跟踪学术前沿,不断提高学术水平,积极主动地争取国家和地方的重要科研项目,不断获得新的科研成果;(3)增强科学道德意识和修养,引导研究生养成高尚的学术道德和严谨的治学态度,形成良好的学术风气;(4)积极参加教学改革活动,勇于承担教学任务,努力在教学内容和教育方法的改革方面取得标志性成果;(5)关心研究生在德、智、体诸方面的全面发展,经常了解他们的学习、思想和生活,做到教书育人;(6)树立质量意识,"严"字当头,严格督促研究生任制完成培养计划规定的各项学习任务,尤其是抓好学生个人培养计划的制定、中期分流、社会调研、学位论文选题和论文质量等。应定期与研究生见面并形成制度,及时发现和解决培养工作中的问题。主动与管理部门沟通,及时报告研究生培养工作的情况。

对比可见,厦门大学对研究生导师的职责要求越来越具体化,研究生导师的职责越来越主动与全面,加强了对学生的基本权利的尊重。

(五)师德师风建设

完善导师管理评价机制,把师德师风和研究生培养质量作为导师评价的

重点,加强导师对研究生思想、学习和科研实践的教育与指导,一直是厦门大学研究生导师队伍建设的核心内容。为建立健全学校师德建设长效机制,从根本上遏制和杜绝师德失范现象,切实提高学校师德建设水平,2015年厦门大学颁发《厦门大学关于建立健全师德建设长效机制的实施办法》。根据规定,学校将师德教育摆在教师培养首位,贯穿于教师聘任、考核、激励、发展等职业生涯的全过程。学校开展师德引航专题活动、优化师德教育课程体系、创新师德教育培训形式,不断完善师德监督体系,制定和完善师德惩处制度,规范教师教育教学行为、科研学术行为、兼职兼薪行为及其各项职务行为。学校成立师德建设委员会,由校党委书记、校长担任主任,分管校领导担任副主任,有关职能部门主要负责人担任成员。师德建设委员会设在人事处,负责牵头落实委员会交办的各项工作,学校师德委员会主要工作,包括定期听取师德建设情况的汇报,及时处理师德建设中存在的问题,研究加强和改进师德建设的政策措施等。

第二节　厦门大学研究生导师队伍建设

厦门大学拥有一支实力雄厚的师资队伍,既有德高望重的老一辈学者,也有初露锋芒的青年专家,这支队伍是学校培养优秀人才的主力军,也是学校科学研究、社会服务与文化传承创新的中坚力量。

一、厦门大学师资队伍建设的基本政策

人才队伍是大学的生命线和核心竞争力。厦门大学历来重视人才队伍建设。"九五"期间,厦门大学就提出人才引进的主要目标为"大力培养跨世纪的高水平学科带头人和中青年教师,积极引进优秀人才特别是优秀的留学归国人员,优化师资队伍的学缘、学科、学历、年龄结构,到21世纪初,建成一支政治素质优良、业务水平精湛的教师队伍,编制总规模约1750人,其中固定编制占60%。教师中的80%左右必须具有博士、硕士学位,其中具有博士学位的

450人左右;教师队伍中要有20名学科研究水平达到世界学术和科技前沿的科学院和工程院院士或相当于院士水平的学术带头人;有100名学科研究达到国内先进水平的中青年学科带头人和200名左右具有指导博士生水平的教师,承担起培养高层次专门人才和国家重点科研项目的任务"。

"十五"期间,厦门大学以实施"高层次创造性人才工程"、培养中青年学科带头人为重点,以建立有效的师资管理机制为切入点,不断完善人才脱颖而出和健康成长的环境,营造良好的学术研究氛围,激活人才竞争和合作的机制;采取灵活多样的聘用形式,充分利用"长江学者奖励计划"与"闽江学者奖励计划"等政策,加大力度,引进或聘用若干名院士和相当于院士水平的国内外一流的学科带头人,使我校的重点学科继续保持国内领先地位。按照"十五"规划的基本内容,厦门大学在人才引进中,总投资2 500万元(其中地方政府配套资金650万元,学校自筹资金1 850万元)引进高层次人才、创新团队建设、加强学术骨干培训与学术交流和奖励优秀教师。在此期间,学校引进、接收全职教师917人,其中具有博士学位者540人,受聘副教授以上职务者397人;聘用非全职教师545人;全职专任教师总数从2000年的1 296人增至2005年的2 213人,具有博士学位的教师比重由31.5%提高到39.9%。学校新增两院院士12人(其中双聘院士8人),两院院士总数达18人;国家杰出青年基金获得者由8人增至18人,教育部"新(跨)世纪优秀人才计划"入选者由12人增至44人,教育部"高校优秀青年教师奖"获得者8人,全国教学名师奖1人;新增"长江学者"特聘教授4人、讲座教授3人,"闽江学者"特聘教授22人、讲座教授10人。"海洋生物地球化学过程和机制"创新团队入选教育部"长江学者"创新团队和国家自然科学基金委"创新研究群体"。

"十一五"期间,学校投入师资队伍建设专项经费约3亿元。厦门大学坚持以人为本、培引并重,大力实施"高层次创造性人才计划",面向世界积极引进优秀拔尖人才,加强战略科学家的培养和创新团队建设,推动人事分配制度改革,加强师德师风建设,师资队伍的水平和层次进一步提高。据统计,"十一五"期间,全职专任教师总数从2005年的1 761人增至2010年的2 393人,具有博士学位教师的比例由40%提高到64%。两院院士总数从18人增至23人(含双聘院士),16人入选"千人计划";新增6名"973计划"和重大科学研究计划首席科学家、16名"长江学者"特聘教授和讲座教授、14名国家杰出青年

科学基金获得者、50 名教育部"新(跨)世纪优秀人才计划"入选者、7 名"百千万人才工程"国家级人选;新增 3 个国家创新研究群体、4 个教育部创新团队、3 个高校创新引智基地。

师资队伍建设也是"211 三期"建设的主要内容,在此期间,学校培引并重,着力推进高端人才队伍的迅速发展,重点实施了厦门大学新一代学术带头人"百人计划",实施了教育部"长江学者和创新团队发展计划"、福建省"闽江学者奖励计划""高等学校科技创新团队培育计划"与"厦门大学特聘教授、讲座教授和创新团队发展计划",根据教育部"青年骨干教师培养计划"中的"高等学校青年骨干教师出国研修项目"和我校师资队伍建设的中长期规划,实施厦门大学"青年骨干教师出国研修项目"。根据预算,项目经费总预算为 4 000 万元人民币,其中,中央专项经费 1 500 万元,地方政府共建经费 300 万元,学校自筹经费 2 200 万元。经费主要用于:(1)领军人物培养和引进项目 2 000 万元;(2)学科(学术)带头人队伍建设项目 1 500 万元;(3)教师出国研修和学术交流项目 500 万元。

二、厦门大学历年研究生导师名单

自 1981 年实施《中华人民共和国学位条例》以来,我国先后于 1981 年、1984 年、1985 年、1986 年、1990 年和 1993 年批准博士生指导教师,厦门大学在此期间先后获批 52 名博士生指导教师,含 3 名兼职教授。早期的博士生指导教师对厦门大学博士生的培养,对学校建立较为完备的博士生培养制度起到了重要的引领作用。

表 3-3　1981—1993 年厦门大学博士学位授予学科、专业和指导教师表

学科、专业名称	博士点批号	指导教师姓名	专业技术职务	导师批号
政治经济学	3	吴宣恭	教授	3
		胡培兆	教授	5
马克思主义经济思想史	5	罗郁聪	教授	4
财政学	2	邓子基	教授	2
		邱华炳	教授	5

续表

学科、专业名称	博士点批号	指导教师姓名	专业技术职务	导师批号
货币银行学	3	洪文金	教授	3
		张亦春	教授	4
会计学	1	葛家澍	教授	1
		余绪缨	教授	2
		吴水澎	教授	5
统计学	3	黄良文	教授	3
		钱伯海	教授	3
国际经济学	3	陈安	教授	3
高等教育学	3	潘懋元	教授	3
汉语史	3	黄典诚	教授	3
英语语言文学	5	杨仁敬	教授	5
专门史(经济史)	1	傅衣凌	教授	1
专门史(中外关系史)	2	韩振华	教授	2
中国古代史	1	傅衣凌	教授	1
		韩国磐	教授	2
		杨国桢	教授	3
		陈支平	教授	5
半导体物理与半导体器件物理	3	吴伯僖	教授	3
		许少鸿	教授(兼职)	3
		黄美纯	教授	4
		郑健生	教授	5
分析化学	2	黄本立	教授	2
		陈国珍	教授(兼职)	3
		王小如	教授	5
		许金钩	教授	5

续表

学科、专业名称	博士点批号	指导教师姓名	专业技术职务	导师批号
物理化学(含:化学物理)	1	蔡启瑞	教授	1
		田昭武	教授	1
		张乾二	教授	2
		周绍民	教授	2
		林祖赓	教授	3
		万惠霖	教授	4
		林仲华	教授	5
		吴辉煌	教授	5
		张鸿斌	教授	5
		郑兰荪	教授	5
海洋化学	2	李法西	教授	2
		R.KESTER	教授(兼职)	3
		黄奕普	教授	4
海洋生物学	1	郑重	教授	1
		丘书院	教授	3
		李少菁	教授	4
植物学	2	金德祥	教授	2
		林鹏	教授	3
动物学	1	唐仲璋	教授	1
		汪德耀	教授	1
		林宇光	教授	3
		唐崇惕	教授	3

　　1994年厦门大学自行审定博士生导师,为此厦门大学专门制订自审博导实施方案并得到国务院学位办的批复。根据实施方案,厦门大学确定了四阶段程序:第一阶段由各学位分委员会推荐人选;第二阶段为通讯评议;第三阶段是一级学科评议;第四阶段为校学位评定委员会审定。经过严格的审核,孔

永松、曾华群、张馨、陈浪南、苏文金、刘海峰、王南钦、田中群、孙世刚、杨芃原、洪华生、黄启圣、王仁智等13人成为博士生导师。

1995年,校学位评定委员会同意张颖、陈辉煌以及两名校外兼职教授(上海大学张志林教授以及复旦大学董世忠教授)担任学校博士生指导教师,

1996年考虑到厦门大学博士导师数偏少以及学科发展,厦门大学提出按一级学科评选以及强调水平而不是学历和资历的基本原则,遴选陈亚温、许经勇、邓力平、杨斌、江曙霞、曲晓辉、曾五一、高鸿桢、廖益新、连淑能、郑学檬、庄国土、陈传鸿、江云宝、林昌健、蔡俊修、胡明辉、许天增、苏永全、陈睦传、许克平、郑微云、袁东星等为博士生导师。

1997年,校学位评定委员会同意极地研究所的董兆乾教授、陈立奇教授担任学校兼职博士生指导教师。

1998年,校学位评定委员会同意李文浦、庄宗明、廖少廉、林宝清、杨缅昆、王美今、陈甬军、林擎国、吴碧英、徐崇利、王伟廉、邬大光、杨信彰、李国梁、陈明光、杨际平、韩升、林仁川、郑振满、戴一峰、肖文俊、程立新、姚宗元、陈金灿、陈朝、陈丽璇、赵景泰、曹荣、黄荣彬、徐昕、黄培强、丁马太、李文权、王桂忠、彭宣宪、郑立媄、郑天凌、卢昌义、王光远、廖泉文、吴世农、翁君奕等为博士生导师。

1999年,校学位评定委员会同意王旭为博士生导师。

2000年,校学位评定委员会同意赵玉芬为博士生导师。

2001年,校学位评定委员会同意王日根、王野、田惠桥、朱孟楠、朱梓忠、刘震宇、严重玲、李无未、李非、李国正、李国安、李金明、李祺福、李耀群、杨圣云、杨灿、杨勇、吴正云、吴玮、吴碧英、邱崇明、沈艺峰、陈工、陈少华、陈世雄、陈永志、陈振明、陈清西、陈嘉明、林圣彩、林亚南、周宁、周朝晖、郑振龙、施伟青、袁友珠、徐国栋、徐梦秋、翁维正、郭祥群、黄邦钦、黄顺力、康俊勇、董炎明、焦念志、廖代伟、谭绍滨、潘世墨、戴民汉、陈汉文、李立、王应明、詹石窗、叶文振、卢琳璋、鲍仕登等人为博士生导师。

2002年,校学位评定委员会同意王克坚、王启明、王博亮、王勤、毛秉伟、叶宝奎、冯祖德、庄明来、刘守、许传炬、许华曦、许茹、纪益成、李建发、李清彪、吴在庆、吴晨旭、吴春明、张勇、陈明森、陈其林、陈忠、陈珍珍、林梦海、郑海雷、赵一兵、夏海平、钱争鸣、高亚辉、高景星、郭东辉、郭志超、郭金彬、郭晓峰、郭

铁信、黄世忠、黄鸣奋、黄福才、曹泽星、韩家淮、傅元略、曾晓明、谢作栩、雷根强、蔡志平、廖奔、戴李宗、魏巍贤等为博士生导师。

2003年,校学位评定委员会同意王义权、石奕龙、刘泽亮、孙道恒、李茂青、李明欢、杨春时、张立同、陈炳辉、林成德、卓越、易中天、罗键、赵鸿、俞兆平、夏宁邵、郭隐彪、黄元庆、彭兆荣、彭侠夫、董小鹏、蒋月、谭忠、张其清、冯淑萍、范更华、俞可平、柳经纬、刘发旺、陈亚军等为博士生导师。

2004年,校学位评定委员会同意弓振斌、王秋泉、王瑞芳、方维平、龙腊生、史秋衡、冯寿农、吕鑫、朱水涌、朱贤方、朱建平、朱崇实、朱福惠、任斌、刘庆林、刘兴军、齐树洁、许肖梅、苏新春、杜兴强、李庆阁、李晓峰、李翠华、杨意泉、吴乔、吴孙桃、邱春晖、何孝星、沈维涛、张铭洪、陈立富、陈国进、陈衍德、陈奕欣、陈培爱、陈敏、陈曦、林民书、林志扬、林国星、郑尚宪、郑鸣、胡国清、胡荣宗、柯才焕、洪永森、聂德宁、徐辉、唐启升、陶涛、黄河清、黄建忠、程璇、傅崐成、童锦治、曾吉文、曾玲、谢兆雄、赖小琼、雷怀彦、蔡淑惠、廖大珂、熊兆贤、潘沧桑、盖建民、马元柱、姜青山、靳立人、陈安齐、陈明旦、蔡卫君、肖湘、章晓波、李智星、杨晓松、潘德炉、唐寿宁、沈月毛等为博士生导师。

2005年,校学位评定委员会同意苏新专、张通、周强、高文秀、黄红武、管中闵、应隆安、马原野、叶陈春、钟伟、葛文勋、陈旭远、孙谦等为博士生导师。

2006年,校学位评定委员会同意马建兴、王大志、王文雄、王志强、王玫、王荣国、王泉明、王洪才、王琳、王翠萍、卞建林、计国君、邓晓华、史维国、丘才良、乐爱国、吉国力、朱仁显、华先欣、刘升发、刘文川、刘国深、刘宝林、刘祖国、刘益成、齐忠权、许清茂、李泽彧、李绍滋、李常青、李博安、杨云青、杨代文、吴华、吴建平、吴俊吉、吴崇伯、沈红芳、宋方青、张友琴、张文显、张亚群、张保平、张莲珠、张晓坤、陈小麟、陈文芗、陈孔立、陈建宝、陈亮、陈健行、陈墀成、陈嫌如、邵宜航、林天伟、林秀芹、林伯强、林金忠、杭纬、罗学涛、周建漳、周星、郑通涛、宓锦校、胡建宇、胡荣、钞晓鸿、洪万进、宫知远、袁立、徐延辉、郭其友、黄合水、黄梅波、梁嘉言、彭栋梁、葛洪义、董全峰、韩守法、韩晋华、曾人杰、曾文华、曾益新、傅瑾、温庭斌、谢素原、靳全文、雷鹰、詹庄平、詹树魁、詹桂林、蔡宗武、颜晓梅、潘申权、邱兴隆、漆多俊、张顺明、冯根生、陆懋祖、马成虎、冼鸟莞、彭立中、古祖雪、付希林、林益明、王守觉、翁旭初、李无未、米红、张建中、闫敬文、李宝安等为博士生导师。

2007年，校学位评定委员会同意王效民、严晓海、张铭清、张新国、陈大可、林左鸣、林东海、林光平、金隗、项俊波、赵仪、高坤山、高树基、高爱国、郭劳动、鲁西奇、谢邦昌、赵林、陈智琦、熊选国、林光辉、黄天福、魏少军、洪伟、石寅、王京、赵永祥等为博士生导师。

2008年，校学位评定委员会同意丁昌明、王周成、王重刚、尤涵、方亚、方柏山、邓利娟、甘晓华、卢英华、帅建伟、史晓东、白正简、朱二、朱红平、任建林、刘志云、许乔、李兰英、李成、李军、李祖基、杨丰、杨继国、杨朝勇、吴德印、余光弘、宋思扬、张四清、张军、张侃、张珞平、陈松岩、陈明树、陈秉辉、陈喜乐、武毅英、林丹娅、林立伟、林季红、林金辉、林麒、欧阳钟灿、罗坤忻、郑若玲、郑南峰、屈文洲、赵振祥、赵蓓、胡天惠、侯亮、俞春东、洪万树、洪永强、姚新生、徐迪、徐朝旭、郭朝阳、陶懿、黄星民、曹志平、龚敏、章慧、商少凌、彭水军、程恩、曾建平、强欣荣、靳涛、雷霁霖、廖明宏、薛雄志、曾良、张泽涛、孙志梅、肖明波、曾少聪、雨果·德·加里斯等为博士生导师。

2009年，校学位评定委员会同意Brauner、王冰、刘江彬、刘晓海、许元泽、纪玉华、李宁、李效虎、杨思泽、张国祚、张勤、张曙光、张卫、陈晓东、林苍祥、林鹿、柳清伙、商少平、陈晨、古桂雄、Henric Ekberg等为博士生导师。

2010年，校学位评定委员会同意丁丽瑛、于飞、王艺明、王东东、王洪睿、王矫、王程、王瑞方、王朝晖、王太宏、尹应武、石江宏、龙敏南、白敏冬、兰维瑶、朱冬亮、伍火熊、任磊、刘东平、刘连泰、刘祖乾、关波、许志端、孙志军、杜荣归、杜朝运、李丹、李进金、李勇、李晓红、李勤喜、李磊、肖虹、吴晓晖、沈捷、张云武、张龙海、张先清、张宇、张明志、张榕、张光、陈自谦、陈菁、陈雯、陈瑞川、陈蓉、陈新华、林枫、林德荣、林璧属、欧钢、罗大民、岳森、周郁蓓、郑金成、胡璋剑、钟春平、姜艳霞、顾为民、晏卫根、钱建国、翁文桂、翁梓华、高和荣、高锦豪、郭航、唐礼智、唐炎钊、陶军、黄育民、黄新华、曹文志、阎立峰、彭丽芳、董俊、韩水华、傅小凡、焦天龙、童峰、曾志伟、曾锦章、蔡从燕、蔡平河、蔡伟伟、谭建明、戴亦一、戴淑庚、戚智、吴国培、王鲁闽、张宏、陈有海、赵正平、Shachat、踪加峰、林海、陈建清、罗正鸿等为博士生导师。

2011年，校学位评定委员会同意Matthias Leistner、RetoHilty、Eric Meggers、Gray Williams、卜国军、王诺、王菡子、刘峰、邱建贤、方二、卢琳璋、陈永雄、吕苗、孙亚夫、李军、别敦荣、余新华、林小东、林森杰、赵金保、姚斌、夏

文乐、袁中新、袁峰、曾骥孟、徐秀琴、梁万珍、谢华安、张信义等为博士生导师。

2012年,校学位评定委员会同意丁少雄、王占祥、王团老、王守森、王宇、王备战、王烨、王海斌、王焱、王德文、文玉华、方志来、方陶陶、方颖、蔡伟伟、尹震宇、邓贤明、叶龙武、叶海辉、孔青山、石桂秀、龙小宁、兰风华、史大林、冯勇建、邢惠琴、吕忠显、朱勇、庄卫华、杨叔禹、刘永华、刘向阳、刘轼波、刘继春、刘暾东、江桂英、纪志梁、李一平、李少伟、宋洪涛、李文岗、李庆顺、李炜、李鹏、杨志林、杨晨晖、吴仁毅、吴光辉、吴伟泰、吴顺祥、吴振、何丽新、何宏舟、邹钧、沈中华、张庆红、张现忠、张剑文、陈晓明、陈峰、陈辉萍、邵宗泽、林升栋、林志宏、林明、欧阳高亮、欧阳锋、易林、金光辉、金贤安、周大旺、周东平、周先荣、周志有、周集中、郑泽芝、郑挺国、郑爱榕、赵华、赵勤俭、胡旭、段少银、施雪琴、姚俊峰、贾立山、党宏月、翁建、郭卫东、郭晔、黄令、黄永锋、黄传敬、黄鸿岛、黄熙、曹荣、曹剑波、葛东涛、董云伟、董建辉、董槐林、韩秀丽、童敏、蔡庆丰、颜江华、潘越、博十和等为博士生导师。

2013年,校学位评定委员会同意王勇、田志刚、冯新华、李志文、吴缅、佟超、汪方炜、张华凤、陈小元、林忠宁、周荣斌、赵斌、夏总平、高集体、黄俊、曾一锋、温龙平、林文斌、郑学军等为博士生导师。

2014年,校学位评定委员会同意Brian Helmuth、Patricia Wouters、Stephan Hobe、马双鸽、丁兴号、于李胜、马琪林、王文卿、王鸣生、王俊峰、王艳艳、王桂华、王惠琼、王新红、尤延铖、方匡南、巴亚斯古楞、叶军、田蕴、冯江华、邢菲、朱军、任力、伞海生、刘文、刘运权、刘青、刘素嫒、刘海鹏、刘雪锋、刘颜回、江毓武、许丽娜、纪荣嵘、朱卫东、李仁仓、李奇渊、李学军、李秋红、李顺兴、李剑锋、李海生、李静、杨天赐、杨权、肖亮、吴川六、吴育辉、吴超鹏、吴心伯、吴曦明、何宁、何泽中、余煜玺、辛志英、张少军、张传国、张羽、张杰、张统一、张跃军、张章堂、张德富、陈兰芬、陈炳章、陈爱贞、陈理想、陈颖、罗林开、周忠华、周涵韬、周翔、郑辉、赵同金、柏培文、姚军、贺东航、袁晶、夏春、钱建状、郭小虎、黄金良、黄晓佳、黄凌风、彭莉、董继扬、董澍琦、韩爱东、程俊、曾朝曙、游家兴、谢清果、詹东平、解荣军、蔡明刚、蔡建春、缪朝炜、潘新春、余克礼、余希杰、余福新、张冠华、周志怀、陈志敏、赵西林、谢郁等为博士生导师。

2015年,校学位评定委员会同意Dieter Wolf、HolgerMerlitz、王远鹏、王绍森、王浩、王培勇、王清、元惠萍、牛霖琳、文磊、方军、孔祥建、邓振森、古泉、石拓、卢盛荣、叶建明、叶娟娟、田娜、田新华、冉广、付国、代迅、冯霞、匡勤、朱至刚、朱志、任宇、刘文贤、刘刚、刘志宇、刘彤、刘晔、刘海文、刘磊、孙传旺、孙海信、苏力、李卫华、李木易、李文生、李权龙、李君涛、李忠平、李骁麟、杨伟锋、肖昌春、肖能明、吴隆增、吴德会、何晓萍、余臻、邹振东、汪骋、沈英嘉、宋光铃、宋刚、张文、张立平、张有奎、张延东、张志明、张国清、张家兴、张博、张晶、张锐、张瑶、陆勤毅、陈立杰、陈亚盛、陈坚、陈金华、陈珊珊、陈海峰、陈海强、陈舒华、范宏伟、林志民、林坤德、罗正钱、金鑫、周伟、周虎、周颖刚、赵一麟、赵西亮、赵燕菁、钟威、斜晓东、洪明辉、姚昕、贺昌盛、袁宇菲、莫玮、夏超、徐海超、郭春镇、唐永红、唐余亮、黄寿峰、黄烯、黄维章、黄联芬、曹晓宇、鹿全意、葛胜祥、韩乾、程庆进、傅钢、谢晓东、鲍锋、蔡立哲、蔡伟贤、蔡晶晶、蔡端俊、廖洪钢、谭元植、魏志华、魏敏等为博士生导师。

2016年,校学位评定委员会同意Leroy Cronin、王海滨、王焰金、王磊、王德利、王鑫、孔明安、左正宏、田利辉、代谦、包信和、朱人求、朱菁、伊晓东、刘文飞、许二斌、许旺土、孙晓莲、苏培峰、李存智、李灿、李晓潮、吴志明、吴顺情、吴清锋、吴婷、沙勇、宋建丽、张弘、张亚辉、张贻雄、张祖麟、张艳涛、张涛、陈玲、陈素白、陈能汪、范贤光、吴亚林、梅青、卿新林、罗进辉、宋林生、季天海、周赟、郑啸、屈小波、荆炳义、信强、侯旭、洪文晶、祝青园、聂立铭、徐兵、徐鹏、唐紫超、黄凯、龚磊、符思奇、彭荔红、葛威、蒋悟真、蔡舜等为博士生导师。

三、当前厦门大学研究生导师的基本情况

建成一支高素质的教师队伍,造就一批活跃在国际学术前沿和国家重大战略需求领域的一流科学家、学科领军人物和创新团队,建成职业化的管理队伍和专业化的技术支撑队伍是厦门大学"十二五"规划的核心内容。为此,学校积极实施"人才强校"战略,贯彻落实《国家人才规划纲要》精神,加大人力资本投入和人才资源开发力度。学校一方面依托"千人计划""长江学者奖励计划"等国家高层次人才计划,围绕重点发展的学科和学科发展的重点,加大力度引进高端人才,加快培养和造就学术领军人物,完善人才布局;一方面实施"青年骨干教师培养计划",选派中青年教师到一流大学和研究机构,从事学习研修,开展合作研究,尽快提高教师队伍的国际化水平和整体素质。同时,学

校推进"学科带头人＋创新团队"建设,打造若干个在全国乃至世界有影响的优秀团队,带动教学科研水平的整体提升。

学校给予引进高层次人才优厚的待遇,享受除校内岗位津贴以外的学校按国家规定提供的工资待遇。此外,学校另行提供相应的安家费、住房货币化补贴(或以优惠条件为引进人才提供新建住房供其购买)等优惠待遇。引进人才来校报到,学校还提供来校旅费和报到期住宿费报销。

对于长江学者特聘教授,除支持他们开展创新性科学研究外,自然科学类的,学校提供不低于200万元的科研经费,人文社会科学类的,学校提供不低于50万元的科研经费;对于国家级"百千万人才工程"入选者,在国家和福建省提供的荣誉、科研经费和福利待遇外,学校提供一定的科研经费支持;对于杰出青年科学基金获得者,在其完成该基金项目研究工作后,学校再提供100万元的后续科研经费,用于高水平科研平台建设和科研工作。

为鼓励创新团队建设,教育部创新团队资助经费为300万元,福建省创新团队资助经费为100万元,自然科学类的校级创新团队资助经费为100万元,人文社会科学类的校级创新团队资助经费为30万元;对入选国家自然科学基金委员会的创新研究群体的团队,学校给予配套科研经费300～500万元。

厦门大学引进人才战略取得丰硕成果。截至2016年,厦门大学专任教师2 758人,其中,教授、副教授1 818人,占专任教师总数的65.9%;拥有博士学位的2 043人,占74.1%,16%具有境外博士学位教师,48%具有一年以上海外学习工作经历教师。2008年以来,厦门大学研究生导师数逐年增加。2008年厦门大学仅有553名博士生导师,其中包括104名非全职博导,1 423名硕士生导师,至2016年,厦门大学博导数增加到1 006名,硕导数则增加到2 854名,增长50%左右。其中,女性博士生导师从2008年的61名增加到2016年的139名,女性硕士生导师也由2008年的332名增加到753名。在年龄结构上,年龄在45岁以下的博士生导师数占到总数的28%,56岁以上的博士生导师数占总数33%左右;研究生导师队伍中的兼职导师共238人,其中非全职博士生导师162人、非全职硕士生导师76人、非全职专业学位硕士生导师34人。非全职专业学位硕士生导师队伍中,具有行业背景的兼职导师仅15人。

表 3-4 厦门大学研究生导师基本统计表

年份	博导数(人)				硕导数(人)	
	总数	女	全职博导	非全职博导	总数	女
2008 年	553	61	449	104	1 423	332
2009 年	580	62			1 647	394
2010 年	683	79			1 774	435
2011 年	702	81			2 007	520
2012 年	766	95			2 233	595
2013 年	777	98	631	146	2 421	654
2014 年	844	116	699	145	2 439	664
2015 年	960	151	809	151	2 444	665
2016 年	1 006	139	867	162	2 853	753

学校共有两院院士 22 人(中国科学院院士 17 人:蔡启瑞、田昭武、张乾二、唐崇惕、黄本立、万惠霖、赵玉芬、郑兰荪、田中群、焦念志、韩家淮、孙世刚、张统一、王启明、张钹、欧阳钟灿、谢华安);中国科学院外籍院士萨支唐、中国工程院院士张立同、陈洪铎、张运、唐启升;其中双聘院士 9 人(张统一、王启明、张钹、欧阳钟灿、谢华安、张立同、陈洪铎、张运、唐启升);文科资深教授 2 人(邓子基、潘懋元);国务院学科评议组成员 12 人;国家"973"项目首席科学家 8 人(郑兰荪、韩家淮、袁立、林圣彩、戴民汉、焦念志、谢素原、田中群);中央引进海外高层次人才"千人计划"入选者 71 人(其中"青年千人计划"入选者 36 人),"长江学者"特聘教授 21 人,"国家杰出青年科学基金"获得者 39 人,国家高层次人才特殊支持计划("万人计划")科技创新领军人才 8 人、哲学社会科学领军人才 3 人、教学名师 1 人、青年拔尖人才 6 人,列入国家"百千万人才工程"人选 19 人,国家优秀青年科学基金获得者 26 人,国家级教学名师 6 人。

(一)从职称结构看

厦门大学的专任教师数、正高级、副高级、中级人数增加较快,初级职称人数基本保持稳定。其中正高级人数占比从 2002 年的 20% 增加到 2016 年的

29%,副高级人数占比从 2002 年的 32% 增加到 2016 年的 36%。2016 年博士生导师职称结构中教授的比重达到 92.84%;硕士生导师(不含博士生导师)的职称结构较为复杂,其中副教授的比重达到 70.39%。

表 3-5　2002—2016 年厦门大学专任教师职称结构统计表

(单位:人)

时间	正高级	副高级	中级	初级	无职称	小计
2002 年	290	471	398	129	175	1 463
2003 年	389	574	538	202	0	1 703
2004 年	467	656	576	198	0	1 897
2005 年	587	665	588	221	0	2 061
2006 年	598	682	681	272	0	2 233
2007 年	628	691	764	254	0	2 337
2008 年	647	739	788	217	0	2 391
2009 年	721	792	734	188	0	2 435
2010 年	738	784	804	149	0	2 475
2011 年	779	828	811	118	0	2 536
2012 年	805	817	849	130	0	2 601
2013 年	835	878	811	154	0	2 678
2014 年	847	919	792	145	0	2 703
2015 年	863	955	795	145	0	2 758
2016 年	785	976	804	147		2 712

(二)从学历结构来看

专任教师具有博士学位的占比逐渐增加,2002 年具有博士学位教师占比为 23%,而到 2015 年,这一数据超过 76%,具有学士学位及无学位者占比则从 2002 年的 38% 降到 5%。2016 年厦门大学博士生指导教师中具有博士学位的比例达到 86%;硕士生指导教师中具有博士学位的比例达到 81%。其中博士生导师中有海外学位者为 287 人,占比 29%;硕士生导师中具有海外学位者为 305 人,占比 17%。

(三)从年龄结构来看

厦门大学专任教师年龄结构较为均衡。2002年厦门大学专任教师中45岁以下人数占比为72%,其中45岁以下副高级以上职称人数占比仅为27%;至2016年厦门大学博士生导师各年龄段的人数较为均衡;硕士生导师队伍中,45岁以下的导师占比超过60%,这表明我校研究生导师队伍尤其是硕士生导师的年龄结构进一步年轻化。博士生导师中,人文与艺术类学科60岁以上的比重较大;社会科学和理工科45岁以下者多于同类学科其他年龄段的人数。

表3-6 研究生导师年龄结构情况统计表

年 龄	博士生指导教师(人,%)		硕士生指导教师(人,%)	
45岁及以下	283	28.13	1 133	61.34
46~55岁	388	38.57	534	28.91
56岁及以上	335	33.30	180	9.75
总计	1 006	100.00	1 847*	100.00

* 不含博导数。

2016年是厦门大学"十三五"规划的开局之年,针对师资队伍建设,厦门大学提出更高的目标与追求,专门形成《厦门大学"十三五"人才队伍建设规划暨人才团队建设规划》。根据规划,厦门大学人才队伍发展的基本目标是:到2020年,打造若干接近世界一流水平或具有国际竞争优势的人才团队,各学科领域都有一批能够参与国际竞争与合作的专家学者,建成一支专业化的管理服务与技术支撑队伍。为此,学校提出深入实施"团队建设行动计划""精准引才行动计划""青年腾飞行动计划"和"深化改革行动计划",着力打造人才队伍"升级版",为实现学校"两个百年"的奋斗目标提供坚实支撑的行动方案。其具体包括:第一,重点打造15支左右一流人才团队,每一支团队都有明确的主攻方向和合理的学术梯队;在此基础上,面向2049年(新中国成立百年)继续培育、打造25支左右一流人才团队。第二,年均新聘全职教师150人左右,到2020年,全职教师达到新一轮定编定岗确立的3 231人的规模,具有博士学位的教师占比85%以上,具有海外知名大学留学、研修背景的教师占比

60%以上,普遍具备良好的国际交流与合作的能力。第三,具有两院院士和"千人计划"入选者、"万人计划"入选者、"长江学者"、国家杰出青年科学基金获得者等公认的高端人才头衔的教师达400名左右;具有"青年千人计划"入选者、"青年长江学者"、国家优秀青年科学基金获得者等青年拔尖人才头衔的优秀青年教师200名左右;有一批教师成为国际重要学术学会会员或国际重要学术期刊编委。第四,与国际充分接轨,健全有利于优秀人才集聚、培育、发挥作用的人事管理体制机制。

第四章

厦门大学研究生培养与质量

　　研究生培养及其质量是研究生教育最核心的环节。厦门大学早期研究生人数较少，但重视质量，培养方式机动且灵活；1981年《学位条例》颁布，厦门大学研究生教育逐渐规范化与制度化。1999年以来，伴随研究生教育数量的扩张，厦门大学开始探索与发展具有本校特色的研究生教育培养制度与模式。近年来，厦门大学研究生教育以提高培养质量为核心，遵循人才培养规律，进一步深化研究生培养模式改革，规范研究生培养过程管理，强化研究生实践创新能力培养，树立国际化视野，完善研究生质量保障体系，在一些重点领域和关键环节迈出实质性改革步伐，实施战略性新举措。

　　学校坚持遵循研究生教育规律，厦门大学研究生教育改革成效不断呈现，对外辐射作用和影响也不断扩大。2014年，《中国教育报》在头版长篇介绍厦门大学研究生培养方案和学制改革的经验，教育部网站也予以转载；《光明日报》以"改出一片新天地"为题介绍厦门大学研究生培养方案改革工作；2016年1月，《光明日报》以"厦门大学：建立规范科学的研究生培养机制"为题介绍学校研究生培养的经验；同月，教育部官方微信以"厦门大学是这样培养研究生"为题对学校研究生教育改革工作予以充分肯定。2016年9月，教育部门户网站专门刊发厦门大学"三打通三融合"深化研究生教育模式改革的专题报道。

第一节　厦门大学培养机制改革

一、厦门大学早期培养机制

厦门大学的研究生培养始于1950年,经济学家王亚南、化学家卢嘉锡等著名教授在"文革"前后都招收研究生,为国家培养了一批杰出人才。1978年10月,厦门大学招收了"文革"后首届研究生。

建国以后的研究生教育一直采用免费入学制度,研究生的培养经费由国家按招生计划拨给高校。1984年,教育部、国家计委、财政部颁发《高等学校接受委托培养学生的试行办法》,提出高等学校在保证完成国家下达的指令性招生计划的前提下,试行委托培养学生的办法。省、自治区、直辖市、中央、国务院部门,全民所有制和城乡集体所有制企事业单位及个体户,均可通过协商,签订合同,委托高等学校培养本、专科学生和研究生。委托培养的本、专科学生和研究生,必须参加全国统一招生考试,德、智、体全面考核,择优录取。根据这一文件的基本精神,厦门大学制定了《关于接受委托代培研究生暂行管理办法》,决定在保证完成国家下达的招收研究生计划前提下,挖掘培养研究生的潜力,在可能条件下为外单位代培研究生。办法如下:

(1)委托培养攻读硕士学位研究生有两种形式,即委托代招代培和进修(选修)部分研究生课程。委托代招代培研究生,由委托单位推荐在职人员参加全国硕士统一考试,按学校规定的录取标准录取,毕业后回原单位工作,或者由委托单位向学校提出要求,按照学校规定的录取标准,从全国统一报考的考生中选拔。委托培养单位在每年9月底前与学校取得联系,以便根据学校情况统筹安排代招代培任务,反映在当年招生专业目录中,便于考生填写报考志愿。有条件的系专业在可能条件下接受外单位研究生和高等学校教师进修全部或部分研究生课程。

(2)在管理上,接受委托培养的系,对代培攻读硕士学位研究生的管理与学校研究生一视同仁,保证教学质量,按学校研究生学籍管理规定,培养合格的硕士学位研究生。对于边远地区委托培养的硕士生入学时可适当降低要求,培养过程中要采取必要措施,使之达到培养要求。接受外单位进修研究生课程的研究生,进修课程门数不限,接受进修的系负责安排上课、实验、上机等各教学环节,负责进行成绩考核,发给成绩单。高等学校教师进修研究生课程,最多不得超过两门,只负责听课和成绩考核,不负责上机、实验等教学环节。

(3)在收费标准上,委托培养硕士生每个硕士生的基本建设投资费为理、工科2万元、文科16 000元;经常费为每人每年4 000元(含助学金、书籍费及公费医疗费用),在职人员委托代培的工资关系不转,不包括助学金、书籍费及公费医疗在内的经常费为每人每年3 200元;此外,文科每人每届收图书资料费1 000元(基础数学专业同文科、增收上机费,上机费收费标准按校计算中心规定);理科收实验材料费每届每人2 000元。进修研究生课程的收费标准为一学期进修一门课收费100元,进修二门课收费250元,进修三门课收费500元,进修全部课程收费1 000元,一学年进修一门课收费200元,进修二门课收费500元,进修三门课收费1 000元,进修全部课程收费2 000元。

(4)在经费管理使用上,代培研究生的经费统一由财务处掌管,全部经费(包括基建费、经常费、实验材料、上机费等)的90%充作学校的培养经费,10%作为学校、代培系、导师和有关部门(研究生处、总务处、财务处、公共课等)的基金和奖金。经常费4 000元中扣除助学金、书籍费及公费医疗费外,研究生业务费按学校业务费管理办法执行。关于提取研究生代培费10%的(包括研究生课程收费)分成办法为:30%作学校基金,40%给代培系(所)作事业费、集体福利和导师奖金,5%为公共课(政治、外语)奖金,10%作研究生处的公积金和奖金,15%给总务处、设备处、财务处奖金。

1985年,国家教委首先将招生计划管理体制作为招生改革的突破口,在研究生教育中实行双轨制,先后制定了定向培养、委托培养、招收自筹经费研究生和自费研究生及扩大国家计划外招生数量的有关政策。

1991年,为了鼓励普通高等学校研究生在校期间勤奋学习,刻苦钻研,品学兼优,全面发展,国家教委、财政部将发放研究生生活补助费的办法改为试行研究生奖学金制度,颁布《普通高等学校研究生奖学金制度试行办法》,提出

研究生奖学金制度的基本原则:第一,普通高等学校的研究生,均按《试行办法》的规定发放奖学金,同时享受学校所在地政府规定的粮、油、副食品价格补贴。入学前为国家正式职工的研究生,不再享受原单位工资、津贴、补贴、奖金等待遇。第二,已在校学习的国家正式职工考取的研究生,原享受的生活补助费高于《试行办法》规定的奖学金标准的,可保留其高出部分。第三,有条件的学校可试行把发放研究生奖学金同他们兼任教学、科研和行政管理工作的报酬结合起来的办法。但应将实施办法报国家教委、财政部备案。第四,委托培养、定向培养的研究生待遇按合同或协议及有关规定执行。非脱产的在职研究生不执行《试行办法》。

1992年,国家教委、国务院学位委员会在《关于学位与研究生教育改革和发展的若干意见》中提出,"在改进国家招生计划工作的同时,学校可以根据社会需求增加委托培养、定向培养和自筹经费招生的数量"。1993年,自筹生被国家教委正式列为研究生招生的一个类型,在全国得以推广。1994年,厦门大学分别招收了自筹经费博士生1人,自筹经费硕士生18人。根据规定,自筹经费研究生与国家计划内非定向研究生除经费来源不同外,录取标准、培养方式、学位授予、在校期间管理等基本相同。

二、2008年厦门大学的培养机制改革

自1999年高校扩招以来,厦门大学也迎来研究生数量的快速增长时期,使得研究生培养机制的调整与变革势在必行。教育部早在2006年开始在3所高校试点,在此基础上,2007年共有17所高校进入试点工作实施阶段。2008年的试点范围扩大到包括厦门大学在内的53所设置研究生院的高校。2007年6月,厦门大学启动研究生培养机制改革方案制定的相关工作。6月11日,厦门大学研究生培养机制改革领导小组成立,朱崇实校长为组长,分管研究生工作的副校长、分管学生工作的副书记和分管财务工作的副校长为副组长,研究生院、宣传部、人事处、学生处、科技处、社科处、招生办、财务处等职能部门的负责人为成员,负责审议研究生培养机制改革方案及相关政策性文件,统一部署,全面推进厦门大学的研究生培养机制改革工作。研究生培养机制改革领导小组分别于2007年6月14日、8月21日和12月29日召开了三

次会议,决定加大经费投入,大力支持研究生培养机制改革,以促进研究生教育与科研的结合,构建充满活力的研究生教育运行机制;确定了研究生培养机制改革若干原则,包括研究生培养机制改革实施方案,研究生奖学金的适用对象、分类、比例,导师配套经费投入的原则和额度,研究生培养机制改革文件汇编的构成等,对厦门大学下一步的工作进程做出详细的安排。

2008年机制改革主要针对研究生培养体系存在的不合理环节,如奖助金的享受与否在研究生入学录取时就确定下来,未与研究生的实际表现相挂钩;生活费补助受益面小、金额有限;未强化以科研工作为主导的导师负责制,不利于调动导师、学生的主动性、积极性和科研创新等,为此改革的重点以完善科学研究为主导的导师负责制和资助制为核心,以建立研究生研究质量长效保障机制和内在激励机制为主要内容。在大体稳定数量的基础上,着力提高研究生培养质量,改善研究生培养条件,激发研究生创新实践的热情。

第一,改革研究生奖助金体系,建立由政府财政拨款、学校筹措办学资金、导师配套经费、社会捐助和研究生个人支付等构成的奖助金体系。第二,为加强导师与学生的互动,强化导师负责制,导师需要根据学科差异、招生数量提供配套经费以实现招生资源的优化配置。导师的配套经费来源于导师的科研课题经费,主要用于支付研究生的助研津贴和学术活动费用。一般而言,文、史、哲、艺、数学等学科,每招一名硕士研究生导师需要提供最低配套经费300元,每招一名博士需要提供2 000元配套经费。经、管、法、教等学科每招一名硕士需要500元配套经费,博士需要4 000元。理、工、医等学科则每招一名硕士需要提供2 000元配套经费,博士需要4 000元。同时,规定博士研究生招生数大于2时,导师配套经费将在招收前一名博士生的基础上翻一番。其中的资源调节部分由学院统筹用于学院的研究生教育。第三,学校建立研究生奖、助学金制度,这一制度由研究生奖学金、"三助"岗位津贴、专项奖学金和特困学生补助构成。改革后的研究生教育收费制度将不再区分公费和自费,而采取发放奖学金和助学金的方式资助优秀研究生,由学校研究生培养机制改革领导小组确定研究生奖学金名额的分配。其中博士研究生奖学金原则上按三年评定,直博生按五年评定,分为特等(全程9万元,其中学费3.9万元,生活费5.1万元)、一等(每年3万元,其中学费1.3万元,生活费1.7万元)、二等(每年2.3万元,其中学费1.3万元,生活费1万元)、三等(每年1.9万元,其

中学费 1.3 万元,生活费 0.6 万元)、四等奖学金(每年生活费 0.6 万元)。硕士生奖学金分为特等(三年全程 5.1 万元,其中学费 3.3 万元),生活费 1.8 万元)、一等(每年 1.7 万元,其中学费 1.1 万元,生活费 0.6 万元)、二等(每年 1.5 万元,其中学费 1.1 万元,生活费 0.4 万元)、三等(每年生活费 0.4 万元)。同时,学校设立"教学助理"和"管理助理"岗位,研究生导师设立"科研助理"岗位。

三、2014 年厦门大学深化研究生培养机制改革

为推动学校科研水平提高,推进博士生培养导师组建设,鼓励和调动导师对争取科研经费的积极性,进一步提高研究生科研创新能力,完善以科研为导向的研究生培养资助体系,加快推进世界知名高水平研究型大学建设,2014 年厦门大学在 2008 年改革的基础上,根据《教育部、国家发展改革委、财政部关于深化研究生教育改革的意见》《财政部、国家发展改革委、教育部关于完善研究生教育投入机制的意见》等文件的精神进一步深化培养机制改革。这次改革以博士研究生资助办法为突破口,将研究生招生资源分配与研究生导师承担的研究项目相关联,确定了博士生导师招生的基本条件与原则:第一,所有招收博士生的导师,均须有科研项目和经费。第二,导师配套经费来源于导师科研经费助研津贴,在博士生录取时一次性收取,用于资助导师所指导的博士研究生在学期间的奖助学金,无法提供导师配套经费的导师当年不得招生。第三,导师所提供的支付配套经费的科研项目经费账户应是科技处或社科处认定的从校外争取的科研项目在财务处开设的账户。对于新聘教师(含引进人才),允许其自入职报到起两年内,从其科研启动经费账户支付。第四,对于学校战略建设、学科发展、人才建设亟需的导师可申请并由研究生培养机制领导小组讨论研究对其招收博士生的导师配套经费进行减免。第五,连续三年因无科研项目及经费无法提供导师配套经费而导致未招收博士生的博士生导师,校学位评定委员会可视情况取消其博士生指导教师资格和相应的津贴。第六,鼓励研究生导师以导师组的形式联合培养博士研究生,但导师组成员均须有科研项目和经费。

与此同时,厦门大学大大提高了博士生导师的配套经费:对于 2014 级博士研究生(不含港澳台博士研究生、外国来华留学博士研究生),博士生导师

(含兼职博士生导师)须按照如下标准缴纳导师配套经费:

表4-1 厦门大学2014级博士研究生导师配套经费表

(单位:万元/全程)

招收博士生专业所属学科门类	第一名	第二名	第三名及以上
文史哲艺	2.9	2.9	2.9
经管法教	4.5	4.5	4.5
理工医(不含数学一级学科)	7.7	7.7	7.7
数学(一级学科)	4.5	4.5	4.5

注:专业学位博士研究生、少数民族高层次人才培养计划博士研究生、对口支援西部地区高校定向培养研究生计划博士研究生按照相应学科门类标准的一半收取。

从2015级博士研究生(不含港澳台博士研究生、外国来华留学博士研究生)起,博士生导师(含兼职博士生导师)须按照如下标准缴纳导师配套经费:

表4-2 厦门大学2015级博士生研究生导师配套经费表

(单位:万元/全程)

招收博士生专业所属学科门类	第一名	第二名	第三名及以上
文史哲艺	2.9	2.9	5.8
经管法教	4.5	4.5	9
理工医(不含数学一级学科)	7.7	7.7	15.4
数学(一级学科)	4.5	4.5	9

注:专业学位博士研究生、少数民族高层次人才培养计划博士研究生、对口支援西部地区高校定向培养研究生计划博士研究生按照相应学科门类标准的一半收取。

第二节 厦门大学研究生教育综合改革

为贯彻落实教育部、国家发展改革委、财政部《关于深化研究生教育改革的意见》文件精神,适应建设创新型国家和人力资源强国的需要,加大研究生教育改革与创新力度,进一步提高研究生的培养质量,2014年厦门大学启动了研究生教育与培养综合改革。

一、改革指导思想与主要思路

研究生教育综合改革以《关于完善研究生教育投入机制的意见》和《关于深化研究生教育改革的意见》文件精神为指导,结合厦门大学"十二五"发展规划方案,全面着眼研究生教育内涵机制改革、力争办出有"中国特色、世界水平"的社会主义高水平研究型大学研究生教育,其主要思路包括:

——完善布局、优化结构,着眼世界科技革命和国际学科发展前沿的新趋势,适应发展方式转变和经济结构调整的新要求,深入开展学科发展战略研究,进一步明确重点建设的学科和各学科发展的重点,加大学科专业调整力度。

——改革招考、优化选拔,根据社会发展需要和学科培养目标,加强改进研究生招生计划管理,探索优秀人才选拔的特色模式,推进研究生分类考试机制,深化博士研究生录取"申请—审核"方式改革,提高研究生生源质量。

——创新模式、能力为重,激发学科人才培养和质量保证的主动性创造性,遵循人才培养规律与国际学科发展相结合,突出研究生创新和实践能力培养,科学制定培养方案,完善分类指导,从模式上保障研究生培养质量的提高。

——学生为本、导师为要,充分尊重研究生的个性化发展需求,构建以研究生成长成才为中心的培养机制,健全研究生导师责权和激励机制,强化与招生培养紧密衔接的岗位意识,增强对导师师德师风建设和研究生指导能力培训。

——开放合作、交流分享,实施更加开放的研究生教育合作模式,与国内外高水平大学设立研究生教育合作平台,推动研究生学术交流分享,深化科教结合、产学结合与国际合作,使一切优秀的研究生教育资源为我所用。

——自我评估、质量监控,建立研究生教育质量自我评估制度,组织专家定期对本单位学位授权点和研究生培养质量进行诊断式评估,发现问题,改进学科建设和人才培养工作,不断提高研究生教育质量。

——主流特色、高端引领,努力提高研究生教育整体水平和综合实力,发挥主流特色,积极参与世界、国家和区域重大科研项目的研究合作,实现高层次人才在经济社会发展、知识创新、科技进步和文化建设中的引领作用。

——科学设计、积极保障,完善符合校情的有特色的研究生教育投入机制,建立健全研究生收费制度,构建完善研究生奖助政策体系,全面激发研究生教育的活力,促进研究生教育持续健康发展。

二、研究生教育综合改革的主要内容

(一)实施"学科带动"战略

其一,强化突出主流特色学科,巩固发展基础研究学科,整合创新应用实践学科,优化资源,加大投入,汇聚队伍,提高实力,着力培育若干世界一流学科,筑巢引凤,筑巢育凤,以高水平的学科平台支撑高水平的研究生教育。

其二,大力促进学科交叉融合,探索跨学科团队形成、多学科交叉集成和交叉研究平台建设机制下研究生培养模式的创新,培养具有宽阔学术视野和创新性思维品质的研究生创新人才,将交叉学科建设成果转化为创新人才培养的资源和优势。

其三,依托"985工程""211工程",以"2011计划""繁荣哲学社会科学计划"实施为契机,加大对研究生教育的资金资源投入以提供更加有力的支持,加强研究生培养条件和培养能力建设,实现学科发展与人才培养的协同互动。

其四,把握学科发展国际前沿,围绕国家地区重大需求以及学校发展方向,加强学位授权点内涵建设,重视综合评价,实行动态调整,完善淘汰机制,优化结构。

(二)改革研究生招考制度,选拔优质生源

其一,建立科学合理的研究生招生指标分配模型。构建以学校重点发展、学科结构调整、科研项目倾斜、培养质量导向为基本原则的研究生招生指标配置体系,建立起招生指标分配与研究生培养全过程以及就业工作的反馈响应机制,避免平均主义。

其二,深化博士研究生招生"申请—考核制"改革。扩大各院系和导师的招生自主权,鼓励根据学科特点和导师科研项目需求制定具有特色的选拔方式,强化对科研创新能力和专业学术潜质的考察,发挥导师在吸引优质生源中

的重要作用,继续优化设置博士考试科目。

其三,改革硕士研究生考试。根据学科特点和培养要求的不同,继续优化设置初始科目和考试内容,对于特殊学科专业结合学科实际情况增加专业技能测试内容,提高人才选拔质量;探索更加科学的专业学位硕士研究生考试选拔模式,更加侧重知识的应用性和实践性,对接以提高职业能力为导向的专业学位研究生培养模式。

其四,优化研究生招生考试录取工作流程。加大复试成绩占总成绩的权重,提高差额复试比例,加大复试淘汰率,淘汰高分低能的考生,选拔真正具有创新潜质的人才;建设研究生考试结果"反馈—调整"机制,切实选拔出好具有本学科优势的创新型人才。

(三)创新研究生培养模式,构建高水平培养体系

1.推进学术学位研究生培养模式改革

(1)在一级学科设立研究生培养指导委员会。努力推进专家教授治学,遵循学科发展和教学规律,参照国际同行标准制订培养标准和方案,建设高水平课程体系,进行质量评价,切实加强研究生培养工作的科学指导和培养过程的严格管理。

(2)修订研究生培养方案。除个别特殊学科和术科学科外,在一级学科范围内统筹考虑,制订一级学科硕士、博士及直博生/硕博连读生培养方案,建立硕博一体化培养模式,从学科科学研究发展出发,重视对研究生进行本学科系统性科研训练,实行弹性修业年限,延长理工医、经管类博士研究生学习年限。

(3)优化研究生课程体系。重视高质量课程教学在研究生特别是硕士研究生培养中的作用,整合课程内容,优化课程结构,打通本学科硕博课程体系设置,促进课程内容有机衔接;努力推进通识和平台课程建设,加强优质课程投入,增强研究生课程学科前沿性,革新教学内容和授课方式,突出科教结合及创新能力培养,强化学术学位研究生的科学方法训练和学术素养培养;发挥强化"短学期"在研究生课程建设中的作用。

(4)继续推动研究生教育轮转制培养模式。在条件成熟的学院、学科中遴选具备多学科知识背景和突出科研能力的优秀研究生,进一步推进研究生实验室工作轮转制等研究生培养方式创新,充分发挥学科、导师、课题、实验资源

综合优势，开展跨学科、跨学院、跨学校的团队式协同培养，调动研究生科研积极性、拓宽研究生学术视野，提高研究生创新能力与科研能力，加强研究生培养协同创新与跨学科拔尖创新人才培养试验区建设。

2.优化完善专业学位研究生培养模式

(1)建立专业学位研究生教育办学新模式。根据专业学位类别，分别设立专业学位研究生培养指导委员会；大力推进以学校为主体，行业组织或企事业单位参与的专业学位研究生培养模式；以职业需求为导向，与实际部门建立长期、稳定、实质性的联合培养机制，搭建高水平的合作培养平台；紧紧围绕目标进行教学组织，控制教学过程，确定教师构成、教学方式、教学评价。

(2)优化专业学位研究生教育的课程体系。以职业需求为导向，针对职业领域对专门人才的知识与能力要求，将行业组织、培养单位和个人职业发展的要求与研究生教育课程建设有机结合起来；重视行业特点，采取团队学习、案例分析、现场研究、模拟训练等多形式的教学，注重培养研究实际问题的意识和解决实际问题的能力，提高专业学位研究生综合职业素养。

(3)加强专业学位研究生实践基地的建设。积极推动与国有大中型企业、政府有关部门、科研院所的合作，立足各专业学位特点，在校内设立专业学位研究生实训平台，在校外设立示范性实习实践基地；主动面向区域经济建设需要，以就业为导向不断深化专业学位研究生教育教学改革，通过实训平台和实践基地加强与企业的产学研合作，推进科技创新和社会服务。

(4)完善专业学位研究生教育双导师制。加强专业学位研究生导师队伍建设，提高专任教师的专业实践能力和教育教学能力，提高师资队伍的专业化水平；建立企事业单位兼职导师库，大力引进既有理论水平、又有实践经验的优秀专业人才从事专业学位教育，充分发挥校外兼职导师在课程教学、专业实践、学位论文等培养环节中的职能和作用。

3.不断提高研究生创新能力

设立研究生基础创新科研基金，加大对研究生科研创新活动的支持，让研究生在参与重大科研项目过程中提高科研创新能力；设立"研究生励学计划"，积极营造鼓励研究生关注学术，投身科研，勇于创新，追求卓越成果的科研氛围与环境；鼓励高水平实践创新，积极推动与科研院所、企事业单位的联合培养，实现科学研究、服务经济社会发展与研究生培养的良性互动；加强创业教

育,扶持研究生科研成果转化,形成研究生创新创业工作机制。

4.增强学生服务社会意识

加强研究生社会实践育人,增强学生服务社会的意识和社会责任感。明确研究生社会实践要求,根据学生培养类别设置实践必修/选修课学分,引导研究生在实践活动中加深对国情、社情和民情的理解,培养理论联系实际、解决实际问题的能力;拓展研究生实践渠道,建立实践基地,发动研究生利用寒暑假进行短期社会调研、科技开发、文化教育等活动,推进挂职锻炼,建立健全研究生挂职锻炼的工作机制,增长研究生社会知识、增强责任意识、提高综合素质;严格社会实践管理,对研究生实践实行项目管理制度,严格研究生实践活动项目审批运作流程,同时邀请行业专家教授组成评审组,对项目的可行性、科学性和成果的应用价值进行评估和审查。

(四)推进导师队伍建设,强化岗位意识,提高指导能力

1.实施研究生导师指导能力提高计划

重视导师指导能力评估考核,将导师指导能力作为研究生招生指标分配的重要依据,同时探索通过导师资格遴选、上岗培训、培养工作指导等多种形式不断提高研究生导师指导能力。

2.完善选聘分离的导师任职机制

继续开展新增博硕导的遴选制度,允许达到条件的各类教师参加遴选研究生导师;根据研究生导师教学能力、科研能力、学科发展及人事制度需要,开展研究生导师招生资格审核工作,明晰导师在研究生培养教育和学术指导中的岗位责任。

3.加强研究生导师师德师风建设

严格教师职业道德规范,提高师德师风水平,完善导师管理评价机制,明确研究生导师在学生学术道德和学术规范方面的教导职责,通过评选表彰研究生导师教书育人先进典型等形式,营造研究生导师教书育人的良好氛围,让导师真正成为在研究生培养中的第一责任人。

4.完善导师组招生培养模式

发挥导师团队集体指导作用,进一步深化近年研究生招生、培养、管理中实行的导师组模式,推动导师组制度建设与学校科研活动的组织、管理及运行

的体制机制改革与创新相互促进,优化资源配置,提高人才培养的质量。

(五)促进交流合作,形成特色模式

1.积极拓展研究生国际化培养渠道

坚持开放式办学,不断的、全方位的开展国际和区域研究生教育学术交流,拓展研究生国际化培养形式,主动"走出去"进行研究生国际化培养合作,扩大研究生校际互换、学分互认工作的学科辐射面;继续推进与世界一流大学联合培养,着力培养与国际接轨的高水平研究生。

2.不断扩大研究生教育国际化程度

加大国家公派研究生留学工作力度,从资金和政策上给予优秀研究生和导师支持与奖励,逐年提高优秀研究生留学国(境)外一流高校、师从一流导师学习的人数;继续加大对全校研究生访学研究、短期交流、参加国际学术会议与竞赛的资助力度,继续扩大具有国际学术交流经历的研究生比例。

3.加强全英语研究生培养专业建设

努力吸收国际优秀生源,不断提升外国留学研究生的比重;逐步建设全英语研究生专业,量身订做国际化培养方案,引进和开设国际化课程,实现课程设置、教学内容、教学方法国际化,构筑跨文化、跨国际、跨种族的专业知识体系;建设来华留学研究生特色品牌项目,认真实施英文授课硕士项目、英文授课博士项目和"孔子新汉学计划"。

4.提高研究生管理与服务国际化

营造国际化培养环境,进一步完善研究生管理文件、信息平台、服务方式,提升国际化标准的研究教育管理服务水平,全方位满足日益增长的研究生教育国际化事务需求。

(六)建立监督与评估体系,加强质量监控

1.建立研究生课程体系改进优化机制

根据不同学科的特点,建立科学的课程体系,规范课程设置审查;针对不同类型研究生课程,采用多元的评价方法,加强课程质量管理。

2.完善研究生中期考核与分流机制

加强研究生开题报告、中期考核和论文预答辩等重点培养过程环节的学

业考核和管理,对研究生尤其是博士生实行严格的中期考核;理顺分流问题,疏通分流去向,加大分流力度,用招生指标等资源调节方式对分流学院、学科、导师进行补偿。

3.加强研究生学位论文质量监控

利用教育部学位中心的送审平台,严格研究生学位论文送审工作,努力提高研究生学位论文质量;完善学位论文抽检通报反馈制度,建立指导学位论文的追溯问责制;建立学风监管与惩戒机制,对学位论文作假者取消学位申请资格或撤销学位。

4.建立研究生教育质量信息平台

进一步优化研究生信息管理系统,建立毕业研究生跟踪调查与用人单位评价信息反馈模式,形成研究生教育质量信息分析和预警机制;深入研究生教育数据收集整理分析研究,编制研究生教育年度发展报告,加大研究生教育数据公开力度。

5.实施学位点合格性评估工作

定期和不定期组织学位点研究生培养过程评估、学位论文质量评估、就业工作评估、研究生教育状态评估等综合性或单项性评估,强化评估结果的导向作用和激励功能,将评估结果与学位点研究生招生指标分配、年终业绩奖励等直接挂钩。

(七)深化道德及诚信教育,树立优良学术风气

1.全面加强科学道德和诚信教育

在研究生培养全过程中,运用传统媒体和新兴媒体等多种渠道,通过多种形式的科学道德和诚信教育,全面加强研究生科学道德及诚信教育,培养研究生科研素养与学术规范意识,实现研究生科学道德和诚信教育的规范化与经常化。

2.开展多样化的教育活动

发动全体研究生以签署学术诚信承诺书等实际行动加入自觉维护科学道德与科研诚信的行列中,组织以科学道德为主题的党日活动、辩论会、研讨会等多样化主题活动,引导广大研究生积极践行学术优良作风,

3.健全监督管理机制

建立事前预防约束和事后惩处机制,设立专门机构接受申诉、投诉和举

报,完善科学道德和诚信问题的举报、调查和处理等机制,对违规事件零容忍,实行"科学道德和诚信问题一票否决制",多管齐下监督研究生学术道德与学术规范。

(八)完善奖助政策体系,强化激励导向作用

1.完善研究生奖助经费投入机制

进一步合理安排经费投入,积极争取社会捐助,保证研究生奖助经费总体上稳中有增;按照"注重奖优、兼顾公平、扩宽渠道、多元资助"的原则,构建由国家奖学金、学业奖学金、国家助学金、学校奖助学金、助学贷款等构成的多元奖助体系,提高研究生待遇水平;鼓励各学院根据自身学科发展特点,进一步加大对研究生奖助的投入,不断强化研究生学习、科研的激励机制。

2.健全学校研究生奖助体系

通过学校投入和社会捐助,设立研究生校级助学金和专项校级奖学金,作为研究生国家资助的补充,进一步提高研究生的生活待遇水平;重视勤工助学在提高研究生待遇水平和加强研究生思想教育等方面的积极作用,每年从研究生学费收入中提取10%的经费,设立研究生勤工助学专项经费,主要用于研究生管理助理、教学助理;进一步规范科研助理劳酬的发放。

3.发挥奖助学金的激励与导向作用

在坚持公平、公正、公开原则的基础上,将奖助学金以学科建设、人才培养为导向,向基础学科、重点学科和国家亟需的学科(专业)倾斜,加大对优秀研究生的奖助力度;同时通过奖助学金评审,着力克服重数量轻质量的倾向,树立突出学术创新,激发研究生学习和科研的积极性,引导研究生推出高质量、高水平研究成果。

三、研究生教育综合改革未来的方向与措施

在研究生教育综合改革实践中,学校也越来越意识到当前的研究生教育仍存在研究生培养和社会需求不匹配、质量保障与监控体系尚不完善、研究生教育国际化程度不够、部门或机构之间权责不明、沟通不畅等问题,为进一步推动研究生教育改革,研究生院提出未来研究生教育改革的方向与举措。

(一)全面加强研究生思想政治教育

全面深化研究生思想政治理论课改革,加强中国特色社会主义理论体系教育,把社会主义核心价值体系融入研究生教育全过程。高度重视新媒体等现代传媒手段,抢占意识形态宣传的主阵地,加强社会主义意识形态的宣传与教育。深化研究生思想政治理论课教学方法改革,把加强实践教学方法改革作为研究生思想政治教育的重要内容,重点推行基于问题、基于项目、基于案例的教学方法和学习方法。要进一步完善社会调查、生产劳动、志愿服务等实践育人的有效载体,着力增强研究生服务国家、服务人民的社会责任感。加强人文素养和科学精神培养,培育研究生正直诚信、追求真理、勇于探索、团结合作的品质。

(二)全面系统深化研究生培养模式改革

1.加强学术学位研究生创新能力培养

要以提高研究生创新能力为核心,按照高水平、一级学科、硕博贯通、资源共享、跨学科培养等原则,继续完善学术型研究生培养方案。进一步统筹安排硕士和博士培养阶段,促进课程学习和科学研究的有机结合。以创新能力培养为目标,鼓励导师和研究生协商制定个性化培养方案,加强导师或导师组对研究生的选课指导和培养过程考核。建立学科交叉培养的研究生长效机制,依托协同创新中心、研究基地、重大科研平台,鼓励和支持研究生参与前沿性、高水平的科研工作,以高水平科学研究支持高质量研究生培养。加大支持研究生参与学术交流和国际合作力度,进一步拓宽学术视野,激发创新思维。

2.加强专业学位研究生实践能力培养

专业学位要以提高职业能力为导向。按照面向产业,面向企业,面向社会的原则,推动各培养单位与社会行业企业共同制定人才培养目标,共同制定课程大纲及教学要求,共建实践教育基地,共同聘任导师。要强化产学研相结合的培养模式,引导和鼓励行业企业全方位参与人才培养,充分发挥行业和专业组织在培养标准制定、教学改革等方面的指导作用,建立培养单位与行业企业相结合的专业化教师团队和联合培养基地。要把创新创业教育融入专业学位研究生教育的全过程,全面增强研究生的实践能力和创业能力,推动专业学位与职业资格的有机衔接。

3.探索学术型与应用型研究生互转机制

进一步优化研究生管理模式,探索建立学术型、应用型硕士研究生互转制度。对学术研究兴趣浓厚、具有较强科研能力或研究潜质的专业学位研究生,经过考核后可通过硕博连读的方式转为学术型研究生。在临床医学硕士实行试点,对于无法在规定年限获得"医师资格证书"的应用型硕士,鼓励其转为学术型研究生。

4.进一步完善博士生中期考核分流制度

结合新学术型研究生培养方案,规范筛选程序,对缺乏科研能力、不宜继续培养的博士生进行分流或淘汰,建立畅通的博士转硕士或博士生退出机制。根据学科特点和专业特性,分学科制定博士生中期考核分流工作办法,从考核内容、方式和分流方案等方面细化中期考核分流工作程序,规范博士生中期考核管理。

5.大力推动直博生制度改革

制定和出台鼓励厦门大学本科生直接攻读博士的管理办法,力争厦门大学直博生的比例达到当年博士生招生数的30%~50%,最大程度地保证博士研究生的科研训练时间,从根本上改善博士研究生的生源质量。

6.探索多元的研究生选拔机制

完善博士生招生"申请—考核制",探索硕士生招生"申请—考核制"试点,在部分学科选拔具有研究潜力的专业学位研究生进行硕博连读。扩大学院招生自主权,尊重研究生导师遴选学生的自主权,充分发挥导师组、专家组在招生考核过程中的评价和决定作用,提高面试考核评分的比重。完善研究生培养成本分担机制,建立导师科研经费与招生计划指标分配相挂钩的制度,推动促进学校的高水平科研支撑高质量人才培养。

(三)加强研究生课程建设和深化教学内容

整体优化课程体系和教学内容,打造一批具有典型示范效应的精品课程和品牌课程;充分利用现代教育信息技术手段,鼓励教师根据课程特点和教学需求,推进教学课件(文本、图片、3D动画、PPT及配套讲解音视频)、习题库

等数字化课程资源建设。要积极推进大规模开放的在线课程(MOOC)建设,大力推进"翻转课堂""混合教学"、研讨式教学等先进教学方法;大力推进案例教学,创新教学方法。鼓励教师将编写教学案例与基于案例的科学研究相结合,开发和形成一大批高质量教学案例。完善评价标准,要把案例研究、编写、教学以及参加案例教学培训等情况,纳入教师教学和科研考核体系。邀请业界专家和校外导师共同开发编写案例,建立课程案例教学库。

(四)大力推进研究生创新创业教育

1.建立创新创业教育的实践基地

依托现有国家重点实验室、工程中心,加大力度改善实验教学条件,更新现有实验教学设备,调整专业实验室设备配置和功能。进一步推进校企合作,鼓励学院尤其是专业硕士加强和对应企业行业的开展深度合作。

2.实施研究生创新创业训练计划

加大基础科研基金资助力度,鼓励和支持研究生选择基础性、前沿性、交叉性以及富有挑战性的基础研究课题,激发研究生的创新热情和创新潜能,强化研究生科研创新意识、创新思维和创新能力的培养;加大"研究生田野调查基金"资助力度,重视研究生的社会调查能力、野外科考能力的培养与训练。进一步扩大田野调查基金的资助范围与力度。

3.实施研究生创新创业实践计划

设立专项经费鼓励研究生开展创新创业实践。依托学校科技园、创业园、创业孵化基地和小微企业创业基地,建好一批大学生校外实践教育基地、创业示范基地、科技创业实习基地。

4.实施研究生科技创新竞赛计划

设立专项资金,统筹研究生与本科生各类资源,打造若干个品牌跨学科学业竞赛,鼓励和支持研究生在校期间开展科技创新竞赛。继续营造科技创新竞赛氛围,继续支持博士生学术论坛、研究生暑期学校、全国(或国际)学术竞赛项目、研究生实践项目等进行资助。要鼓励和支持研究生参加全国研究生创新实践系列活动,在活动中锤炼思想、激发创新热情、形成创新思维。

（五）加快推进研究生教育国际化步伐

1.打造全英文授课硕博名牌项目

全力调动学院主动作为的积极性，发掘优秀全英语教学师资资源，建设一批有品牌有特色有质量的全英语授课硕博士专业。针对海外留学生特点，设置符合国际人才培养规律和学科特色的国际化硕博士培养方案。主动引进国际先进理念和课程资源，建立与国际接轨的教学内容与课程体系。

2.实施国际优质生源吸引计划

扩大海外留学生的规模，优化留学生教育结构。强化对留学生学生语言能力及专业知识基础等方面的综合考核，不断提高留学生生源质量。加强留学生基础设施建设和配套服务，提高研究生服务标准国际化。加大留学生教育的宣传力度，建设面向国际的英文网站，完善研究生信息化管理平台，利用各种渠道做好留学生教育宣传，扩大学校留学生教育国际影响力。

3.实施与海外名校交流合作计划

按照强强联合，优势互补原则，加强与海外知名高校的交流合作，建立以学生受益为主的实质性交流合作关系。以学科间的科研合作为纽带，建立与国外名校联合培养研究生的新机制。充分利用国家留学基金委等留学资助渠道，着力扩大公派留学生的比例。积极引进国外大学优质的教育资源，以马来西亚校区和纽卡斯尔学院建设为契机，进一步提高国际化办学能力。

4.实施国际暑期学校计划

充分利用短学期这一平台，打造具有名牌的国际暑期学校。鼓励和资助研究生利用短学期到国外访学、参加国际学术活动、联合培养、实习实践等项目。鼓励各学院利用短学期聘请国外知名大学教授、学者或专家来校讲学，扩大学校与知名高校的学术交流与联系。鼓励支持本校教师利用短学期到国外知名高校或研究机构进行短期访问交流，开展国际合作研究。

（六）深化研究生教育质量保障机制改革

1.建立研究生学位授予质量标准

根据经济社会发展多样化需求，分别制定学术型和专业学位研究生的培养和学位授予标准。充分发挥一级学科培养指导委员会在研究生培养指导过

程中的监督作用,建立学术型学位的课程教学、实践实验教学以及学位论文指导等各个环节的质量标准。充分发挥行业部门在人才培养、需求分析、标准制订、实践训练方面的积极作用,鼓励各学科与行业企业共同制定专业学位教学质量标准和学位授予标准。

2.健全研究生教育质量保障组织

加强研究生教育指导小组建设。充实研究生教育指导小组力量,进一步充分发挥指导小组的调研、咨询、指导和督导作用。完善指导小组检查手段,通过巡视、听课、座谈、检查档案材料、参加研究生科研活动等方式对研究生教学过程和培养工作的各个重要环节进行督查、督促。加强一级学科培养指导委员会建设,强化一级学科培养指导委员会在研究生培养方案和学位授予标准制定、新设专业论证、新开课教学内容审定、课程教学质量评估方面的咨询、决策和指导作用。

3.建立学位授权点、学科动态调整机制和年度学科自我评估制度

根据学位授权点自我评估结果,结合人才需求、学科条件和自身发展目标,按照国家学位授权点动态调整的相关规定,对学位授权点进行调整或撤销。继续根据经济和社会需求、学科发展和创新人才培养的变化,通过二级学科自主设置进行学科动态调整。积极争取新的博士一级学科指标,对一流学科或一流学科苗子给予一定的政策倾斜,例如自主开展博导资格遴选、导师招生资格申请、博士生指标分配等,争创世界一流学科。

4.完善学位授权点合格评估制度,不断改进学科评估工作

进一步提高评估实效,以人才培养为核心,建立评估绩效制度,把年度自我评估绩效与招生计划、教育经费划拨方案相挂钩。认真开展学位授权点专项评估工作。对厦门大学各学位授权点进行诊断式自我评估,进一步优化学科结构,凝聚学科优势力量,凸显研究生培养特色。认真做好新增一级博士(硕士)学位授权点的申报工作,进一步完善厦门大学研究生培养的学科布局。

5.强化研究生学位论文抽检工作

严格学位授予管理,保证学位授予质量。进一步强化研究生学术诚信教育,强化科学精神、科学道德、学术规范、学术伦理和职业道德教育。严格规范学位论文研究工作,健全论文答辩和学位授予制度,完善学位论文预答辩、答辩和答辩后修改等制度。建立更加严格的学位论文抽检长效机制,严格杜绝

和惩处学位论文抄袭、剽窃、作假等不诚信学术行为。

6.加强导师队伍建设

强化导师培养责任和能力,加强师德师风建设,强化导师思想政治教育责任;改革导师评聘评价机制,加强导师队伍能力建设,完善新增导师培训制度,进一步增强导师指导能力,引导导师以德立身、以德立学、以德施教。

(七)进一步加强学术委员会、学部委员会建设

进一步理清学术委员会与下设专门委员会及二级单位学术委员会相关管理制度,通过制定学部委员会章程,明晰我校学术管理体系与学术组织架构,明确学部委员会的角色定位。在"双一流"建设的背景下,结合第四轮学科评估结果和正在进行的学位授权点合格评估,积极发挥学术委员会、学部委员会在学科建设与发展规划中的咨询建议功能,瞄准国家大战略,夯实支柱平台,提出学校一流学科建设思路、改革举措和重点发展领域方向。

第三节　厦门大学研究生培养方案改革

研究生培养方案是研究生培养过程的指导性文件,它既是研究生培养目标和质量要求的具体体现,又是指导研究生科学制订课程学习和研究计划、进行规范化管理的重要依据。因此,厦门大学向来重视根据研究生教育发展的需要制订和修订研究生培养方案。

1978年刚刚恢复研究生招生时,由于导师对研究生的培养认识不同,具体培养方式也各不相同,有的主张开课,有的主张从科研入手。厦门大学根据教育部关于培养中国式的研究生要贯通理论联系实际的原则,既要有课程教学,又要有科学研究,两者不可偏废,每学年提出制订培养方案的意见,对培养目标、课程设置、教学与论文(包括科研训练)以及教学实践等方面都提出具体要求,作为各专业制订培养方案的依据。如最初的培养目标必须坚持德、智、体全面发展,不应偏废,专业必修(包括基础课、专业课)或学位课不得少于三门;规定必须修满的学分数,论文时间不得少于一年;教学实践时间累计必须

达到一个月左右等。当时各系基本上按上述要求制订并落实方案,根据因材施教的原则指导每个研究生制定学习计划。1981—1982年,教育部在上海、南京召开若干学科(专业)制订培养方案会议后,学校向招收研究生的系、教研室和导师传达了会议精神,印发了会议文件和有关培养方案,要求各专业参照会议提出的要求,结合学校的实际和培养研究生的经验,修订好各专业的培养方案,强调培养方案必须体现学位研究生培养的质量。

1985年6月,学校为贯彻"教育三面向"对攻读硕士研究生的培养方案提出修订意见:

第一,学校根据教育部《关于博士生培养工作的几点意见》,从1984年起,对硕士研究生中的优秀生,试行推荐直接攻读博士学位的办法。第二,学校提出《关于制定攻读博士学位研究生培养计划的意见》,确定博士生的培养目标为——有理想、有道德、有文化、守纪律,热爱社会主义祖国和社会主义事业,具有为国家富强和人民富裕而艰苦奋斗的献身精神的新时代需要的人才。应不断追求新知识,具有实事求是、独立思考、勇于创造的科学精神;在本门科学领域掌握坚实宽广的基础理论和系统深入的专门知识,具有独立从事科学研究工作的能力,在科学或专门技术上做出创造性的成果;具有健康的体格等,这一目标表明博士生培养的重点是科研能力与知识结构。第三,关于学习年限的规定。学校考虑到各专业和各研究生的情况不同,认为研究生培养年限应具有一定的灵活性,但一般为二年半至三年。在学习时间安排上,学校要求研究生用于课程学习累计不得少于一学期,用于科学研究和撰写论文一般不少于两年。第四,在课程设置上基本按照"马克思主义理论课+外国语(第一、第二外国语)+基础理论课+专业课(不少于二门)+博士学位论文"的模式开展。为了适应新技术革命需要,厦门大学提出在研究生中普及计算机基础知识,将算法语言课作为非学位课程的必修课,规定期末考核成绩的及格线为75分。第五,在培养方式上,除了明确课程学习和科学研究相结合的培养模式外,学校特别指出要加强理论联系实际,提高研究生实际工作能力,因此学校要求研究生进行社会调查和业务学习。其内容主要根据科学研究和毕业论文需要进行实地调查、资料收集以及某些课程性质规定的实习、调查等活动。指导教师要根据研究生所写调查报告,写出评语并评定成绩。而且提出教学方法要改进,更多地采用讨论班、有指导的自学、报告会等教学形式,以培养研究生的科研能力和独立工作能力。

1987年,厦门大学各专业研究生培养方案修订意见中,提出各专业按二级学科设立学位课程,对1985年制定的博士生培养计划进行了第一次修订,提出对博士生实行中期筛选。1987年8月,厦门大学制定《厦门大学攻读硕士学位研究生、研究生班研究生中期水平考核分流试行办法》,决定从1986级研究生开始试行中期水平考核分流制,即硕士生根据考核结果中期分流:一部分研究生推荐免试或提前攻读博士学位;一部分研究生提前毕业分配工作或提前考试攻读博士学位,还有一部分研究生则中期淘汰,按研究生班毕业,或按本科生毕业分配工作[①]。

1995年全国研究生工作座谈会后,厦门大学专门讨论全校研究生教育的学科机构与布局、规模与效益、培养质量及其控制机制等问题,于1996年开始进行全校第五次博士生、硕士生培养方案的修订,以贯彻增强质量意识,拓宽培养口径的方针。此间适逢研究生学科专业目录调整,各单位根据新的要求再次对培养方案进行审定。

此外,针对在职研究生培养,1984年厦门大学制定了《厦门大学培养在职研究生试行办法》,根据规定,报考在职研究生,必须参加研究生招生统一考试。被录取为"在职研究生"的青年教师或科研干部,编制仍在所在系(所、室)、教研室(研究室),边工作,边学习,工资及福利待遇不变。根据教育部、财政部266号文件精神,在职研究生享受研究生书籍费待遇(按同专业脱产研究生年限发给)。厦门大学脱产攻读硕士研究生学习年限为三年,脱产攻读博士研究生学习年限为两至三年,在职研究生学习年限可相应延长一年,在职研究生每年至少用二分之一的工作时间进行学习,所在单位应根据"专业研究培养方案"的要求和教学(科研)工作的需要,合理予以安排,做到学习、工作两不误。在职研究生在入学两年内应通过政治理论课和第一外国语考试,业务必修课最迟必须在第三学年内修毕并通过学位课程考试,最迟应在第三学年内确定学位论文题目,题目确定后从事学位论文工作实际时间不得少于一年,在职研究生撰写学位论文时根据各专业的具体情况,可脱产半年至一年。在职研究生在录取前,如已担任过一年(含一年)以上大学本科教学工作,教学实践

---

① 厦门大学校史编委会.厦门大学院系馆所简史[M].厦门:厦门大学出版社,1990:2.

可以减免。在职研究生的指导教师应密切与在职研究生所在教研室(研究室)密切配合,安排好在职研究生的学习和工作并指导在职研究生订好个人学习计划。在职研究生若提前完成"专业培养方案"各项任务,经校长批准可以提前毕业。①

1999年,研究生扩招计划开展以来,厦门大学先后在2002年、2004年、2005年、2008年、2011年、2014年多次对研究生培养方案进行修订,形成厦门大学研究生培养方案的基本框架、原则和主要内容。

2014年的培养方案改革特别值得关注,这次培养方案以科研为导向,遵循研究生培养规律,针对我校研究生培养在课程体系、培养环节和资源配置等方面存在的问题,按照高水平、硕博贯通、一级学科、资源共享以及跨学科培养的原则对学术型研究生培养方案进行全面修订。修订后硕博贯通方案增加到48个;修订前全校有4 000余门研究生课程,减少至1 900余门,压缩了52%。修订后的培养方案,课程体系、学术训练以及学位论文等各方面都得到大幅度强化,整个研究生管理更加规范,资源进一步整合,实现方案修订的预期目标。

一、硕士研究生培养方案的演变

厦门大学硕士研究生有学术型、应用型、专业学位(职业学位)等不同培养类别。学术型研究生主要培养从事教学、科研的专门人才;应用型研究生主要是培养高层次应用性人才;专业学位(职业学位)研究生主要是培养适应社会特定职业或岗位的实际工作需要的应用型高层次专门人才。厦门大学要求根据不同的培养目标设计与之相匹配的培养方案。

(一)学术型硕士研究生

厦门大学根据《中华人民共和国学位条例》《中华人民共和国学位条例暂行实施办法》和教育部关于加强硕士研究生培养的有关精神,结合学校研究生扩招以来的实际情况修订了《厦门大学关于硕士研究生培养方案的规定》。

---

① 厦门大学校史编委会.厦大校史资料(第四辑)[M].厦门:厦门大学出版社,1990:253-254.

根据规定,学术型硕士研究生的培养目标是:(1)必须掌握马克思主义的基本理论,拥护中华人民共和国宪法,遵守法律、法规,热爱祖国和人民,具有强烈的事业心和积极进取精神,具有与时俱进的创新意识。(2)掌握本学科坚实的基础理论和系统的专门知识,具有较宽的知识面,较熟练地掌握一门外国语,具有较强的创新能力、实践能力和创业精神,达到《中华人民共和国学位条例》规定的硕士学位学术水平。(3)身体健康。

在学制上,2002年规定,硕士生的学习年限,全日制为2～3年,非全日制为3～4年。从2005年开始,厦门大学增加了对在校年限的限制。根据规定,研究生学制一般为2～3年,在校年限(含休学、保留学籍)为2～5年。2008年,关于学制的规定进一步细化,明确各学科可根据培养目标自行规定固定学制,可以是2年、2.5年或3年。

在研究方向上,同一专业内设置的研究方向数目为3～5个。研究方向应具备以下条件:(1)有学术带头人和较合理的学术梯队;(2)有较好的科研基础和实际成果;(3)能开出本研究方向的学位课程和其他专业课程;(4)有本研究方向培养研究生所需要的图书资料及实验设备。同时规定,研究方向应与招生专业目录一致,确定后不得随意更改,若需要调整或更改,须报研究生院审批。

在学分数要求上,2002年培养方案规定文科硕士研究生应修满36～40学分,理工科硕士研究生应修满32～36学分。从2004年开始,硕士生学分要求根据学制进一步细化,二年制的文科硕士研究生应修满32学分,理工科硕士研究生应修满30学分。三年制的文科硕士研究生应修满35～40学分,理工科硕士研究生应修满32～36学分。2011年,因公共课学分调整三年制的文科硕士研究生,学分要求改为35～40学分,理工科硕士研究生学分要求改为31～36学分。

在课程设置上,2002年培养方案的课程设置主要包括公共学位课(马克思主义理论课、第一外国语、方法论课)、专业学位课、专业必修课、选修课、社会实践五种类型。

表 4-3　2002 年厦门大学学术型硕士研究生培养方案之课程设置

类别	课程		备注	学分
公共学位课	马克思主义理论课	科学社会主义的理论与实践	必修	2(36 学时)
		马克思主义经典著作选读(文科)	必修	2(72 学时)
		自然辩证法概论(理工)	必修	2(54 学时)
	第一外国语	基础外语	必修	4(216 学时)
		专业外语(各单位组织安排)	必修	2
	方法论课	学校统一开出社会科学研究方法论、现代统计方法及其应用、经济数学模型,各单位也可开设相应的方法论课程,指定修读一门	文科必修,理工科选修	3(54 学时)
专业学位课	3~5 门,同一学科的专业必须开设 1~2 门共同的专业学位课程		必修	每门 3 学分
专业必修课	2~4 门		必修	每门 2 学分
选修课	若干门,鼓励跨学科、跨专业选修研究生课程或与专业有关的部分本科生主干课程。		选修	每门 2 学分
社会实践	教学实践、挂职实习或其他实践活动		必修	2 学分

从 2004 年开始,培养方案明确规定课程学分中硕士研究生公共学位课程 8 学分,专业学位课程不少于 12 学分,其余为选修课学分。除公共学位课外,专业学位课程的学分每门不得超过 3 学分,选修课的学分每门不得超过 2 学分,跨学科选修的专业学位课程一律计为 2 学分。2004 年的培养方案在课程设置上主要有两点修订:第一,在课程类别上,将 2002 年的专业必修课与专业学位课合并;第二,将方法论课从公共学位课并入专业学位课,突出方法论与专业的结合。

表 4-4　2004 年厦门大学学术型硕士研究生培养方案之课程设置

类别	课程		备注	学分
公共学位课	马克思主义理论课	科学社会主义的理论与实践	必修	2
		马克思主义经典著作选读(文科)	必修	2
		自然辩证法概论(理工)	必修	2
	第一外国语	基础外语(一学年,学校统一组织)	必修	4
		专业外语(各单位组织安排)	必修	学分另记

续表

类别	课程	备注	学分
专业学位课	5～8门,同一学科的专业必须开设1～2门共同的专业学位课程。文科应包含一门本学科的研究方法论课程	必修	每门3学分
选修课	各专业至少开设8门选修课,文科硕士生至少修读10学分,理工科至少修读8学分;鼓励跨学科、跨专业选修研究生课程,至少选修一门跨学科课程,跨学科课程学分一般不超过选修课总学分的30%	选修	每门2学分
社会实践	教学实践、科研实践、社会实践和其他实践活动	必修	2学分

2005年,厦门大学研究生培养方案课程设置中增加新的内容,即学术讲座/学术报告或研究型课程。根据规定,硕士研究生应参加专题讲座、学术报告和研究生论坛,了解本学科或相关学科的前沿问题和发展动态,或选修研究型课程,围绕某一研究主题进行文献调研和论文报告。各学位分委员会可根据实际情况确定讲座的具体要求及是否设置学分。同时针对港澳台、外籍研究生的课程问题以及学时、学分计算问题专门作出说明：(1)港澳台研究生可免修马克思主义理论课,所缺学分应选修其他课程补上。(2)除第一外语外,其他研究生课程一般不办理免修免考。(3)研究生课程学分计算方式为：16～18学时对应1学分。

2011年厦门大学研究生课程设置中的思想政治理论课作出调整,硕士研究生必须修读"中国特色社会主义理论与实践研究"课程(2学分);文科各专业必修"马克思主义与社会科学方法论"课程(1学分);理工科各专业必修"自然辩证法概论"课程(1学分)。研究生的思想政治理论课也过去的4学分减少为3学分。

在学位(毕业)论文上,培养方案规定,学位论文在学术型硕士研究生培养工作中占有重要地位,应在导师指导下由研究生独立完成。硕士研究生原则上要用一年时间进行学位论文工作。学位论文不计学分。

(二)专业学位与应用型硕士研究生

厦门大学自1989年开始招收应用型研究生,其中招收最多的是工商管理

(MBA)硕士研究生,为我国企业和经济管理部门输送了一批掌握现代化管理理论和方法、能适应竞争激烈的国内、国际商业环境的综合管理人才。1998年,厦门大学制定《关于法律硕士专业学位研究生指导性培养方案的几点说明》,详细阐述法律硕士专业学位建设的重要性、具体培养目标、培养对象、入学考试、培养方式等几方面的内容。2002年厦门大学针对培养EMBA研究生教育项目,做出详细的培养方案,其目标旨在培养具有高度政治素养、责任心和职业道德的大中型企业管理领导,使他们通过18~24个月的系统课程模块学习,掌握现代企业管理理论和决策方法,具备在复杂国内外经济、社会和技术环境下制定企业发展战略,进行企业日常经营管理决策,领导企业参与国内外竞争的能力和知识。方案还对招生条件、入学考试、课程设置、学制、学习方式和学习计划、教学管理、质量评价、教师配备和授课计划作出详细说明。

2002年《厦门大学关于硕士研究生培养方案的规定》首次明确指出专业学位和应用型硕士生与学术型硕士生的差别,即"专业学位和应用型硕士研究生应具有与学术型硕士研究生相当的学术水平,但在课程设置和能力训练上应有所区别。专业学位研究生的培养方案参照各自专业学位教育指导委员会制定的指导性培养方案执行"。在课程设置上,厦门大学要求专业学位与应用型硕士研究生课程设置以宽、新、实为原则,保证研究生掌握本学科坚实的基础理论和专门知识,掌握基本技能和方法。外语课要在打好语言基础的前提下,强调应用能力的培养;基础理论课和专业课要做到理论与实践统一,基础与应用并重;加强选修课和实务课的设置,教学内容要面向实际问题。在培养方式上,培养方案要求专业学位和应用型硕士研究生可采取全日制和非全日制学习两种方式。非全日制学习方式每学期原则上要有6周以上的集中课堂讲授时间(不含复习考试时间),每周授课时数不低于24学时。实行双导师制,聘请在实际部门工作且具有高级职称的人员兼任应用型硕士生的指导教师,以加强培养指导工作。采取导师指导和集体培养相结合的培养方式,原则上要有在实际部门工作、具有高级专业技术职务的人员参加指导。在学位论文上,要求专业学位与应用型硕士研究生的学位论文应有一定的实用价值,选题要面向实际工作。学位论文可以是专题研究,也可以是高质量的调查研究报告。论文的内容应是所学基础理论和专业知识的体现,能解决或阐明实际问题或理论问题,要有自己的见解,表明本人有独立从事专门业务工作的能力。专业学位和应用型硕士研究生应在调查研究的基础上,在导师指导下,独立完成学位论文。按照当时的培养方案,学位论文不计学分。

2005年厦门大学明确了专业学位与应用型硕士研究生的培养目标与基本要求,即培养具有从事相应职业所需要的职业道德和专业知识与技能的应用型高级专门人才,基本要求包括:(1)坚持四项基本原则,坚决贯彻执行党的路线、方针、政策和国家的有关法令,具有高尚的职业道德和积极进取精神,具有与时俱进的创新意识。(2)掌握相应专业现代理论与实务及其相关领域的知识与技能,具有应对多变的职业环境的学习能力和战略意识,具有相应专业工作的领导潜质。(3)比较熟练地掌握和运用一门外国语。(4)身心健康。同时其明确规定专业学位与应用型硕士研究生的学习年限为2～5年。

从2008年开始,专业学位研究生的培养方案具体参照各专业学位教育指导委员会制定的指导性培养方案,结合学校实际制定。应用型硕士研究生的培养目标和基本要求有所微调,学制调整为2～3年,各学科可根据培养目标制定固定学制,可以2年、2.5年或3年。

2011年,厦门大学规定培养方案的制定和修订须由各学科学术带头人牵头,组织本学科相关教师召开专题会议进行讨论,报所在学科学位评定分委员会审定。新制定或修订的培养方案须注明适用年级并及时报研究生院备案。

(三)外国留学生、国际项目硕士研究生

2008年制定的《厦门大学外国来华留学研究生培养管理与学位授予工作细则(试行)》规定,外国来华留学硕士研究生的学制为2～3年,在校年限2～5年。按二年制计的文科硕士生应修读至少32学分,理工科硕士生应修读至少30学分。按三年制计的文科硕士生应修满36～40学分,理工科硕士生应修满32～36学分。各学科参照同学科、专业的培养方案并根据学科的具体情况拟定专门的外国留学硕士生培养方案,经学位评定分委员会审定后,报研究生院备案。外国留学硕士生须按培养方案的要求取得规定的学分后,方可进行学位论文答辩。在他国已经修习相应学科、专业硕士学位课程的外国留学生申请攻读学校硕士学位时,学校组织同行专家(副教授及其以上人员)3～5人对其已经修学的硕士学位课程进行审查、审核、考试或考核。凡经专家组认可的课程,可以免修;否则应按规定重新修习有关课程。学校培养外国留学硕

士生,原则上应采取脱产培养的方式,即整个培养过程均在学校完成。确因需要,经指导教师同意,所在学院及研究生院批准,外国留学硕士生可以利用部分时间回国撰写论文,但在学校进行论文工作的时间不得少于半年;外国留学硕士生的论文答辩工作须在学校进行。外国留学硕士生必须修读汉语和中国概况两门公共学位课程,各4学分,共计8学分。外国留学硕士生是否安排社会实践活动可根据专业学习的需要由各学科确定。学位论文一般应以汉语撰写和答辩,如需用英语撰写和答辩,应向指导教师提出申请,报学位评定分委员会审批。如论文用英语撰写,学生须提交详细的汉语摘要。其论文撰写格式严格按照《厦门大学研究生学位论文规范》的相关规定执行。

2008年厦门大学对国际硕士研究生的培养方案进行了专门规定,本项目的培养目标及基本要求是用英语授课,旨在培养既具有良好的专业基础,又了解中国社会与文化的高层次国际专业人才。学制二年,在校年限(含休学、保留学籍)2~5年。国际项目硕士研究生招生培养专业应是学校具有硕士学位授权的学科,各学院可自行设置面向海外生源的研究方向。在培养方式上,国际项目硕士研究生原则上采取脱产培养的方式,即整个培养过程均在学校完成。确因需要、经指导教师同意,可以利用部分时间回国撰写论文,但在学校进行论文工作的时间不得少于半年。课程设置上,国际项目硕士研究生以宽、新、实为原则,保证研究生能掌握本学科良好的基础理论与知识,掌握基本技能和方法。同时,加强学生对中国社会与文化及跨学科知识的学习。所有课程以英语授课。在学分数要求上,国际项目硕士研究生学分为24~32学分。其中全校性公共学位课程共4学分,汉语和中国概况课程各2学分。专业学位课不少于12学分,其余为选修课程学分。国际项目硕士研究生的学位论文可以是专题研究,也可以是高质量的调查研究报告。学位论文不计学分。在培养方案的制定与修订上与其他类型研究生相同。

二、博士研究生培养方案的演变

2002年《厦门大学博士研究生培养方案的规定》指出,博士研究生的培养一般以学术型为主,主要培养从事教学和科学研究工作的学术型人才,兼顾其他行业需要。其具体要求包括:(1)博士生应掌握马克思主义的基本原理和科学方法论;具有坚定正确的政治方向,坚持四项基本原则,坚持改革、开放方针,热爱祖国和人民,树立强烈的事业心和献身精神,具有良好的道德品质和精神风貌。(2)掌握本学科坚实宽广的基础理论和系统深入的专门知识,熟练掌握一门外国语,具有严谨的学风,具有很强的创新能力、实践能力和创业精神,能够独立从事学术活动和科学研究,并取得创造性的成果,达到《中华人民共和国学位条例》规定的博士学术水平。(3)身体健康。在学制上,全日制博士一般为三年,非全日制博士生为四年。在研究方向的设置上,其要求要科学、规范,宽窄适度,相对稳定,不以求全繁多为目标。在突出本学科原有特色和优势的同时,注意培植新的学科增长点。研究方向设置应符合以下条件:(1)有培养博士经验的学术带头人与结构合理的学术梯队;(2)有坚实的科研基础并取得相关研究成果;(3)能开出本研究方向的学位课程与相关课程;(4)拥有本研究方向培养博士需要的图书资料及实验设备。研究方向应与招生专业目录一致,确定后不得随意更改。若需要调整更改,须经学位评定分委员会讨论后报研究生院培养与管理办公室审批。

在课程设置与学分数要求上,厦门大学博士生应修满12~14学分,一般在第一学年内完成。课程的具体要求如下:

表4-5 2002年厦门大学博士研究生培养方案之课程设置

课 程	要 求	备注	学分
马克思主义理论课	马克思主义与当代社会思潮(文科) 现代科学技术革命与马克思主义(理工科)	必修	2(54学时)
第一外国语	要求达到读、写、听、说"四会",能熟练阅读本专业的外文资料,有较强的写作能力和听说能力。	必修	2(144学时)
基础理论课和专业必修课	每个专业应开设2~3门基础理论和专业课,提倡按一级学科或按学科群设立共同的基础理论课程	必修	6~9学分
专业选修课	根据专业需要设置1~2门选修课	选修	2~4学分
第二外国语	各学位分委员会根据具体情况确定对博士生第二外国语的选修要求	选修	2(90学时)
讲座课	必须参加专题讲座和学术报告,了解本学科或相关学科的前沿论题和发展动态	必修	

为了确定博士掌握本学科坚持宽广的基础理论和系统深入的专门知识,

确定其能进入论文阶段,厦门大学设置了学科综合考试环节并在此基础上进行中期水平考核分流。学科综合考试一般安排在第三学期。

厦门大学规定,学位论文是培养博士生创新能力、实践能力和创业精神的主要环节,应在导师指导下由博士生本人独立完成。博士生至少用两年时间进行学位论文工作。学位论文不计学分,但应能反映作者已掌握本学科坚实宽广的基础理论和系统深入的专门知识,表明作者具有独立从事科学研究工作的能力,取得创造性的成果,具有较大的学术价值或应用价值。为了保证学位论文质量,博士生入学后应在导师指导下明确研究方向。导师要注意引导博士生选择学科前沿领域课题或对我国经济和社会发展有重要意义的课题,突出学位论文的创新性。学校一般要求在博士生入学后一年内进行选题报告,广泛听取意见。

2004年,厦门大学对博士研究生培养方案进行了修订,主要增加对硕博连读、本直博研究生培养要求:在学制上全日制博士生为3～4年,非全日制博士生为4～6年;硕博连读、本直博研究生一般为5～6年。在学分要求上,2004年的培养方案要求硕博连读、本直博研究生至少要修满42学分,其中公共学位课程6～8学分。具体课程安排由各学位分委员会根据培养要求确定,报研究生院培养与管理处审批。在学位论文上,其要求硕博连读和本直博研究生至少要用三年时间进行学位论文工作。

从2005年开始,厦门大学博士研究生培养方案调整培养目标,突出拥护宪法,遵守法律、法规,热爱祖国和人民,强调创新意识在培养博士研究生中的指导意义。同时针对港澳台、外籍研究生的课程问题以及学时、学分计算问题专门作出说明:(1)港澳台研究生可免修马克思主义理论课,所缺学分应选修其他课程补上。(2)除第一外语外,其他研究生课程一般不办理免修免考申请。(3)研究生课程学分计算方式为:16～18学时对应1学分。

2011年《厦门大学关于制定博士研究生培养方案的若干意见》对博士研究生培养方案做出重要调整。

第一,在博士研究生培养方案分类上,2011年培养方案意见指出,博士研究生有学术型和专业学位(职业学位)等不同培养类别,一般以学术型为主。学术型博士研究生主要培养从事教学和科学研究工作的学术型人才,兼顾其他行业需要;专业学位(职业学位)博士研究生主要培养适应社会特定职业或岗位的高层次专门人才。学校应根据不同的培养目标设计与之匹配的培养方案。

第二，根据教育部、中宣部相关文件要求增加思想政治理论选修课程"马克思主义经典著作选读"，计1学分。

第三，针对港澳台、外籍研究生的课程问题以及学时、学分计算问题专门补充说明：本直博研究生公共学位课共5学分，除修读博士生外语、马克思主义理论课程外，应补修自然辩证法概论课程；硕博连读研究生公共学位课共7学分，只需修读硕士生外语、马克思主义理论课程，不需修读博士生外语、马克思主义理论课程。

第四，为了保证学科综合考试的公平性，增加学科综合考试的程序性规定：学科综合考试和成绩评定由考试委员会组织进行。考试委员会成员由本学科专业和相关学科专业三位以上（含三位）专家组成，原则上导师不能担任考试委员会主席，但可以作为委员。考试委员会可设一名秘书，负责记录和录音的具体事务。考试委员会的组成由学位评定分委员会审批。在组织学科综合考试前，考试委员会的成员要充分了解博士生的培养计划和科研情况，拟定考试提纲或试卷。内容应包含基础理论和专业知识（含相关学科知识），应能考核博士生分析问题、解决问题的能力。综合考试结束后试卷、记录材料应作为教学档案由院系妥善保管。

第五，增加培养方案制定与修订的程序规定，即培养方案的制定和修订须由各学科学术带头人牵头，组织本学科相关教师召开专题会议进行讨论，报所在学科学位评定分委员会审定。新制定或修订的培养方案须注明适用年级并及时报研究生院备案。

第六，针对专业学位博士研究生，提出制定培养方案的基本意见和建议，即专业学位研究生的培养方案具体参照各专业学位教育指导委员会制定的指导性培养方案，结合学校实际制定。目前，厦门大学专业单位博士主要招收教育博士。厦门大学教育研究院是全国首批举办教育博士专业学位的试点单位。教育博士的培养方案的内容具体如下：在培养目标上，教育博士专业学位的培养目标是造就教育、教学和教育管理领域的复合型、职业型的高级专门人才，养成综合掌握教育学科基本理论和方法并创造性地解决教育实践领域问题的能力。其具体要求：对教育事业具有强烈的责任感和使命感，具有与时俱进的创新意识；具有较高的人文与科学素养、扎实宽广的教育专业知识和较高的教育理论水平；具有严谨的学风，能有效运用科学方法研究和解决教育实践

中的复杂问题,创造性地开展相关专业领域的实践工作;能熟练地运用一种外国语阅读本专业的外文资料;具有健全的体魄和健康的心理,和谐的人际关系及良好的社会适应能力。在培养方式上,教育博士主要采取集中教学、分散研究的培养方式。教师主要利用第一、二学年的寒假、暑假、周末、国庆长假及其他节假日来进行授课,涉及的教学方法有专题研讨、团队学习、案例分析、教育调查等。学校采用导师组制,即导师组由主导师根据学员的研究方向和论文选题邀请两名具有博士学位或高级职称的专业人员组成(分别协助主导师在实践领域和研究方法设计方面进行具体指导),由主导师担任组长并承担主要指导责任。在学制及学分上,教育博士学制4年,最长学习年限为7年,为保证教育博士的培养质量,培养方案强调教育博士在校集中教学时间累积不少于1学年,至少修满21学分,其中公共学位课程4学分,专业学位课程8学分,选修课程9学分。在其他培养环节上,教育博士生每学年至少参加4次与教育相关的专题讲座、学术报告、研究生论坛或实践活动,且在每次学术或实践活动之后向主导师提交学术活动心得或调研报告。教育博士应参加学科综合考试,考核形式主要是通过考评小组综合学员的思想品德、课程学习、研究报告和现场答辩等方面情况评判其综合考试成绩。合格后,其方可进入论文开题阶段。一次考试未获通过者,可再次申请综合考试;第二次未通过或四年内未通过且无特殊理由者,按肄业处理。

针对外国来华留学博士研究生,厦门大学2008年规定,外国来华留学博士研究生的学制为3~4年,在校年限3~7年。其在学期间应修满12~14学分,一般在第一学年内完成。各学科参照同学科、专业的培养方案并根据学科的具体情况拟定专门的外国留学博士生培养方案,经学位评定分委员会审定后,报研究生院备案。外国留学博士生须按培养方案的要求取得规定的学分后,方可进行学位论文答辩。学校培养外国留学博士生,可以采取两种方式:一是脱产培养,整个培养过程均在学校完成;二是在职培养,其课程学习和撰写论文可以在学校和他国完成。在职培养的外国留学博士生,如果课程学习在他国完成,其课程考试原则上应在学校进行;学位论文在他国完成的,其论文答辩工作须在学校进行。在职培养的外国留学博士生,在学校进行课程学习和科学研究工作的时间累计不得少于一年半。外国留学博士生必须修读汉语和中国概况两门公共学位课程,各2学分,共计4学分。公共课程由研究生院组织开设。

三、2014年厦门大学研究生培养方案的改革与调整

2013—2014年,研究生院认识到以往的研究生培养方案存在一定问题,制约了研究生教育的发展。在研究生教育规律的指引下,以国际标准为要求,在充分调研的基础上,学校按照"重研究、高水平、硕博贯通、一级学科贯通、资源共享以及学科交叉"等原则对全校53个一级学科的研究生培养方案进行科学且全面的修订。2014年厦门大学培养方案调整与改革具有以下特点:

(1) 全面遵循人才培养规律,突显研究生教育"研究"色彩。研究生教育理应"研"字当头,但由于过去对研究生教育规律认识不足,导致培养过程存在课程学习分量大、研究训练时间少的矛盾。在本次改革中,学校坚持理论研究先行,边改革边完善,在充分借鉴国际知名大学研究生教育先进经验的基础上,大胆地对课程体系进行了大幅度调整,增加了体现科研训练的学术报告、中期考核、社会实践等培养环节。这一改革措施彻底改变因人设课、以课程代替科研训练的做法,为研究生开展学术研究释放了更多的时间和空间。

(2) 按一级学科制定培养方案,打破学科壁垒和改变硕博割裂。本次改革为适应国家按一级学科评估的要求,打破传统学科分类所造成的学科壁垒,消除硕博培养割裂现状,采取"釜底抽薪"的办法,坚持按一级学科制定培养方案。这一做法不仅解决同一学科下不同专业培养方案质量标准不一致的问题,大幅提高课程教学质量和学位论文授予标准,而且从机制上克服硕博培养截然分开的弊端,通盘统筹安排、科学衔接不同教育层次的课程设置、教学内容与培养环节,为拔尖创新人才尽早尽快成长提供了灵活的机制。

(3) 以培养方案修订为关键点,注重改革的整体性和协调性。本次改革通过梳理研究生培养中的矛盾,紧紧抓住人才培养质量这一核心,统筹考虑延长博士学制、课程教学改革与配套政策支持,将研究生培养方案修订与培养机制改革同步进行,推出相应的"申请考核制""硕博连读制度""中期考核"以及博士生培养配套经费改革、研究生资助制度改革等体现研究生教育规律的培养管理制度,从根本上改变过去"头痛治痛、脚痛治脚"的不足,从顶层设计上考虑了人才培养以及配套机制的相互支撑。

(一)学术型研究生

2014年,为贯彻落实教育部、国家发展改革委、财政部《关于深化研究生教育改革的意见》,适应建设创新型国家和人力资源强国的需要,加大研究生教育改革与创新力度,进一步提高研究生的培养质量,厦门大学开始了新一轮的培养方案修订。对过去厦门大学的研究生培养方案,学校经过详细的调研、访谈与研究,认为培养方案存在以下五个问题。第一,在学分上,研究生公共学位课程学分比重偏高;专业课程学分设置基本均衡合理,但个别学科有较大差异,部分学院提出降低硕士总学分的要求与建议。第二,在课程层次上,设置随意性较高;多数学科未构建课程分层设计体系,课程层次性不强。第三,在课程开放与共享上,部分课程,尤其是人文社科类课程,有效开放度低;一级学科内课程共享不足、部分学院课程共享不足,全校范围的公共平台课程偏少。第四,研究方法类课程在不同学科专业重视程度存在较大差异,部分学科重复设置;文献阅读、seminar课程总体比率较低。第五,在硕博课程贯通上,仅少数学院硕博课程贯通比较好。大部分学科硕博课程有待进一步做好统筹和整体设计。

针对以上问题,厦门大学提出培养方案修订的指导思想:(1)明确培养目标、课程体系及培养环节,要遵循研究生教育规律,创新培养模式,要体现学科特色和学术前沿,突出个性化培养,要参照国际和国内一流学科的培养方案,依据高水平原则、硕博贯通原则、一级学科原则、资源共享原则、学科交叉原则进行制定和修订。(2)培养方案的制定和修订以提高研究生创新能力为目标,统筹安排硕士和博士培养阶段,加强学习和科学研究的有机结合,强化创新能力培养,探索形成各具特色的培养模式。学校应重视对研究生进行系统性的科研训练,要求并支持研究生参与高水平、前沿性的科研工作,以高水平科学研究支撑高水平研究生培养;鼓励多学科交叉培养,支持研究生更多参与学术交流和国际合作,拓宽学术视野,激发创新思维。

同时,厦门大学确定培养方案修订的基本原则:第一,高水平原则。以高水平、国际化为理念,各学科应当进行科学系统论证,大胆吸收、借鉴国内外先进的研究生培养经验和管理模式,优化和规范研究生培养过程;跟踪国际和国内各3~5个一流学科的研究生培养方案,进一步优化本学科的培养方案。第二,硕、博贯通原则。各学科应当在硕士\博士不同培养阶段进行准确定位的基础上,体现贯通式培养。通盘统筹安排、科学衔接硕士\博士不同教育层次课程设置、教学内容与培养的各个环节,避免重复或简单的延伸。研究生在硕士阶段已修读的课程在博士阶段可免修。第三,一级学科原则。本次培养方案修订原则上各学科应当在一级学科或二级学科范围内统筹考虑,提倡按照一级学科制定培养方案。第四,资源共享原则。培养方案的修订应切实体现学科整体实力在研究生培养过程中的作用,让研究生能更广泛地接触到本学科最优秀的师资,让研究生共享本学科的各种优质课程教学条件和实验室资源,必须打破学院内部系与系的封闭状态,在一级学科和学院级别统筹安排研究生各项资源。学校将加大力度鼓励一级学科和学院之间师资、教学资源和实验室资源的共享。第五,跨学科培养原则。学校鼓励多学科交叉培养,拓宽研究生学术视野,激发创新思维。尤其是交叉学科项目,在课程体系建设、培养过程、导师指导等方面应当切实体现学科交叉融合的优势。

在此基础上,厦门大学打破按照硕士研究生、博士研究生不同层次制定培养方案的传统,适当考虑不同层次研究生的差别,强调根据学科自身的特点和学科发展水准,确定与本学科相适应的培养目标和培养方案。

在培养目标上,2014年培养方案突出学术科研能力的培养,特别是解决实际问题和创造性开展科研的能力,强调运用外语开展学术交流的能力。学术型硕士研究生培养的基本目标为:掌握一定的基础理论和专业知识;具有一定的从事科学研究和解决实际问题的能力;具有应用外语开展学术研究和学术交流的基本能力。学术型博士研究生的基本目标为掌握坚实宽广的基础理论和系统深入的专门知识;基本具有独立性、创造性地从事科学研究工作的能力;具有一定的国际视野,能较为熟练地进行国际学术交流。

在学制与在校年限上,为了提高博士研究生的培养质量,2014年培养方案延长了学术型博士生的学制。学术型博士生(含硕博连读博士阶段)学制为4年,本直博学制为5年。学术型硕士生学制为2~3年。博士生在校年限最长不超过7年,本直博在校年限最长不超过8年,硕士生在校年限最长不超过5年。对提前完成培养计划,学位论文符合申请答辩要求的研究生,经过规定的审批程序可以提前答辩、毕业并申请学位。具体标准由各学科制定。

在研究方向上,为配合研究生培养机制改革,2014年培养方案在过去培养方案的基础条件上突出充足的研究经费和相应的物质条件。在培养方式

上,突出导师组培养的重要性和学院的自主性。根据规定,硕士生的培养采取课程学习和论文研究工作相结合的方式。学生通过课程学习和论文研究工作,系统掌握所在学科领域的理论知识,培养其分析问题和解决问题的能力。硕士生的培养采用导师个别指导或导师组集体培养相结合的方式。在博士研究生培养过程中,学校应合理安排课程学习、社会实践、科学研究、学术交流等各个环节,着重培养博士研究生的优良学风、探索精神、独立从事科学研究的能力和创新能力;鼓励博士研究生的培养实行导师组制度,促进学校研究生教育整体水平的提高;鼓励学院和学科根据学科特点,借鉴国外一流大学经验,立足国内不断探索,采取灵活多样、行之有效的培养方法,提高研究生的培养质量,更好地满足社会经济发展对高层次人才的需求。

在学分要求和课程设置上,2014年培养方案减少了授课时间和学分数要求,合理控制课程总数量,强调各学科要建立科学、系统的硕士—博士层次相互贯通的课程体系。(1)将研究生课程分为必修课和选修课。必修课程一般为学校或学院通修课程、核心课程和一级学科课程等。其中公共必修课包括政治和外语类课程,为必选。硕士研究生的课程设置要体现培养目标所要求的本学科基础理论、专业知识和相关技能方法。硕士研究生的课程安排时间一般为1年。博士研究生的课程设置应体现宽广、深入的培养目标。博士研究生的课程安排时间为0.5～1年。本直博的课程安排时间为1.5年。(2)在学分要求上,理工医科硕士应修满22～24学分,人文社科硕士应修满26～28学分;其中公共必修课4学分,其他培养环节至少2学分。博士研究生应修满12学分,其中公共必修课2学分,其他培养环节至少2学分。本直博研究生应修满不少于28学分,其中公共必修课5学分,其他培养环节至少2学分。硕博连读研究生博士阶段总学分、课程要求与普通博士一致,不需修读博士政治课程,所缺学分由选修其他课程补上。英文授课硕士和博士项目可根据学科实际情况单独制定培养方案。英文授课硕士应修满不少于22学分,其中公共必修课程4学分。英文授课博士应修满不少于12学分,其中公共必修课程4学分。各单位可自行规定是否设置其他培养环节学分。

在减少课程总量的同时,2014年培养方案加强了对其他培养环节的管理,要求各学院(研究院)在学院层面统一设置其他培养环节,将学术讲座、中期考核、社会实践都列入学分计算:(1)学术讲座(可含 seminar 等)设为博士生和硕士生的必修环节。原则上研究生在读期间应至少听满 10 场次学术讲座。原则上听少于 10 场次的讲座不计学分;听多于 10 场次少于 20 场次的讲座可计 0.5 学分;听满 20 场次讲座可计 1 学分。各单位对研究生听学术讲座和学术报告的场次数可提出更高要求。该环节学分原则上不超过 2 学分。(2)中期考核(含资格考试、综合考试等)设为博士生的必修环节,计 1 学分。社会实践(含社会调研、田野调查、志愿服务等)作为人文社科类博士的必修环节,应至少设置 1 学分,实践时间不得少于 3 周。本环节学分原则上不超过 2 学分。(3)文献综述与科研报告(含工作坊、workshop、研讨会等),各单位可自行规定是否设置为必修环节,是否设置学分。开题报告可与中期考核结合,各单位可自行规定是否设置为必修环节,是否设置学分。预答辩培养环节,各单位可自行规定是否设置为必修环节,是否设置学分。(4)实验室安全教育、科学道德教育、科技论文阅读与论文写作、英文论文写作等统一作为课程开设,不作为其他培养环节。

表 4-6　2014 年培养方案学术型硕士研究生学分要求与课程设置

类　别		课　程	备注	学分
必修课	公共课 政治	中国特色社会主义理论与实践研究	必选	1
		社会实践	必选	1
		自然辩证法概论	二选一,必选	1
		马克思主义与社会科学方法论		
	外语	一般为英语,入学考试为其他语种的修读相应语种的课程	必选	2
	专业课	由各学科设定具体要求		
选修课		由各学科设定具体要求		
其他培养环节		学术讲座	必选	由各学科设定具体要求,至少 2 学分
		中期考核		
		文献综述与科研报告		
		开题报告		
		社会实践		
		预答辩		
		校外(或国外、境外)学习、交流经历		

表4-7 2014年培养方案学术型博士研究生学分要求与课程设置

类别		课程	备注	学分
必修课	公共课	政治 中国马克思主义与当代	必选	2
	专业课	由各学科设定具体要求		
选修课		由各学科设定具体要求		
其他培养环节		中期考核	必选	1学分
		社会实践	文科必选	1学分
		学术讲座	必选	
		文献综述与科研报告		由各学科设定是否必选及具体要求
		开题报告		
		预答辩		
		教学实践		
		校外(或国外、境外)学习、交流经历		

在学位论文上,2014年培养方案强调学位论文是研究生培养的重要环节,是培养研究生从事科研工作能力的主要途径。研究生应在导师指导下独立完成学位论文。学位论文应能充分反映研究生已全面达到"培养目标"所规定的各项要求。研究生在学期间发表学术论文的要求,由各学院(研究院)学位评定分委员会根据《厦门大学博士、硕士研究生申请学位发表学术论文的规定》及各学科具体情况制定,列入培养方案。学校鼓励学院(研究院)对研究生发表学术论文提出更高要求。由一级学科研究生培养指导委员会提出对研究生从事科学研究过程的要求。

与旧的培养方案相比,新修订的培养方案在课程体系、学术训练以及学位论文等各个环节都得到大幅度强化,整个研究生管理更加规范,资源进一步整合,培养过程"研究"色彩更加突显。其修订后有48个培养方案实现硕博贯通培养,全校研究生课程数从修订前4 000余门研究生课程,减少至1 900余门,压缩了52%,学校研究生的课程进一步得到规范,使学生从繁重的课堂学习中解放出来。与硕博贯通培养相一致,针对长期以来博士生三年毕业的比率仅为40%(理工医科不足30%)而第四年的住宿和资助无法保障的问题,学校从2014级起将博士生学制由三年延长到四年,全面解决博士生奖学金、住宿以及生活资助等后顾之忧,为博士生潜心学习和研究提供全方位保障。中期考核分流工作在 2014 级博士生中全面开展,博士研究生培养进一步规范。

表 4-8　厦门大学学术型研究生培养方案修订前后对比

分类	方案类型	数量	其中一级学科方案数	其中二级学科方案数	总计
修订前 (2012 级)	博士方案	137	10	127	361
	硕士方案	224	11	213	
修订后 (2014 级)	研究生方案	48	35	13	68
	硕士方案	20	16	4	

(二)专业学位研究生

随着研究生改革的深入,专业学位研究生培养方案的改革与调整也提上日程。2013 年《教育部 国家发展改革委 财政部关于深化研究生教育改革的意见》及《教育部 人力资源社会保障部关于深入推进专业学位研究生培养模式改革的意见》陆续出台,以职业需求为导向,以实践能力培养为重点,以产学结合为途径的专业学位研究生的培养模式成为改革的重点。

近年来厦门大学专业硕士研究生的人数已超过学术型硕士研究生,但培养条件却未能跟上发展需求。研究生院从培养方案、课程设置、教学管理、校外导师、实践基地五方面全面总结和分析厦门大学硕士专业学位研究生培养现状及存在问题,认为厦门大学专业学位研究生在培养方式和课程设置上与学术型研究生的区分度不大,授课内容与手段上还比较陈旧,专业实践环节落实有待加强,在专业学位研究生培养特色的双导师制度方面也存在落实不足的情况。为此,研究生院决定全校要用半年时间对全校的专业学位研究生培养方案进行全面修订,各研究生培养单位要依据教育指导委员会指导性文件要求,注重凸显专业学位研究生的培养特色,以培养学生的实践能力为重点,不断提高专业学位研究生的培养质量。

鉴于此,研究生院组织了多场专业学位培养方案修订汇报交流会,覆盖全校 20 个教学单位 49 个硕士专业学位培养方案,明确专业学位培养方案的基本原则和基本框架。在培养目标上,新方案突出应用型专门人才的特点,强调

专业硕士研究生培养掌握某一特定职业领域相关理论知识,具有较强解决实际问题的能力,能承担专业技术或管理工作,具有良好的职业素养的高层次应用型专门人才,建议专业学位培养与本专业学位相对应的职业或执业资格认证考试结合起来。在培养方式上,新方案力图摆脱过去与学术型研究生类同的问题,强调专业学位研究生主要采用脱产和半脱产学习方式,实行学分制;教学过程要重视运用研讨式授课、模拟教学、案例教学、情景教学等灵活多样的教学方式;采取课程学习与实习实践相结合的方式,课程学习主要在校内完成,实习实践主要在实践基地完成;建立健全校内外"双导师制",构建由校内导师和行业专家共同参与的"双导师"指导体系,共同承担实践教学和学位论文指导工作。在学制及学习年限上,新方案规定,培养年限最长不超过5年。在学分要求上,新方案要求总学分以教指委指导性培养方案(或学位标准)的要求为准,原则上不低于指导性培养方案(或学位标准)规定的学分,强调应设置至少2学分的培养环节学分。在课程设置上,专业学位研究生课程分为必修课和选修课,必修课分为公共必修课和专业必修课,公共必修课包括英语类和政治类课程。为了区分专业学位和学术型学位培养,新方案规定,专业学位培养方案中的必修课程与教指委指导性培养方案(或学位标准)中的必修课程相似度原则上不低于70%。培养方案中实务实践(应用性)课程原则上不低于50%。在实践环节上,新方案对专业学位研究生的实习实践赋予了特殊重要的地位,根据规定,专业学位研究生在学期间,可采用集中实践与分段实践相结合的方式,到企业或行业部门进行实习实践活动。实习实践形式可多样化,可以是课程实验、企业行业实践、课题研究等等,实践内容可根据不同的实践形式由校内导师和校内及企业行业导师决定。在职专业学位研究生可结合自己的工作进行专业实习。全日制专业学位研究生实习实践时长为3~6个月。应届本科毕业生考入的全日制专业学位研究生实习实践时间原则上不少于6个月。在学位论文上,新方案明确了专业学位研究生的基本特点,强调学位论文选题应来源于应用课程或现实问题,必须要有明确的职业背景和应用价值;其形式可以多种多样,可采用调研报告、应用基础研究、规划设计、产品开发、案例分析、项目管理及课题研究等形式。

2015年,新硕士专业学位培养方案修订完成。49个硕士专业学位培养方案完成更新,新方案中实务实践课程门数增加,达到总课程数的49.6%;共建立硕士专业学位研究生培养基地344个,聘请校外导师870位。新的硕士专业学位培养方案在培养方式和课程设置上与学术型研究生培养方案形成鲜明对此,应用型、复合型高层次人才培养目标得到凸显。一是特别重视加强实践训练。例如,法学院主动创新专业学位教学模式,从模拟法庭、法律文书、法律高级实训课程、律师实务、法律职业伦理与职业生涯规范六大方面强化学生实务能力的训练;医学院临床医学专业要求学生的住院医师规范化培训时间不少于33个月,确保学生的临床能力达标。二是特别注重资源共享,打造核心课程。例如,经济学院利用其自身丰富的、高质量的教学资源,整合学院6个专业学位项目,必修课程共享率达到80%,大大优化教育资源配置。三是特别重视案例库建设。例如,公共事务学院和管理学院采取多项鼓励措施,支持任课教师撰写教学案例,加强建设专业学位案例库,促进课程的案例教学改革。四是特别注重校企合作培养。例如,物理与机电工程学院依托自身的科研优势,与校外企业深度合作,已建立24个工程实践教育平台。五是特别重视国际化视野。例如,管理学院发挥自身20多年的专业学位培养经验,与国外一流大学的商学院建立联盟,将部分教学组织安排到国外一流大学,大大拓展了学生的国际视野。2016年厦门大学航天航空学院实践基地入选国家级实践基地。

(三)外国来华留学研究生

2014年,厦门大学修订《厦门大学外国来华留学研究生培养管理与学位授予工作细则》。第一,调整了外国留学博士生的学制。根据规定,外国来华留学博士研究生的学制为4年,在校年限3~7年。外国来华留学硕士研究生的学制为2~3年,在校年限2~5年。第二,在培养方式上取消了在职培养的基本途径。

第四节 厦门大学研究生培养资源与条件

为提高研究生培养质量,厦门大学不断构筑高水平科研平台,加强研究生教育经费投入,全面强化研究生课程改革与建设,推进第三学期制度改革,悉心打造研究生系列创新实践活动,为研究生人才培养提供了强大的资源和条件保障。

一、构筑高水平科研平台和实践基地

学校致力构筑高水平科研平台,为研究生人才培养提供强大的支撑保障。学校设有200多个研究机构,拥有2个国家级"2011计划协同创新中心",国家重点实验室4个,国家工程技术研究中心1个,国家工程实验室1个,国家地方联合工程实验室3个,教育部重点实验室5个,教育部工程研究中心3个,教育部文科重点研究基地5个,省级"2011计划协同创新中心"8个,福建省重点实验室、工程技术研究中心32个,厦门市重点实验室、工程技术研究中心29个,2015年国家大学科技园主园区正式挂牌建设,这是福建省内仅有的两个经科技部、教育部认定的国家级大学科技园之一。

依托强大的科研平台和科研实力,学校主动面向国家科学研究的重大需求,致力于学科交叉融合以及培养新的学科增长点。学校已有能源材料化学协同创新中心、两岸关系和平发展协同创新中心两个多学科科研平台入选国家协同创新中心。2015年学校新增4个省级协同创新中心,新增新能源汽车动力电源技术国家地方联合工程实验室,近海海洋环境科学国家重点实验室再度获评优秀国家重点实验室,2016年学校新增4个省级协同创新中心。

随着科研平台的凝聚和虹吸效应不断加剧,学校吸纳科研基金能力不断增强。2015年,全校共吸纳科研经费10.88亿元,其中,理工医科9.31亿元(纵向7.28亿元,横向2.02亿元);人文社科经费1.57亿元(纵向1.1亿元,横向0.47亿元)。2016年,学校共吸纳科研经费11.20亿元,其中,理工医科

9.79亿元(纵向7.93亿元,横向1.86亿元);人文社科经费1.41亿元(纵向1.01亿元,横向0.40亿元)。

为推进高层次应用型人才培养,构建以研究生创新精神和实践能力培养为导向的复合型人才培养模式,2014—2015学年,学校与企(行)业联合,积极建立研究生校外实习实践基地,在研究生教育人才培养方面共有各类基地40＋1(培育项目)个,其中省级研究生教育创新基地20＋1(培育项目);校级研究生教育创新基地15个;学院专业学位研究生实习实践基地5个;为提高研究生的实践能力搭建各类平台。

学校不断加强服务社会的能力,积极拓展、引进校外教育资源。2015年,围绕社会经济发展的热点问题,结合"一带一路"发展战略,学校持续推动与中航工业、厦门航空、中核工业、国防科大、新疆、宁德等的战略合作;成立厦门大学昌吉学院新疆洁净能源化工联合研究院,与中国水电水利七局、中国国际广播电台、三明市、南平市、福建师范大学签署战略合作协议。学校加强服务福建的顶层设计,完善"覆盖各地市、一地一重点"的战略合作布局;成立厦门大学中国(福建)自贸区研究院,成立社会治理与软法研究中心,与省人大常委会合作成立福建省地方立法评估与咨询服务基地,与厦门金圆集团共建厦门大学金圆研究院,这些新的科研中心或平台进一步增强了学校服务海西建设的能力和水平。

依托重大科研平台和社会服务合作项目,学校进一步深化人才培养体制机制改革,积极谋求校企合作、校校合作、校院合作,推进科研合作与研究生教育的深度融合,形成校内外协同育人的新机制。截至2017年年初,学校累计建设各类基地118个,其中省级研究生教育创新基地21个;校级研究生教育创新基地15个;学院专业学位研究生实习实践基地71个。2016年,机电工程研究生培养创新基地入选第二届"全国示范性工程专业学位研究生联合培养基地"。2016年新增6个省级专业学位研究生联合培养示范基地,我校省级专业学位研究生联合培养示范基地达到11个。

二、加大研究生教育经费投入

学校不断加大研究生教育的投入力度,改革研究生教育投入机制,逐步形

成以科研为导向,以投入与产出相结合的绩效教育经费分配机制。

深化研究生教育经费分配机制改革。学校按照研究生人头,每年先期下拨65%的日常经费,另预留35%日常经费作为研究生教学资源平台建设及其他统筹和绩效经费,综合考核各单位研究生教育工作情况,再给予区别下拨经费。2015年,学校日常性研究生教育投入达到3 170万元,其中用于绩效考核的经费投入达到633万元。2016年,学校投入研究生教学管理经费4 019万元,达到了历史最高投入水平。学校日常性研究生教育投入达到3 227.4万元,其中用于绩效考核的经费投入达到599.38万元。

完善研究生奖助学金分配机制改革。在保证奖助经费不断增长和研究生待遇水平不断改善前提下,学校以强化研究生科研投入为导向,积极推进多元化、多层次的研究生资助体系改革。2015年,全校研究生累计获得各类奖助贷补累计达到34 764.89万元,生均奖助贷补达到2.36万元,其中从国家获得的奖助贷补12 662.12万元,学校自筹的奖助贷补22 102.77万元。在整个奖助学金结构中,奖学金达到12 301.72万元(占35%),助学金(包含三助)达到22 062.78万元(占63%)。2016年,全校研究生累计获得各类奖助贷补33 276.82万元(生均奖助贷补达到2.29万元)。在整个奖助学金结构中,奖学金达到12 613.19万元(占38%),助学金(包含"三助")达到20 663.63万元(占62%)。

同时,学校进一步深化博士生培养配套经费改革。为了更加突显研究生教育的研究色彩,推动教师和研究生主动面向国家和经济社会发展的重大需求开展研究,近年来学校开展博士生培养导师配套经费改革,把博士生招生计划分配与导师科研项目适当挂钩。2015年,研究生导师一共出资2 849.2万元资助博士研究生、1 046.09万元资助硕士研究生。2016年,学校研究生导师累计提供约4 110万元资助博士研究生,约1 100万元资助硕士研究生。

三、研究生课程改革和建设

为突出研究生培养的研究性,厦门大学强化了研究生课程改革与建设。学校首先进行公共课程的改革,突出课内与课外学习的融合,加强研究的重要性。如在英语课程建设上,厦门大学把研究生公共英语课程列入学校研究生课程建设试点项目;整合教学资源,开设多模块的公共英语课程,制定统一考核及改卷标准;着力提高研究生在学习科研交流中英语的实际运用能力;确保研究生在第一学年修完公共英语课程,保证他们有更多的时间投入科学研究。随后,随着研究生培养方案的修订,厦门大学开始了研究生专业课程的改革,实施品牌课程建设计划,将学科最前沿的科研成果融进授课内容,促进学校研究生的培养质量提升。

(一)按一级学科培养,构建科学系统的课程体系

为适应国家按一级学科进行学科建设与评估的新趋势,厦门大学综合考虑课程的学科层次和专业知识的基础性、前沿性,除少数交叉学科、语言类、艺术类学科外,大部分学科制定一级学科培养方案,兼顾二级学科和研究方向,设置了不同层次和深度课程模块,供学生选择,真正实现了研究生课程体系前沿性与基础性的统一。

(二)硕博打通,实现优质教学资源共享

学校综合考虑硕博方案之间的连贯性、硕博课程的层次性和硕博课程内容的衔接,从2014级开始实施硕博打通的学术型研究生培养方案。新方案把硕士和博士两个教育层次有机衔接起来,打破硕博课程设置壁垒,避免课程的重复或简单延伸,既实现优质课程资源共享,又保证课程的质量和水准。2014—2015学年,研究生累计有651门课程实现硕博贯通共享,占全部开设课程量的34%。2015—2016学年,研究生累计有714门课程实现硕博贯通共享,占全部开设课程量的38.7%。

表4-9 近两学年研究生课程共享情况统计表

学年	项目	总门数	硕博贯通的课程	向全校开放的课程	有跨院学生选课的课程	向本科生开放的课程	有本科生选课的课程
2014—2015	门数(个)	1 882	651	1 296	452	630	32
	比重(%)	100	34	69	24	33	2
2015—2016	门数(个)	1 843	714	1 253	491	641	28
	比重(%)	100	38.7	68.0	26.6	34.8	1.5

从研究生课程选课情况来看,2014—2015 学年实际选课学生人次数为 58 992,课程开放容量为 106 862 人次,课程容量与选课人数之比约为 2∶1。选课学生中,博士生人次数为 5 128,占选课总人次的 9%,硕士生人次数为 53 724,占选课总人次数的 91%。2015—2016 学年实际选课学生人次数为 55 847。选课学生中,本科生人次数为 84,占选课总人次数的 0.15%,硕士生人次数为 50 986,占选课总人次数的 91.16%,博士生人次数为 4 861,占选课总人次数的 8.69%。

(三)实施品牌课程建设计划,推动课程教学质量提升

2014 年,厦门大学入选成为教育部学术学位研究生课程建设试点单位。为进一步推动研究生课程建设和改革,改进课程教学质量,研究生院研究制定并实施"厦门大学品牌课程建设计划"。学校在课程建设已有较好基础的 5 个学院(经济学院、管理学院、法学院、化学化工学院和外文学院)先行试点,推动相关学科以国际一流学科的研究生课程为参考,重点建设 1~2 门一级学科核心课程,在课程授课教师选拔、教学内容设定、考核方式、讲授深度等方面进行全面改革;选拔科学研究水平一流的教师担任主讲教师,将学科最前沿的科研成果融进授课内容,推动课程建设与科学研究相结合;从考试难度和严格程度上抓起,促进研究生的培养质量提升,为其他研究生课程建设树立典型,做好示范。

表 4-10 厦门大学品牌课程建设一览表

序号	学院	建设课程门数	项目负责人	投入建设经费(万元)
1	法学院	1	何丽新	29.72
2	外文学院	1	江桂英	10
3	化学化工学院	2	袁友珠	10
4	王亚南经济研究院	6	赵敏强	25
5	管理学院	2	徐迪	10
6	管理学院工商管理中心	—	吴文华	5
	合计			55

四、推动三学期制改革,打造研究生系列创新项目与活动

(一)三学期制改革

早在1986年,为了贯彻中央《关于教育体制改革的决定》,进一步激发学生学习的自主性,厦门大学和全国许多高校一样自上而下对学校的教学管理制度实行调整,从1985—1986年第二学期开始,实行"三学期制",将原来一学年两学期改为"两长一短"的三学期。春、秋两个学期为长学期,每学期18周。夏季学期为短学期,在暑假之后(8月10日—9月20日),共6周。暑假6周,寒假4周不变。长学期主要安排上课,短学期主要安排实践性教学、开设全校性的选修课和进行小课题科研训练。对此,田昭武校长评价说:"我学校实行的'短学期',有两个特点。一个特点是,把'短学期'当作一个正规的学期来对待,就是说,把原来一学年划分为两学期的制度改为'两长'、'一短'三个学期,两个'长学期'各划出三周,共为六周,作为'短学期',寒暑假十周仍保留不变。'短学期'不是放假,也不是可来可不来。学生要来注册、报到,教师、管理人员要照样上下班。这同有些学校的做法不一样,他们是把一些活动安排在假期里。另一个特点是,在'短学期'内,低年级学生以自由选修课程为主,高年级学生以参加社会实践为主,安排的活动比较全面。"①据厦大校史资料记载,三学期制增加了选课的自由度,极大提高了学生学习和教师教学的热情;扩大了学生知识面,促进了跨学科知识相互渗透;使部分师生走向社会,参加实践;使许多中青年教师在较高的要求下,得到锻炼。②但由于缺乏具体的改革思路和制度保障,厦门大学的三学期制度的早期探索被迫停止,"更重要的原因是上世纪80年代中后期的改革,各级都有着强烈的改革愿望,但对怎么改,改到何种程度,心中还未形成一个完整清晰的概念,尚处于初步摸索阶段。加上当时的改革都是各高校各自为战,各显神通,缺乏开放式的改革思维,这不仅是厦

---

① 黄展鹏.实行"三学期制"引起的变化与思索——访厦门大学校长田昭武教授[J].高等教育学报,1987(21).

② 厦门大学为何再度推行三学期制[EB/OL].http://jxgl.fimmu.com/jwc/Article/ShowArticle.asp?ArticleID=858.2016-10-15.

大也是当时全国各地许多高校,被迫又恢复二学期制的重要原因"。①

进入新世纪,为适应高等教育内外部环境的深刻变化,结合国家对新时期人才培养的新要求,厦门大学经过一年时间的国内外调研,于2004年再次推出三学期制,即每学年分为18周、18周和5周"二长一短"的三学期制度。

厦门大学重推三学期制改革,主要出于以下考虑:第一,着眼于创新型人才培养,改变人才培养模式。研究型大学的办学理念应基于创新人才的培养,三学期制有利于打破学科壁垒和传统教学模式,帮助学生培养自主学习兴趣,提高实践能力,开阔学生的国际化视野。第二,进一步深化教学改革,促进教学与科研的统筹与融合。对于研究生教育而言,三学期制为研究生教育提供了平台和多样化的选择,从而促进以创新和研究为核心的研究生人才培养模式变革。第三,从过去的经验看,三学期制有其成功的经验。随着教育教学改革的深化,教师教学思想观念发生根本变化,厦门大学的办学条件得到很大改善,为突破三学期制困局提供了条件。为此厦门大学重视学期调整工作,在教学内容、课程体系、教学资源配置等方面进行多项综合改革。②

2013年厦门大学研究生院开始对第三学期课程进行改革。和往年相比,短学期设立交叉学科课程、前沿专题课程、系列讲座课程、实习实践课程、方法类课程等形式多样的课程,突出国际化教育和社会实践教育。2013年,在第三学期短短5周内,校外117名专家和本校教师共开设103门课程、87项讲座。同时,实习实践活动也被纳入第三学期教学计划,形式包括教学实习、田野调查、社会调查、企业实习、科研训练、交流访学、医疗卫生服务等,有85个项目的近800余名研究生参加社会实践。2014年,厦门大学投入200余万元资助学院、研究院组织开展各类教学和实习实践活动,资助本校教师开设53门研究生课程,邀请75位来自国外、23位来自港澳台、36位来自国内高校、科研院所和企事业单位的专家学者开设59门前沿课程、106场专题讲座;组织近85支队伍共800余名研究生参加实践活动。2015年短学期,共有134位

---

① 厦门大学为何再度推行三学期制[EB/OL]. http://jxgl.fimmu.com/jwc/Article/ShowArticle.asp? ArticleID=858.2016-10-15.

② "三学期制的十年探索"成果总结报告[EB/OL]. http://jxcg.xmu.edu.cn/file/new/35002/35002.2016-10-15.

来自国内外的知名学者和行业精英为学校研究生开设84门前沿课程和118场次的讲座组织104支队伍700名研究生参加实践活动。2016年,共有国内外152位专家学者开设63门课程和105场专题讲座,并组织78支队伍600余名研究生参加实践活动。可以说,厦门大学以第三学期为平台,为学生开展高水平科学研究和学习提供了条件,有利于优化研究生课程体系,为学生提供更加丰富、优质的国内外课程资源和前沿讲座资源;有利于强化实践教学、田野调查和高水平研究,启发研究生创新思维,提高学生创新能力;有利于促进师生开展学术交流,拓展研究生学术视野。

厦门大学的三学期制改革引起国内高校和社会广泛的关注,光明日报、中国教育报、东南快报、海峡网、新华网、腾讯、搜狐、新浪等多家新闻媒体对厦门大学三学期制相继进行跟踪报道。2014年9月,厦门大学"三学期制的十年探索"(邬大光等主持)获得第七届国家级教学成果奖二等奖。

(二)打造研究生系列创新项目与活动

为深化研究生培养机制改革,提高研究生培养质量,厦门大学研究生院制定了《厦门大学研究生短学期教学和实践活动组织与管理办法》《厦门大学研究生社会实践管理办法》《厦门大学研究生暑期学校管理办法》《厦门大学博士研究生学术论坛、会议管理办法》,鼓励各学院(研究院)结合自身学科特点,积极组织和举办多种形式的短学期研究生教学和实践活动,制定切实可行的实施方案和相关支持政策,保证活动的顺利实施。在研究生社会实践方面,厦门大学规定,社会实践活动是人文及社会科学专业博士研究生的必修环节。目前研究生社会实践活动的主要内容包括社会调研、挂职锻炼、企业实践和科技与文化服务以及志愿服务等。研究生院和各院将安排专项经费支持研究生社会实践活动。

(1)支持全国研究生暑期学校和博士生论坛。学校坚持每年举办暑期学校,邀请海内外学术水平高、教学经验丰富的知名专家、学者开设相关课程,介绍学术发展动态,引领研究生开阔视野,启发科研思路。在暑期学校管理上,厦门大学研究生暑期学校由厦门大学研究生院主办,相关院系承办,举办时间为1~3周,一般在某一学科领域内,招收在学研究生和少量的青年教师作为学员,开设若干门基础课程、选修课程和前沿学术报告等,介绍本学科领域的学术发展动态和最新研究成果。暑期学校项目的组织、管理纳入夏季学期研

究生教学活动中,活动经费由研究生院与相关学院(研究院)共同承担。研究生院按照一定标准进行资助。原则上,资助经费额度理工医类最高不超过30万元,人文社科类最高不超过15万元。2015年,厦门大学举办国际税法、基础数学、航空航天前沿技术、国际海洋法律、计量经济学等多个暑期学校,近500名国内外研究生参加。2016年,厦门大学举办国际税法、国际海洋法律和政策、材料学、海洋环境、海洋化学、地产创业与城市运营、航空航天前沿技术等7个暑期学校,近400名国内外研究生参加。

学校鼓励各单位积极开展博士生学术论坛。厦门大学博士研究生学术论坛、会议是学校研究生创新计划项目的重要组成部分。根据《厦门大学研究生学术论坛、会议管理办法》规定,论坛、会议主要以博士生为主开展学习交流、论文交流和研讨,通过论文形式面向全国选拔优秀博士生进行学术论文的集中交流,邀请国内外著名专家学者做点评和作专题学术报告,就本学科领域及其相关领域发展前沿热点和有关重大问题进行深入、广泛、自由的学术交流。论坛、会议参加对象主要为本学科及相关学科研究生。同时,邀请外校、科研单位相关学科研究生参加。论坛、会议参会学生不少于40名,其中,本校参会学生所占比例不少于30%。如果是海峡两岸会议,港澳台参会学生占1/3;如果是国际会议,国外参会学生占1/3。论坛、会议活动经费由研究生院与相关院(系)共同承担。研究生院按照校内参会学生200元/人、国内参会学生500元/人、港澳台参会学生800元/人、国外参会学生1 500元/人;国内专家5 000元/人、港澳台专家6 000元/元、国外专家10 000元/人的标准资助。原则上,资助经费额度最高不超过10万元。2015年研究生院资助博士研究生论坛3个。2016年研究生院资助博士研究生论坛(会议)5个。学校各单位累计举办109个涉及或以研究生为主的学术会议,近万名研究生参加。

(2)组织短学期研究生实践活动。《厦门大学研究生短学期教学和实践活动组织与管理办法》规定组织和指导研究生开展实习实践、田野调查和高水平研究是短学期的重要内容。研究生院根据各单位短学期教学和实践活动情况,予以资助。自2013年以来,研究生院每年拿出200万元左右的经费,支持全校各培养单位开展研究生短学期教学和实践活动,对营造浓厚的校园学术氛围,激发研究生学习热情,提高研究生科研与社会实践能力和培养学生的创新创业意识起到促进作用。2014—2015学年短学期,学校共资助100余支队伍的 700 余名研究生赴全国各地开展实习实践活动，其中包括 37 支校级队伍，67 支院级实践队伍，以及 27 个田野调查项目。2015—2016 学年短学期，全校资助 78 支队伍共 600 余名研究生分赴全国各地开展社会实践。

表 4-11　近两学年短学期资助研究生实习实践活动情况统计

活动类型	活动地点	2014—2015 年短学期		2015—2016 年短学期	
		人数(人)	所占比重(%)	人数(人)	所占比重(%)
实习实践	市内	249	33	177	26.34
	省内	256	34	192	28.57
	省外	158	21	253	37.65
	境外	35	5	1	0.15
田野调查项目	全国各地	50	7	49	7.29
总　计		748	100	672	100

(3) 设立"研究生田野调查基金项目"。2014 年，为了保证和提高我校人文社科研究生的科研能力，遵循人才培养规律，厦门大学研究生院率先在全国高校中设立"研究生田野调查基金"，帮助在校研究生扩展研究视野，加强科研能力、认知能力以及社会实践能力，开展原创性、高水平研究。田野基金的申请对象为全日制在读研究生，主要支持研究生二年级及以上学生，重点支持博士研究生。2014 年，研究生院评选出 22 个"研究生田野调查基金"项目，资助经费 25 万元。2015 年，经研究生个人（团队）申报，学院专家、导师推荐，研究生院组织的专家组评审，有 27 个田野调查项目立项，投入经费 36 万元。2016 年度立项 34 项，投入经费 51.35 万元。项目实施以来已完成硕士学位论文 8 篇，博士学位论文 24 篇，发表论文文科最优 4 篇，一类核心 15 篇，二类核心 25 篇，建筑设计方案 5 本。

(4) 致力于推动产学研合作，开展系列创新活动竞赛。学校为加大走出去发展战略，形成研究生教育校企合作的新机制。2015 年，厦门大学参与合作培养研究生的企业共 32 家（省内 19 家，省外 13 家），累计接受培训的研究生共 486 名。参与企业产品开发和推广的项目共 640 项，推广或合作开发资金共 65 940 万元；同时有 358 名高校教师参与企业的技术服务中，全校各单位向社会共开设教育培训工作 521 场次，受益人数达 22 878 人；被上级部门采

纳的研究成果或研究报告共143项。2016年,参与合作培养研究生的企业达到32家(省内19家、省外13家),学校参与企业产品开发和推广的项目共199项;被上级部门采纳的研究成果或研究报告95项。

依托于校企合作,学校积极推动研究生系列创新活动竞赛,制定《厦门大学鼓励研究生积极参加高水平学术竞赛活动资助管理办法》。根据规定,厦门大学普通全日制在读研究生,参加由权威机构、企业、行业、学校组织的,经我校认定的国际级、国家级、省级、区域、行业、校级的学术竞赛,经费由研究生院与相关学院(研究院)共同承担。2015年,学校举办"第五届海峡两岸口笔译大赛""厦门大学'毕马威杯'管理案例分析全国十强邀请赛""第5届两岸四地高校师生土木工程监测与控制研讨会及研究生学术论文竞赛"多个学术竞赛,有力地推动了研究生实践创新能力培养。2016年,厦门大学资助学生参加"创青春"全国大学生创业大赛和MBA专项赛、第三届全国研究生智慧城市技术与创意设计大赛、第十一届中国研究生电子设计竞赛等学术竞赛活动,并取得佳绩。

第五节 厦门大学研究生奖学金制度及其思想政治管理

奖学金制度对维持部分学生的基本生活来源,提高学生的学习兴趣,保证学习水平等有不可忽视的重要作用。厦门大学坚持以生为本的办学原则,从学生的实际考虑出发,逐步建立了一套既保障生活水平又能促进学术研究的完整的奖学金制度。

一、奖学金管理机构与职责

为有效保证奖学金发放的公平,维护奖学金的功能与价值,2007年厦门大学正式确立学生资助工作的三级工作组织,建立了"校资助工作小组—各学院奖(助)评定委员会—年级(或专业、班级)评议小组"的三级资助工作组织联动机制以及资助工作的"评(议)、审(核)、批(准)"的三级工作程序模式。学校成立各类奖学金评奖委员会或评审领导小组等,统筹全面工作,制定和落实相关政策;学生工作处、研究生院负责审核各学院、研究院、教学部制定的实施细则及其评定结果;财务处则负责研究生奖学金的发放工作;学院、研究院和教学部则是研究生奖学金评定与管理的核心单位,一般院系、研究院、教学部会成立研究生奖学金评定委员会,根据各类奖学金的制度和标准制定本单位研究生奖学金评定实施细则,组织本单位研究生奖学金评定工作,制定发放方案;负责本单位每月研究生奖学金停发和补发方案和相关财务制度,报学生处和财务处备案。

二、研究生奖学金体系与管理

厦门大学建立包括研究生奖学金、国家奖学金、国家助学金、校长助学金、学业奖学金、校级奖学金等制度在内的一整套奖学金系统,为研究生的培养与发展提供了基础。每年约有6%的博士研究生和3.5%的硕士研究生获得研究生国家奖学金,约有9.2%的博士研究生和3.6%的硕士研究生获得校级奖学金。

(一)研究生奖学金

厦门大学研究生培养机制改革(2008年)以前,学生类型分为公费和自费生,大致根据研究生的入学考试成绩、复试成绩、受教育经历和工作经历等进行评定和区分,公费生每个月享受一定的生活补贴。2008年培养机制改革后,研究生的奖学金制度发生根本性变化。研究生奖学金主要用于资助研究生在学期间的培养费、生活费等方面的开支,其资金来源主要由政府财政拨款、学校筹措办学资金、导师配套经费三个部分构成。根据《厦门大学研究生培养机制改革实施方案》,学校设立研究生奖学金,用于支付学校全日制研究生在校期间的全部或部分学费和生活费,支持他们全身心投入专业学习和科学研究。参评对象主要是厦门大学接受普通高等学历教育的全日制、全脱产在校研究生,不包括委培生、在职生和MBA、法律硕士等应用型研究生,也不包括港澳台研究生、外国来华留学研究生。博士生分特等、一等、二等、三等、

四等奖学金,硕士生分特等、一等、二等、三等奖学金。一般而言,新录取的研究生由各学院、研究院、教学部依据研究生考试成绩、面试成绩、受教育经历等多方面因素确定其奖学金等级,二年级以上的研究生每年需要按照研究生德育和智育表现进行综合评定。2011年博士、硕士生奖学金的金额有所调整。

表4-12 厦门大学研究生奖学金的等级和标准

资助对象	等级	博士研究生标准	硕士研究生标准
2008、2009、2010级研究生	特等奖	9万元/全程(三年)	三年全程5.1万元
	一等奖	3万元/年	每年1.7万元
	二等奖	2.3万元/年	每年1.5万元
	三等奖	1.9万元/年	每年0.4万元
	四等奖	0.6万元/年	无该等级
2011级以后入学研究生	特等奖	9.6万元/全程(三年)(10%)	5.1万元/全程(三年)(与一等一起为15%)
	一等奖	3.2万元/年(20%)	1.7万元/年
	二等奖	2.5万元/年(70%)	1.5万元/年(35%)
	三等奖	无该等级	0.8万元/年,2013年开始为1.1万元/年(50%)

在奖学金发放方面,厦门大学规定研究生奖学金总额高于学费的,学校每年将学费从奖学金中一次性扣除,剩余奖学金分十个月平均发放(7、8月不发)。奖学金总额低于学费的,学校将奖学金一次性扣除抵作学费,学生应及时缴纳不足部分。未足额缴纳学费的不能注册。2014年,如果研究生有违反校纪校规受到处分、学位课程考试有一门以上(含一门)不及格、第一次中期考核不合格者或署名(不论署名次序)公开发表论文有剽窃、伪造实验数据或有其他违背学术道德行为的问题,当年该研究生不能参与评定奖学金,获得特等奖学金的,则取消下一学年奖学金。其他特殊情形规定包括:(1)出国、出境留学或者参加国内交流三个月以上的,不予发放离校期间的研究生奖学金。奖学金自离校手续办理完成日的下个月起停发,回校后自报到手续办理完成日的下个月起恢复发放。(2)申请休学的,停发奖学金,未发部分待学生复学后转作当学年的奖学金。复学后不再参评当年奖学金。(3)中途退学的,自退学之日起停发奖学金。(4)在学研究生支教期间,研究生奖学金照常发放。(5)超过学校规定

的学习年限延期毕业的研究生,自超出学习年限之日起停发奖学金。

2014年,厦门大学全部取消奖学金等级制,即所有研究生享受同样的奖学金类型包括学业奖学金、国家助学金和校长助学金。其中学业奖学金(其中学业奖学金标准与学费一致,博士生1.3万/学年,硕士生1.1万/学年)用以返还学费;国家助学金博士每年1.2万,硕士每年0.6万;校长助学金博士每年1.8万,硕士每年0.12万;即博士每年3万元的助学金,硕士每年0.72万的助学金。

1.国家助学金和校长助学金

为健全研究生奖助体系,提高研究生待遇水平,根据《财政部国家发展改革委教育部关于完善研究生教育投入机制的意见》《财政部教育部关于印发〈研究生国家助学金管理暂行办法〉的通知》,从2014年秋季学期起,国家和学校设立研究生国家助学金和校长助学金。硕博连读研究生在注册为博士研究生之前,按照硕士研究生身份发放国家助学金和校长助学金;注册为博士研究生后,按照博士研究生身份发放国家助学金和校长助学金。研究生(除直博研究生)享受助学金的年限最多为三年,具体如表。

表4-13 2014年以来厦门大学研究生奖学金

(单位:万元/学年)

享有期	国家助学金	校长助学金
硕士	0.6	0.12
博士(前三年)	1.5	1.8
博士(第四年起)	0	3.3

厦门大学规定,国家助学金和校长助学金用于资助取得厦门大学学籍且在基本学制年限内的全日制非定向就业研究生(含少数民族骨干计划非在职定向就业研究生和对口支援西部计划非在职定向就业研究生,有固定工资收入的除外),补助研究生基本生活支出,获得资助的研究生须具有中华人民共和国国籍。

厦门大学针对出国(境)学习学生的助学金发放提出三个标准:出国(境)学习三个月(含三个月)以内的,助学金照发;公派出国(境)学习三个月以上的,助学金自离校手续办理完成日的下一发放批次起暂停发放,回校后自报到手续办理完成日的下一发放批次起恢复发放离校期间停发的助学金;因私出

国(境)学习三个月以上的,助学金自离校手续办理完成日的下一发放批次起停止发放,回校后自报到手续办理完成日的下一发放批次起恢复发放,离校期间停发的助学金不再补发。针对其他类型学籍异动的助学金发放,厦门大学规定:申请休学的,停发助学金,未发部分待学生复学后转作当学年的助学金;提前毕业研究生按照实际在校时间进行发放;中途退学的,自退学之日起停发助学金;硕博连读研究生退出硕博连读的,在学期间按照硕士研究生的奖助标准执行,退还超出硕士标准的助学金;更改培养方式的研究生,自批准之日起停止发放助学金,退还研究生阶段已发放全部助学金;具有工作经历的非定向就业研究生所转档案不符合学校要求的,不发放助学金,自全部档案材料按要求补齐并转入学校之后开始发放。采取伪造档案及相关材料等弄虚作假手段骗取助学金的研究生,一经查实,立即停止发放助学金,追缴已经发放的助学金,且按有关规定给予处理。

2.学业奖学金

为激励研究生勤奋学习、潜心科研、勇于创新、积极进取,在全面实行研究生教育收费制度的情况下更好地支持研究生顺利完成学业,根据《财政部国家发展改革委教育部关于完善研究生教育投入机制的意见》《财政部教育部关于印发〈研究生学业奖学金管理暂行办法〉的通知》,从2014年秋季学期起,厦门大学设立研究生学业奖学金。其中硕士研究生学业奖学金的资助标准为1.1万元/年;博士研究生的资助标准为1.3万元/年。学业奖学金用于资助取得厦门大学学籍且在基本学制年限内的全日制非定向就业研究生(含少数民族骨干计划非在职定向就业研究生,有固定工资收入的除外)。获得资助的研究生须具有中华人民共和国国籍。厦门大学规定,硕博连读研究生退出硕博连读的,在学期间按照硕士研究生的奖助标准执行,退还超出硕士标准的学业奖学金;研究生在休学或者保留学籍期间(公派出国的学生除外),暂不发放学业奖学金;更改培养方式的研究生,自批准之日起不予发放学业奖学金,并退还研究生阶段已发放全部学业奖学金;研究生因故退学、转学(转出)或其他原因终止学业者,分别按以下情况进行调整:(1)报到注册后不参与正常教学活动,被勒令退学者,需退还获得学业奖学金的90%额度;(2)报到注册后一个月之内终止学业者,需退还获得学业奖学金的80%额度;(3)报到注册后一个学期之内终止学业者,需退还获得学业奖学金的50%额度。研究生如有违反国家法律和校规校纪受到处分或课程成绩不合格的情况,不得参与下一学年的学业奖学金的申请。为了强化研究生科研道德,厦门大学专门规定,研究生署名(不论署名次序)公开发表论文有剽窃、伪造实验数据或有其他严重违背学术道德行为的研究生,在校期间不再具有申请学业奖学金的资格。

(二)国家奖学金

按照《财政部、教育部关于印发〈研究生国家奖学金管理暂行办法〉的通知》《关于下达2012年研究生国家奖学金名额及预算的通知》《关于做好2012年研究生国家奖学金工作的通知》《普通高等学校研究生国家奖学金评审办法》的精神,为进一步推进研究生培养机制改革,提高研究生培养质量,国家自2012年起建立研究生国家奖学金制度。博士研究生国家奖学金奖励标准为每生3万元;硕士研究生国家奖学金奖励标准为每生2万元。研究生国家奖学金的奖励对象为取得正式学籍、已注册的全日制二年级及以上研究生中特别优秀的学生(科研潜力突出的一年级新生也可以申请参评),不包括在职生、委托培养研究生、港澳台研究生和外国来华留学研究生。每位研究生在规定学制年限内均有资格申请,且可多次获得研究生国家奖学金,但获奖成果不可重复申报使用。除了公派出国及优秀博士培养计划的研究生外,其余类型的延期毕业研究生均不能参评研究生国家奖学金。

厦门大学国家奖学金申请条件规定:申请者必须热爱社会主义祖国,拥护中国共产党的领导;遵守国家法律法规,遵守校规校纪,在校期间无违法违纪行为;诚实守信,道德品质优良,无学术不端行为;学习成绩优异,无不及格课程;科研能力显著,有突出的科研成果,科研成果必须在学制培养期限内取得,必须以厦门大学为第一署名单位。

2012年厦门大学有109名博士研究生、261名硕士研究生获得国家奖学金。2013年教育部下达给学校博生研究生国家奖学金名额111人,硕士研究生国家奖学金名额260人。2014年教育部下达给学校博生研究生国家奖学金名额102人,硕士研究生国家奖学金名额254人。2015年教育部下达给学校博生研究生国家奖学金名额101人,硕士研究生国家奖学金名额259人。2016年教育部下达给学校博生研究生国家奖学金名额96人,硕士研究生国家奖学金名额261人。自2012年以来,学校共有1 295名硕士研究生、519名博士研究生,共1 814名研究生获得国家奖学金。

(三)校级奖学金

校级奖学金是为了激励学生刻苦学习、奋发向上、争优创先,以表彰品学兼优、成绩突出的优秀学生,2016年厦门大学设置面向全校研究生评选的奖学金31项、定向奖学金3项以及专项奖学金2项。

表4-14 2016年厦门大学研究生校级奖学金项目情况

奖学金名称	奖励金额	奖励名额
文庆奖学金	10 000元/名	研究生4名
本栋奖学金	10 000元/名	研究生4名
亚南奖学金	10 000元/名	研究生4名
自强奖学金	400美元/名	研究生1名
建设银行奖学金	3 000元/名	研究生40名
中国银行奖学金	3 000元/名	研究生26名
中国工商银行奖学金	3 000元/名	研究生26名
中国电信天翼奖学金	2 000元/名	研究生15名
庄绍华奖学金	2 500元/名	生命科学学院研究生10名,其他学院研究生10名。
邓子基奖学金	5 000元/名	研究生6名(博士、硕士各3名,其中1名博士定向至经济学院财政系)。
鑫展旺奖学金	2 500元/名	材料学院"厦大—鑫展旺研发中心""福建省固体表面涂层材料技术开发基地"研究生2名,其他学院7名。
众和奖学金	一等5 000元/名 二等3 000元/名	研究生一等5名,二等10名,理工医科、人文社科类获奖学生比例基本相当。
余绪缨奖学金	5 000元/名	研究生10名,其中名研究生定向至管理学院。
吴宣恭奖学金	5 000元/名	研究生8名(硕士、博士各4名)。1名定向至经济学院经济研究所。

续表

奖学金名称	奖励金额	奖励名额
象屿集团奖学金	一等 5 000 元/名 二等 2 500 元/名	研究生（二年级）30 名（含 10 名一等,20 名二等。）。其中定向:2 名研究生定向至管理学院（一等、二等各 1 名）。
至善奖学金	2 000 元/名	研究生 2 名,其中 1 名指定给管理学院。
宜信奖学金	3 000 元/名	研究生 8 名
黄仲咸奖学金	3 000 元/名	研究生 40 名
厦航奖学金	5 000 元/名	研究生 24 名
国大药房奖学金	5 000 元/名	定向至生命科学学院、医学院、公共卫生学院、药学院各 1 名;另 4 名面向其他学院评选。
张亦春奖学金	5 000 元/名	研究生 8 名（硕博各 4 名）;1 名博士生、1 名硕士生面向经济学院金融系评选;其余名额面向其他学院评选。
卢嘉锡奖学金	5 000 元/名	共 4 名,其中 1 名研究生面向化学化工学院评选,其余名额面向其他学院评选。
蔡启瑞奖学金	5 000 元/名	共 4 名,其中 1 名研究生面向化学化工学院评选,其余名额面向其他学院评选。
傅鹰奖学金	5 000 元/名	共 4 名,其中 1 名研究生面向化学化工学院评选,其余名额面向其他学院评选。
潘懋元奖学金	一等奖 4 名, 8 000 元/人 二等奖 10 名 5 000 元/人	共 9 名,其中博士 5 名（含一等 2 名,二等 3 名）、硕士 4 名（含一等 1 名,二等 3 名）。博士 2 名（一等、二等各 1 名）、硕士 1 名（二等）面向教育研究院评选。
葛家澍奖学金	10 000 元/人	共 5 名,1 名面向会计系,1 名面向管理学院。其余名额面向其他学院评选。
光华奖学金	一等 2 000 元/名 二等 1 500 元/名	研究生 48 名（一等 16 名,二等 32 名）;少数民族学生优先。
华为奖学金	一等 8 000 元/名 二等 5 000 元/名 三等 3 000 元/名	研究生 24 名（一等 2 名,二等 8 名,三等 14 名）,针对二年级硕士研究生。
宝钢奖学金	10 000 元/名 (特等奖 20 000 元/名)	共 4 名,其中 1 名为宝钢优秀学生特等奖提名人,1 名为台港澳研究生。
中国航天科技集团公司 CASC 公益奖学金	一等 5 000 元/名 二等 3 000 元/名 三等 2 000 元/名	研究生 11 名（一等 2 名,二等 3 名,三等 6 名）;全日制理工科研究生（文科类、医学类不参评）。

续表

奖学金名称		奖励金额	奖励名额
宏信奖学金		10 000元/名	研究生6名,经济学院和管理学院各3名二年级、三年级的硕士研究生。
定向奖学金	萨本栋博士研究助研金	1250美元/名	在萨本栋微米纳米科学技术研究中心从事课题研究的博士生1名。
	何宜慈博士研究助研金	1 250美元/名	在萨本栋微米纳米科学技术研究中心从事课题研究的博士生2名。
	林鹏生态奖学金	2 500元/名	环境与生态学院研究生2名、生命科学学院研究生1名、海洋与地球学研究生1名、化学化工学院研究生1名、医学院研究生1名、公共卫生学院研究生1名、药学院研究生1名。
专项奖学金	国际学生奖学金	博士生: 一等10 000元/名, 二等6 000元/名; 硕士生: 一等8 000元/名, 二等5 000元/名;	在我校注册、接受普通高等学历教育的在校外国留学生。博士生一等奖1名,二等奖5名;硕士生一等奖1名,二等奖5名。
	关心下一代·长青奖学金	5 000元/名	奖励在学科竞赛、科技竞赛、科研创新等方面表现突出的学生。10名研究生。

厦门大学校级奖学金的评选对象主要是厦门大学在校注册研究生,符合所申请奖学金条例的规定,在职研究生不参加本奖评选;爱国爱校,品行端正,具有团队合作精神,无违法违纪行为;课程成绩优良,科研成果突出,创新能力显著,无不合格课程。厦门大学规定,奖学金评选需要由研究生课程成绩分、科研成果分两部分的总分组成。申请嘉庚、本栋、亚南奖学金者,必须具有可视为第一署名的高水平科研成果:人文与社科类发表一类核心论文,理工类发表JCR2区以上论文或获得发明专利等。无任何科研成果的不参评校级奖学金。2014年前,学校制定了统一的校奖学金评审细则。2014年以后校级奖学金的评审主要由学院、研究院、教学部门自行确定评审细则,报学生工作处和研究生院备案。

三、研究生的思想管理与日常管理

研究生教育必须树立全面的质量观念,既要注重业务质量,又要注重政治质量。因此,加强研究生思想政治教育、心理教育和日常生活管理,保证高级专门人才的培养质量,是厦门大学研究生管理的重要任务。

(一)研究生思想教育与管理

厦门大学早期的研究生思想政治教育与管理,因为招生数量较少,研究生往往与教师一起进行政治学习。随着研究生数量的增加,开设一定的政治课程成为研究生思想教育的重要内容。80年代,学校为硕士生开设"自然辩证法",为博士生开设"科学思想方法论"作为必修课;还根据研究生的知识结构之思维特点和求知习惯,采用向研究生推荐有关书籍和资料,在各人自学的基础上进行讨论的学习方法。以厦门大学1984—1985学年的课程为例,理科各系开设自然辩证法,每周3学时,开设一学期;经济学院各系各专业攻读硕士学位研究生和研究生班,由经济学院统一安排开设马列主义经济理论(资本论)每周4学时,开设一学期;文科各系(所、室)由研究生处统一安排开设几个专题,进行政治课改革试点,教学内容方面既学经典著作,又能结合当前形势;教学方式上采用研究生自学讨论,教师讲解、辅导相结合。教学时数为一学期每周4学时。马列主义理论课是学位课程,必须进行考核,考核方式由任课教师掌握不作统一规定,考核成绩在75分以上方为合格。① 1985年,厦门大学党委决定成立研究生部党总支,加强对研究生思想政治工作的领导。同时为发挥研究生自我管理和自我教育的作用,厦门大学成立研究生会,按相近专业编制健全院系研究生会和党支部。这些组织开展大量有教育意义的活动,收到很好的效果。

90年代以来,根据研究生的思想特点,厦门大学开设"自然辩证法概论""科学社会主义理论与实践""马克思主义经典著作选读"课,在博士生中开设"马克思主义与当代社会思潮""现代科学技术革命与马克思主义"等课程,以帮助研究生逐步树立马克思主义世界观,用以观察、分析社会问题、社会思潮和指导科学研究,提高研究生的政治水平和坚持四项基本原则的自觉性。2014年新的培养方案调整,学校为硕士生开设"中国特色社会主义理论与实

---

① 厦门大学校史编委会.厦大校史资料(第四辑)[M].厦门:厦门大学出版社,1990:248-249.

践研究""自然辩证法""马克思主义与社会科学方法论",为博士生开设"中国马克思主义与当代"等课程。在博士生课程开设上,厦门大学根据研究生重视研究的特点,聘请有真才实学的学者进行教育,主要由学术上有造诣的专家、教授开设专题报告的方式,注重讨论与独立思考,效果明显。在党支部的建设方面,厦门大学重视加强研究生中党的建设工作。积极分子入党前,必须经过业余党校的培训,考试成绩必须在75分以上。预备党员转正,也必须经过业余党校的学习,取得理论合格证书。在研究生中,共产党员、积极分子所占比例,超过总数的一半。

随着1999年研究生教育的快速发展,研究生数量的急速膨胀,厦门大学研究生思想教育面临严峻的挑战,主要表现在:第一,随着研究生数量的增加,社会对研究生的关注度降低,研究生从原来的高期望跌落下来经历了一系列心理、行为的变化,对研究生的培养和学习产生了一定的影响。第二,由于研究生数量的增加,学校在师生比、实验室建设、教育资料、经费分配等方面出现了一定程度的紧张,对研究生的培养质量产生一定影响。第三,研究生就业压力逐年增加,就业压力问题给研究生的学习与生活也带来一定的压力与影响。

在这种严峻的情形下,厦门大学应对研究生管理综合性的要求,在思想政治管理方面出台独具特色的管理措施。首先,加强思想教育与严格日常管理结合的原则,实现思想教育和管理相互结合和相互渗透,是做好研究生培养工作的有效途径。其次,重视科研精神的培养,强调组织教育与自我教育互动的原则加强研究生思想教育,充分调动导师和研究生的积极性,使有组织教育和研究生自我教育互相协调,形成合力。研究是研究生教育的核心内容。加强科研道德和科学精神教育,研究生科研道德和科学精神是研究生从事科学研究活动所必须遵循的道德规范和准则,是研究生综合素质的重要组成部分。为此,厦门大学出台了一系列加强学风建设和学术道德建设的政策与文件,2008年,厦门大学还专门颁布《厦门大学研究生学术活动规范》,依靠导师做好教书育人和研究生思想政治与科研道德工作。最后,加强政治理论教育与关心爱护相结合的原则,一方面,强调思想政治工作的制度化管理,另一方面,学校、学院、党委、导师为学生提供优良的校园环境、生活环境和学习环境,突出导师通过言传身教,强化师生关系。近年来,厦门大学始终坚持"以生为本"的基本理念,被评为中国最美大学之一,排名靠前,其学生住宿、食堂等生活环境等方面条件良好,一直享有盛名。这与厦门大学的研究生管理工作是密不可分的。

(二)研究生日常管理

研究生学习生活主要包括课堂学习、实验室科研、社会实习兼职工作和相关的研究生学生工作,因此研究生的日常管理与本科生的管理不同,强调研究生的自我管理是研究生生活管理的重要内容,学校也建立了相关制度。

第一,重视制度建设。为了维护学校正常的教学秩序和良好学习、生活环境,保护学生合法权益,促进学生身心健康发展,厦门大学重视日常的法律、法规和纪律教育,颁行了一系列规章制度,规范研究生的管理,这些规章包括《厦门大学学生违纪处分规定》《厦门大学学生申诉办法》《厦门大学考试纪律及违规处理办法》《厦门大学各类学生完费注册管理暂行规定》《厦门大学实验室安全管理规定》《厦门大学学生宿舍(公寓)管理暂行规定》《厦门大学学生宿舍用电管理办法》。

第二,建立学院研究生会,发挥院系研究生会的功能。学校通过推荐和选举的方式,任用一批有责任感,热情,能团结同学,德才兼备,踏实上进的研究生会干部和委员,开展研究生会基本工作,加强研究生日常性的、事务性的工作(如通知、资料统计等),重视研究生之间的交流与沟通,特别是关注涉及研究生切身利益的相关工作(如奖学金评定,优秀研究生评定等)的展开。

第三,依托院系研究生党支部,开展相关工作。厦门大学研究生党员比例相对较高,建设好一支高素质的研究生党员队伍,对研究生学生管理工作至关重要。多年来厦门大学通过研究生党支部,定期开展党支部组织生活,加强理论学习,积极结合思想政治学习与研究生专业知识讨论,帮助研究生充分了解党中央和国家重要决议、精神,提高思想政治理论素质和人格素养,积极引导党员志愿服务,服务公益事业,服务社会人民,多方位、多层次提高党员自身党员意识和个人综合素质。厦门大学还积极慎重发展研究生党员,加强研究生基层组织建设。在发展研究生入党的过程中,研究生党支部注重抓好两个质量,即人的质量和材料的质量;认真抓好研究生新入学时进步方面的教育,在考察培养平时各方面表现比较突出的研究生同学时,引导他们认真学习党的

相关知识,递交入党志愿书;积极开展对入党积极分子"端正入党动机,创造条件入党"的素质提高培训,对已经确定的入党积极分子实行正式党员的"一对一"培养考察制度,由正式党员负责相应的入党积极分子的培养教育工作;还对研究生党员的"如何在实践中发挥先锋模范带头作用"的能力进行考察,通过组织各种类型的研究生学生活动,在活动中充分发挥党员的先锋带头作用。

第四,重视研究生心理健康问题,切实加强研究生心理健康教育工作。学校把心理健康教育真正纳入研究生教育和学习活动的体系和过程中,通过多种途径加强心理卫生知识宣传教育工作,让学生了解心理卫生的基本知识;认真分析研究生心理障碍和心理疾病的起因,帮助研究生正视自身面临的压力与挑战。配合研究生解决自身面临的问题是厦门大学心理健康工作的重要内容。从相关调查和数据看,随着研究生的扩招,研究生因为环境变化引起的适应不良与心理失衡问题,因为学业上的压力和就业压力产生的诸多焦虑等问题,因为人际关系不协调引起的恐惧忧虑以及异性交往和恋爱问题引发的心理疾病有所增加。为此,厦门大学专门成立心理咨询中心,帮助研究生疏导压力,认识自己和发展自己,帮助轻中度心理问题学生进行有效的咨询与治疗。厦门大学建立研究生心理监控机制,形成研究生心理健康问题处理的一般程序和工作方法,定时开展心理讲座,请专业的心理教师为学生排解疑惑,不定时进行小型师生谈心交流会,关心和了解学生学习生活心理情况,指导学生学会心理调适,变消极因素为积极因素,积极参加社会活动,增加人际交往,以保证学业的顺利完成。重视师生关系建设,密切关心同学的思想、心理动态,行为方式;对个别有心理问题的同学,积极与他们谈心、沟通,让他们感受到老师、同学的关爱,了解他们产生心里障碍的原因,使心理疾病防患于未然。个别心理疾病严重的同学,老师和学院领导积极帮助其联系心理医生,进行专业的心理咨询和治疗等。2014年,在研究生院资助下,厦门大学生命科学学院设立学生心理健康教育与促进中心,在学院开展研究生心理健康教育试点工作,厦门大学决心加强研究生心理健康教育。

第六节　厦门大学研究生学籍管理

研究生学籍管理工作关系学生的学习资格和学习状态的认定，主要包含两大部分工作：第一部分是拥有正常学籍状态研究生基本信息的维护；第二部分是研究生的学籍异动管理，主要包括放弃入学资格、保留入学资格、申请退学、退学处理、注销学籍（死亡）、休学、转专业、保留学籍等工作。厦门大学学籍管理基本按照教育部普通高校学籍管理规定实施。早期研究生学籍变动比较小，学籍管理工作大都手工操作；针对休学、复学等事项，学生只需填写专门的表格，然后报送至分管校长，由分管校长签名即可。近年来，随着厦门大学研究生规模的扩大因工作繁忙、生病、创业等原因申请退学或休学的情况有所增加。

一、研究生学籍管理的政策与制度

学籍管理工作关系学生的学习资格和学习状态及结果的认定，主要涉及入学与注册、纪律与考勤、休学与复学、转学与退学、颁发学历证书等管理活动。2005年3月25日，教育部颁布新的《普通高等学校学生管理规定》，学校严格以新的《规定》为政策依据，结合学校实际，制定了《厦门大学研究生学籍管理规定》。《厦门大学研究生学籍管理规定》经学院主管领导、研究生院反复讨论、修改后，报送校长办公会议审定通过，从2005年9月1日起实施。2009年7月，厦门大学经广泛征求意见、结合实际工作，修订《厦门大学研究生学籍管理规定》。新的学籍管理规定在原文件基础上进一步规范了研究生办理学籍异动的程序，如请假、休学、复学、延长学习期限等的办理程序；规范了研究生毕业证书、结业证书的颁发条件和程序等。《厦门大学研究生学籍管理规定》的制定与修订，遵循"育人为本、依法建章、规范管理、加强监督"的原则，具体体现在以下五个方面：

第一，坚持育人为本，充分给予学生自主学习的空间。学校在制定保留入学资格、注册报到、休学、保留学籍、在校学习年限等政策的过程中，坚持育人

为本的原则,考虑研究生的特殊性,充分给予学生自主学习的空间。考虑到学校综合性大学学科门类较多、学科差异较大的特点,研究生的学籍管理坚持弹性学制与管理政策。硕士2~3年,博士一般3~4年。硕博连读与本直博生5~6年。同时,为进一步加强研究生学习年限的管理,学校规定了研究生学籍在校的下限与上限(简称在校年限):硕士生2~5年,博士生3~7年,硕博连读与本直博研究生5~8年。对研究生超过在校年限上限未能完成学业者,予以退学处理。同时,针对学籍处理中的退学,学校一般采用警示制度,充分体现学籍管理以人为本的原则。2002年以前,学校对研究生设有中期考核标准,如有研究生中期考核不合格或者学业成绩不合格,会提前预警,让学生提出申请,经由学院及导师同意,保证在限定时间内能完成毕业的学分要求,以保证学生能在限定年限内顺利毕业。

针对自己申请休学或未办理相关手续但长期联系不上的学生,学校不会直接取消学籍,而是通知学院及导师,确保学生及时获得信息,在规定的学习年限内达到学校的学分要求,确实无法联系的,由学院提出退学报告,报校长办公会研究决定。针对个别学生已修满培养环节,但毕业论文无法完成或不合格的情况,学生可以申请结业,先获得结业证书,满足其就业需求。在规定的年限内,如果论文完成并答辩通过,则由学院审核,报给研究生院,仍可以授予毕业证书及学位证书。2009年,学校对超出在校年限规定未完成学业的研究生进行了一次全面清理工作。由此可见,一方面严格要求,另一方面以生为本,坚持人性化管理是厦门大学研究生管理的基本特色。

第二,依法建章、明晰文件条款。在制定学校研究生学籍管理规定过程中,学校除了依据教育部《普通高等学校学生管理规定》外,还参照《中华人民共和国教育法》及《中华人民共和国高等教育法》等相关法律,咨询学校法律事物办公室,体现厦门大学严格依据国家基本法律法规建章立制的基本思路。目前学校修订的管理规定,总结和吸收了以往相关文件执行过程中的经验,条款更加明晰,具有更强的操作性。

第三,规范管理,严格学籍处理程序。《厦门大学研究生学籍管理规定》明确规定了研究生学籍处理应有的程序,对于请假、休学、复学、延长学习期限、研究生毕业证书、结业证书的颁发条件和程序等都有专门规定。研究生学籍处理一般由研究生本人填写相关表格或所在学院提出报告,附上相关材料,经导师、学院签署意见后报送研究生院审批。重大的学籍处理,如研究生转专业由校分管领导审批,研究生退学由校长办公会研究决定。同时,对研究生退学决定书的送交与签收程序,包括研究生本人拒绝签收的应如何送达,无法送达的,应在学校公告栏公布以及退学决定书应当向省教育行政部门报备等都作了详细明确的程序规定。此外,学校成立学生申诉处理委员会,制定《厦门大学学生申诉办法》。研究生学籍处理有异议的,在异议期内可以向学生申诉处理委员会书面提出申诉。

第四,公开管理制度,建立监督机制。学校研究生学籍管理规定在颁布前,作为厦门大学学生管理文件的组成部分,学校一并向教育部进行备案。2005年9月1日新规定实施后,研究生院将研究生教育手册分发给所有在学研究生、教务管理人员、研究生导师及分管领导,人手一册。同时,该管理规定在学校、研究生院、学生处、招生办等网站发布,让广大师生及时全面了解新的管理政策。此外,学校成立学生申诉处理委员会,设立学生权益救济制度,建立了较为完善的监督机制。

第五,稳步推进管理信息化。厦门大学研究生管理在2004年后基本实现信息化管理,但最初的信息化主要是信息收集、记录、操作与公开。2004年,厦门大学对信息化提出更高的要求,指出厦门大学研究生信息化系统实质是运用信息化实现教育管理理念的变革,即管理流程再造。为此厦门大学提出研究生管理信息化的具体框架,充分利用研究生院网站的强大功能,及时更新发布的厦门大学学位与研究生教育信息和数据,将研究生教育手册,研究生院宣传手册和各级政府有关研究生教育新形势的政策及文件规定及时发布在研究生院网站上,方便全校师生更快更好地了解学校学位与研究生教育现状。2014年,学校启用研究生自助打印系统,节约办公成本,简化办事流程,提高工作效率。研究生培养过程的学籍管理已经实现全面网上填报注册报到结果;出国出境审批、公派出国留学、学位申请等环节已经可以通过信息系统申报,工作效率大大提高。信息化水平的提高也极大提高了研究生培养管理的水平:第一,建立与研究生培养方案相配套的课程选课系统。过去厦门大学研究生的课程体系基本固定,主要是根据培养方案来开设课程,但厦门大学2014年改革确定了按一级学科设置培养方案的基本思路,除了专业学位课外,大量开设选修课。为了实现资源共享,这些课程往往对硕士研究生、博士

研究生以及本科生同时开放。选课系统适应了学科培养方案的复杂性和多样性，同时满足了学生自选课的个性化需求。第二，建立学籍管理信息库，将学生学籍管理与学生的课程、社会实践、论文答辩、学位授予等相关工作结合起来，使得培养环节规范化，实现学生管理流程的再造。第三，建立研究生科研管理信息库。早在2007年，厦门大学就已经建立研究生科研管理模块，主要用于收集研究生的科研成果，以帮助研究生较为系统的认识自己科研能力的发展。目前，这一系统与研究生学籍管理工作相配合，对研究生的科研管理起关键作用。

《厦门大学研究生学籍管理规定》结合学校实际，充分考虑研究生学习的特殊性，体现以人为本的精神，给予学生自主学习的空间，在实施过程中，受到广大师生的认可。

二、研究生学籍管理与变动基本情况

近年来，厦门大学研究生学籍异动现象有所增加。2005年，学校对超出在校年限规定未完成学业的研究生进行超期预警，对212名仍未完成学业的研究生限期完成学业，同时对研究生作各类学籍处理共184人次：申请退学16人，对研究生作退学处理16人，作放弃入学资格处理87人，保留入学资格16人，取消入学资格3人，注销学籍（死亡）3人，保留学籍（出国出境）17人，休学24人、转专业2人。

2006年，学校研究生学籍异动总数为299人次，其中放弃入学资格147人，申请退学24人，退学处理32人，死亡5人，保留入学资格25人，保留学籍25人，休学36人，转专业1人。

2007年，学校研究生学籍异动总数为305人次，其中放弃入学资格102人（主要原因是研究生主动放弃入学），申请退学22人（主要原因是研究生出国留学），退学处理25人（主要原因是研究生在校年限超期无法完成学业），死亡3人（主要是研究生因病身亡），保留入学资格7人（主要原因是经济困难或因工作不能按时入学），保留学籍86人（主要是由于出国），休学54人（主要是由于工作或身体原因暂停学业），转专业6人。学籍异动总数比2006年增长33%，增加的项目主要是保留学籍，这主要是由于学校2007年以来公派出力度加大,研究生要求保留学籍引起的。

2008年学校研究生学籍异动总数为413人次,其中放弃入学资格136人(主要原因是研究生主动放弃入学),申请退学27人(主要原因是选择就业或出国留学),退学处理52人(主要原因是研究生在校年限超期无法完成学业),死亡4人(主要是研究生因病身亡),保留入学资格16人(主要原因是研究生因病需要治疗),保留学籍125人(主要原因是出国留学或公派出国),休学47人(主要是由于工作或身体原因暂停学业),转专业6人。学籍异动总数比2007年增长35.4%。

2009年学校研究生学籍异动总数为688人次,其中放弃入学资格291人(主要原因是研究生主动放弃入学),申请退学47人(主要原因是研究生个人家庭原因和出国留学),退学处理110人(主要原因是研究生在校年限超期无法完成学业),死亡2人(疾病),保留学籍114人(主要原因是出国),休学74人(主要是由于工作或身体原因暂停学业),转专业50人。学籍异动总数比2008年增长66.6%。

2010年学校研究生学籍异动总数为616人次,其中放弃入学资格256人(主要原因是研究生主动放弃入学),申请退学35人(主要原因是研究生个人问题或出国留学),退学处理53人(主要原因是研究生在校年限超期无法完成学业),死亡6人(原因是疾病或意外身故),保留入学资格2人(原因是新生因病不能入学),保留学籍146人(主要原因是出国),休学71人(主要是工作或身体原因暂停学业),转专业47人。学籍异动总数比2009年减少10.46%。

2011年学校研究生学籍异动总数为639人次,其中放弃入学资格307人(主要原因是研究生主动放弃入学),申请退学50人(主要原因是出国留学或研究生因工作、家庭不能兼顾学业而选择退学),退学处理37人(主要原因是研究生在校年限超期无法完成学业),死亡1人(疾病),保留入学资格1人(暂未取得硕士学位),保留学籍135人(三个月及以上的出国学习、科研等),休学80人(主要原因是工作或身体原因暂停学业),转专业28人。学籍异动总数比去年增加3.73%。

2012年学校研究生学籍异动总数为663人次,其中放弃入学资格269人(主要原因是研究生主动放弃入学),申请退学81人(主要原因是出国留学或研究生因工作、家庭不能兼顾学业申请退学和在校年限超期无法完成学业),

死亡4人（疾病），保留学籍191人（三个月及以上的出国学习、科研等），休学80人（主要原因是工作或身体原因暂停学业），转专业38人。学籍异动总数比去年增加3.76%。

2013年学校研究生学籍异动总数为740人次，其中提前毕业31人，放弃入学资格312人（主要原因在职研究生因工作放弃入学），退学93人（主要原因是出国留学或研究生因工作、家庭不能兼顾学业申请退学和在校年限超期无法完成学业自动退学），死亡2人（事故），出国保留学籍201人（三个月及以上的出国学习、科研等），休学73人（主要原因是工作或身体原因暂停学业），转专业23人。学籍异动总数比去年增加11.61%，主要是由于今年学籍异动增加"提前毕业"统计项及学位教育研究生放弃入学资格的增加引起的。

2014年学校研究生学籍异动总数为834人次，其中提前毕业18人，放弃入学资格335人，退学113人，死亡2人，出国保留学籍261人，休学84人，转专业21人。

2015年学校研究生学籍异动总数为732人，其中提前毕业21人，放弃入学资格184人，退学97人，死亡1人，出国保留学籍335人，休学77人，转专业17人。

2016年学校研究生学籍异动总数为852人，其中提前毕业21人，放弃入学资格178人，取消入学资格119人，退学110人，休学80人，复学47人，博士转硕士10人，出国保留学籍322人，回国恢复学籍285人，注销学籍1人，转专业10人，转院1人。

第七节　厦门大学研究生教育的质量监控及其措施

研究生培养质量是研究生教育的生命线。为确保研究生培养质量，2014年国务院学位委员会、教育部正式发布《关于加强学位与研究生教育质量保证和监督体系建设的意见》《学位授权点合格评估办法》和《博士硕士学位论文抽检办法》等文件，明确了建立学位授权点定期评估、确立学位论文抽检制度、加大不合格学生淘汰力度、健全不合格学位点强制退出机制等制度在内的研究生教育质量保证和监督体系。厦门大学也从坚持质量出发，遵循研究生教育规律，严格研究生教育教学管理，不断健全和规范相应制度，在招生、学位授予、课程建设与监控等多方面形成较为完善的质量保障体系。

一、质量保障的基本机制与管理制度

质量保障是一个系统工程。厦门大学确立了从学校、研究生院、学院到导师以及学位委员会、培养指导委员会在培养、质量保障中的基本机制。其中，学位评定委员会、一级学科研究生培养指导委员会、专业学位研究生培养指导委员会在其中起重要作用。一级学科研究生培养指导委员会以一级学科为单位，全面负责本学科范围内所有的人才培养方案审定、课程设置审议，并对本学科范围内的研究生培养提供咨询、决策和指导。研究生院是重要的管理与执行部门，导师是质量保障的第一责任人。厦门大学强调推行制度化建设，制定科学合理、切实可行的管理办法，确保研究生教育培养的各个环节有法可依。2014—2016年，研究生院修订了20多个研究生培养相关的文件，确保各项管理办法的时效性和科学性。

为了保证质量监督与保障体系的有效运行，厦门大学加强了研究生教育管理队伍建设。厦门大学研究生教育管理队伍中，专职管理人员（校聘）184名（校级管理人员27名，院级管理人员157名）。从学历结构来看，获得博士学位的管理人员76人，获得硕士学位的管理人员66人，硕士以上者比例达到77%。研究生院则定期对研究生教育管理队伍进行业务培养，考核其综合表现，对表现优秀者予以奖励。

二、健全质量保障组织，完善督导制度

2004年为了加强对研究生教育的研究、指导、督促和检查，健全与完善研究生教育与学位授予质量的监督与评价机制，厦门大学制定《厦门大学研究生教育督导工作施行办法》，成立研究生教育指导小组，通过巡视、听课、座谈、调研教学档案及开题报告学位申请材料等、开展教育教学改革研讨等方式，对学

校研究生教育的现况进行调研和评价,对研究生教学过程和研究生培养工作的各个重要环节进行督察,对教学活动和教学管理工作提出意见与建议,为学校研究生教育的改革与创新提供咨询。根据规定,研究生教育指导小组的工作涵盖研究生培养工作的各个重要环节,包括各专业培养方案中的课程设置情况、院(系、所)的课程安排与管理情况、教师的教学情况和研究生对课堂教学的反映、学位论文工作执行情况和学位论文的质量和规范性程度等。

近年来,厦门大学研究生教育指导小组主要开展教学督导与学位质量监控方面的工作。在教学督导方面,厦门大学研究生教育指导小组主要从事:(1)课程管理:主要了解院、系(所)每学期初制定的课程安排(课程表)的实际执行情况,教师能否按时上课,有无任意调课现象。(2)课堂纪律:检查研究生能否按时到课,到课率如何,课堂教学进程中有无违纪现象。(3)教师的教学态度:主要考察教师对课堂教学的责任心如何、备课是否认真、授课时的精神状态如何、行为举止能否做到为人师表。(4)教学内容:对所听课程的教学内容从宏观上做出恰当的评价,如课程的类型是否与培养方案的要求一致,是否按教学大纲的内容和要求来组织教学,能否理论联系实际,启发研究生的创新意识。(5)教学方法:主要考察教师在课堂教学过程中能否采取启发式教学方法,调动研究生积极思考,鼓励他们参与教学过程,从参与中更深刻地理解教学内容;教师在课堂上是否能应用现代化教学手段等。(6)教学效果:认真听取研究生对本次课或本门课的总体反映,从中了解教师的教学效果。(7)课程考核:在每学期期末检查课程考核情况,包括考核方式、考场纪律、成绩评定和登记。

在学位质量监督方面,其主要包括:(1)学位论文进展情况:检查各院系是否按要求规范研究生学位论文工作,包括社会调查、开题报告、论文阶段性进展报告等环节。(2)学位论文答辩:检查各院系是否按规定组织论文评阅和审核学位论文答辩申请,答辩过程是否遵照应有的程序和规则。为了充分发挥教育指导小组的作用,厦门大学要求,教育指导小组在调研与检查的基础上,应进行总结,写出工作报告,并对学校研究生教育的改革与创新提供咨询。研究生院则每学期期末召开一次指导工作总结会,分析并总结本学期指导工作情况,研究制定进一步加强研究生教育改革、改进研究生培养和学位工作的措施,提出进一步搞好教育督导和发挥指导作用的办法。

三、坚持课程改革与检查制度

课程是研究生培养的重要载体,加强课程建设与检查是保证研究生培养质量的重要手段。从2004年起,厦门大学设立研究生教育指导小组,每年从全校聘请教学经验丰富、学术造诣较高、责任心强的研究生导师担任教学指导小组成员,每学期安排指导小组成员对研究生教学情况进行不定时、大范围的检查,覆盖全校研究生教学单位。及时了解研究生课程教学执行情况,严格规范课堂教学秩序,对存在问题的课程和学院提出整改意见,要求其进行整改。通过教学检查工作,全面了解研究生课程授课情况,及时发现存在的问题,稳定教学秩序,促进研究生课教学提高质量。

2014—2015学年,学校组织研究生教学指导小组累计抽查研究生课程1 764门次。安排研究生院领导及研究生教育指导小组深入课堂,共对127门研究生课程(共覆盖全校所有的32个研究生教学单位),进行听课,根据听课意见对教学中出现的问题进行通报,向学院和任课教师提出改进建议。2015—2016学年,学校抽查研究生课程1 178门次,对124门研究生课程(共覆盖全校所有的35个研究生教学单位)进行听课。2016—2017学年,学校抽查研究生课程1 365门次,对207门研究生必修课程(共覆盖全校所有的29个研究生教学单位)进行听课。

表4-15　2014—2016学年研究生教学秩序检查情况表

学年学期	总开课门次	检查课程门次	检查课程占比(%)	按课表授课门次	按课表授课课程比重(%)
2014—2015学年秋季	1 586	919	57.94	841	91.51
2014—2015学年春季	1 317	845	64.16	733	86.75
2015—2016学年秋季	1 092	568	52.01	508	89.44
2015—2016学年春季	950	610	64.21	554	90.82
2016—2017学年秋季	1 174	695	59.20	661	95.11
2016—2017学年春季	967	670	69.29	626	93.43

从2015年起,学校强化一级学科培养指导委员会对于课程教学质量的把

关,要求所有新开课都须经过一级学科培养指导委员会充分论证和审核通过,报研究生院批准后方可开设。规定明确提出新开设课程的申请条件和要求,强调课程应充分体现研究生教育教学规律和特点,兼顾知识基础性、系统性,突出学科前沿知识,注重培养研究生学术研究能力和创新能力。明确一级学科培养指导委员会对新开课程的论证和审议职责,强化课程监督和档案管理;探索开展课程周期性评估,在新开课一轮后对课程教学质量进行评估,取消达不到开课人数要求、开课效果不好的课程。

2016年,研究生院围绕"常规教学不松懈、严格学籍管理"这一工作重点,狠抓研究生教学管理和学籍管理工作,形成一套规范化、科学化、常态化的教学管理模式,为提高研究生培养质量奠定坚实基础。

为维护学校正常教学秩序,提高教学质量,2011年厦门大学制定《厦门大学教学事故认定与处分暂行办法》,将教师、教学辅助人员、教学管理人员或其他为教学服务的工作人员违反教学工作程序、教学工作规范、教学管理规章制度,导致教学秩序、教学质量受到影响,产生不良后果的情况都纳入教学事故范围。根据教学事故的情节和后果,教学事故分为重大教学事故(一级教学事故)、严重教学事故(二级教学事故)和一般教学事故(三级教学事故),违反者给予相应的处分。

四、开展博士生中期考核分流制度

开展博士生中期考核分流是国际一流大学博士生培养的通行做法,是综合考察研究生研究能力和培养潜质的重要环节,是规范博士生培养过程管理、提高博士生培养质量的重要内容。厦门大学长期坚持中期考核分流制度。早在1987年就提出对博士生进行中期筛选,对1986级研究生试行中期分流制度。具体做法是,硕士生根据考核结果中期分流,部分推荐免试或提前攻读博士,部分提前毕业分配工作或提前攻读博士学位,部分中期淘汰,按研究生班毕业或按本科生毕业分配工作①。

2002年修订的《厦门大学研究生中期水平考核分流办法》规定,硕士生在

---

① 厦门大学校史编委会.厦门大学院系馆所简史[M].厦门:厦门大学出版社,1990:3.

入学后第四学期进行考核,考核内容主要包括政治思想表现、学位课程与必修课的成绩、科研和实践能力、科研成果的数量和质量。具体标准如下:(1)思想品德好、身体健康、成绩优秀,科研和实践能力较强(在权威或核心刊物上发表过一篇以上的学术论文),可以提前毕业或申请提前攻读博士学位;(2)思想品德好、身体健康、课程成绩合格、具有科研和实践能力的,可以继续攻读硕士学位;(3)存在思想品德差,有严重违法行为的;或者明显缺乏科研能力;或者学位课程两门不合格或一门不合格经过补考后仍不合格;或因身体问题或其他原因不宜继续学习的,则终止攻读硕士学位。博士生则在第三学期进行中期水平考核,其分流应在学科综合考试的基础上完成。思想品德好、身体健康、课程成绩合格、具有科研和实践能力的,继续攻读博士学位;存在思想品德差,有严重违法行为的;或者明显缺乏科研能力;或者学位课程一门不合格经过补考后仍不合格;或因身体问题或其他原因不宜继续学习的,终止攻读博士学位。

  为了强化博士生培养过程管理,提高博士生培养质量,厦门大学按照先行先试、边改革边完善原则于2015年启动2014级博士生中期考核分流工作。在学校的大力推动下,全校各学院根据学科特点和专业特性,制定博士生中期考核分流工作办法,规范博士生中期考核管理。2016年,研究生院根据2014级研究生培养方案的要求全面启动2014级博士生中期考核分流工作,组织研究生教育指导小组对全校30个博士生培养单位的中期考核工作进行巡视。从开展情况看,全校644名2014级博士生参加了中期考核(参加比例为87%),共54人(8%)未能通过第一轮考核。为了充分调动学院的首创精神,研究生院让各个学院积极探索考核方式改革。全校共10个学院或研究院先进行开题报告后开展中期考核,7个学院先开展中期考核后进行开题报告,8个学院将开题报告与中期考核结合进行,另有5个学院未规定开题报告和中期考核的先后顺序。为了总结各单位典型经验,研究生院分别在思明校区和翔安校区组织召开两场中期考核专题座谈会,听取了46名博士生代表对于中期考核的意见和建议。在此基础上,制定《博士研究生中期考核分流工作暂行办法》,共14个学院或研究院提出42条修改建议,进一步完善了博士生中期考核制度。

五、规范研究生学籍管理

为了强化过程管理,厦门大学积极推进研究生学籍管理信息化,实现全面网上注册报到、结果填报,实现研究生出国出境网上填报、审批系统,提高研究生出国出境审批效率及学籍保留审批效率。2016年,研究生院多举措并行,严格注册报到管理,学校研究生学籍管理工作秩序良好,除少部分研究生因外出调研、实习或因事、因病请假未能准时报到外,研究生的准时报到率维持在90%以上,无故未到校比例降至0.86%。

同时,厦门大学强化毕业证书颁发制度,2008年厦门大学制定《厦门大学关于规范研究生毕业证书颁发工作的相关规定》,加强毕业研究生相关信息的核对与图像信息采集,严格毕业研究生资格审查,对毕业研究生名单的报送与毕业证书的制作、研究生毕业证书的颁发、学历电子注册等问题作出具体规定。

六、实行厦门大学学位论文盲审与抽查制度

厦门大学实行严格的学位论文双盲评审机制和论文抽查制度,对于博士学位论文和在职人员以同等学力申请博士、硕士学位的学位论文要求100%全盲送审;学术型硕士学位论文原则上盲审送审率不低于50%;专业学位硕士学位论文原则上盲审送审率不低于40%。

为了加大监督力度,研究生院不断优化学位论文送审方式,加强对学位论文质量的监督,逐步完善质量监控体系,将质量监控例行化、制度化。自2008年起,研究生院每年选取几个学院的博士生学位论文进行平行送审。研究生院组织的送审不影响学生的答辩,仅作为博士学位论文整体质量的评价标准之一。至2012年,研究生院抽查学院、研究院15个,涵盖了具有博士学位授权的所有学院,送审博士学位论文828篇。每篇博士论文送两位专家进行评议,委托学科在全国排名前十的学校或者具有一级学科国家重点学科和二级学科国家重点学科的学校随机安排专家进行评议。专家根据博士论文评阅书的细目对每篇论文按照百分制进行打分。经统计,学校发现部分学院存在送

审优秀率高于学校送审优秀率的现象,有10篇论文送审不合格。为此,研究生院针对学院送审优秀率远远高于学校的抽查优秀率的现象建立质量约谈制度,督促学院进一步完善送审制度和送审程序,保证博士学位论文送审结果准确客观反映学位论文的质量;对不合格论文较多的学院,减少其招生指标或优博培育的指标。

从2013年开始,厦门大学在教育部博士论文抽检制度之外,博士论文实行平行送审抽查,本次论文抽查选择了文科类院系2013年6月和2013年9月已授学位博士生的学位论文共223篇,共涉及11个学院、研究院,16个一级学科,51个二级学科。抽查评估的方式由研究生院委托教育部学位中心统一对抽查学院已答辩博士的学位论文进行平行送审(每篇送审两位专家)。据统计,参加本次博士学位论文送审的专家,全部为博士生导师,且绝大部分工作单位为"985工程"或"211工程"高校具有正高级职称和博士学位。结果显示,厦门大学2013年的博士论文质量良好(优秀率达到21.2%,良好率为53.3%),但与学院送审的通过率为100%相比,此次抽查合格率为95.8%。

2014年,厦门大学研究生院扩大博士学位论文抽检的力度与范围,共抽查了2014年获博士学位的学位论文344篇(匿名评审共涉及24个学院、研究院,30个一级学科,100个二级学科),在评审规则上,每篇论文送三位专家评审评阅。在此次评审中,出现18篇论文有一位专家给出不合格意见,根据抽检办法,这18篇论文分别再送两位同行专家认定复评。抽检结果优秀率为27.9%,良好率为54.1%,不合格率仅为1.7%。与此同时,国家抽检的50篇博士学位论文中,未出现问题论文。

七、加强研究生学风建设

学校高度重视学风建设的保障机制,2007年设立学风委员会,全面负责全校的学风建设以及各类科研诚信事宜的调查和处理。2015年韩家淮院士担任该委员会主任,全面负责全校的学风建设以及各类科研诚信事宜的调查和处理。2016年,校学风委员会对两起举报事件进行了调查和处理。

为了保障学位论文的质量,端正研究生的科研态度,形成良好的学术规范意识,避免学术不端行为,研究生院开展研究生学术道德与学术规范的宣传、

教育与考核工作。结合学校举办的学术道德与学风建设宣讲,研究生院将《高校人文社会科学学术规范指南》以及《高等学校科学技术学术规范指南》制作为电子版文件提供给研究生下载学习,通过网络问卷测试系统对研究生进行学术道德和学术规范知识的考核,将通过测试作为研究生进行选课、答辩等必要条件,实现全覆盖、重实效。目前,学校制定《厦门大学研究生学术活动规范》《厦门大学学风委员会章程》,开展高校学风建设专项教育和治理行动,积极按照学科或专业学位类别制定与本单位办学定位相一致的学位授予标准,加强对研究生论文质量的抽查与评估工作。2014年,启用"学位论文学术不端行为检测系统",让学院根据学科特点自定论文重复比例和处理办法。2015年9月,学校出台最新修订的《厦门大学学术不端行为处理暂行办法》,进一步强化立规立矩,坚守学术底线,努力维护学术道德,建章立制,促进学术自律。2016年,学校以推进开展科研诚信教育为重点,深入开展形式各样的科学道德和学风建设宣讲教育,将科学道德和学风建设教育纳入研究生培养过程,在中国特色社会主义理论与实践研究、自然辩证法概论、中国马克思主义与当代、马克思主义与社会科学方法论、马克思主义经典著作选读等研究生课程中,穿插了多场由名师主讲的关于科学道德和学术规范的讲座,进一步增强学生自主创新的意识,规范学生学术行为,改善学校的学术氛围,营造出良好的学术环境,促进科研诚信建设。同时,研究生院也在主页上设立学风建设专栏,介绍宣讲专家队伍及优秀学术团队;发布学风建设重要文件,征集优秀团队、科学家先进事迹,报道学风建设工作进展,弘扬以德为先的崇高品质,通过榜样作用积极引导广大学生树立高尚学风,规范学术行为。

第八节　厦门大学研究生教育国际化

国际化是高等教育现代化的重要内容和主要标志,世界各国都充分重视教育国际化对提高本国教育质量、增强国家综合实力和国际竞争力的重要作用。厦门大学一直把国际化作为创建一流大学的办学理念、办学目标和发展战略,提出"国际化是一流研究生教育的重要特征",大力发展研究生教育国际化,推动国际化制度建设,在师资队伍建设、跨国学生互派学习与访问、科学研究合作、国际学术交流与合作方面取得一定成效。

一、研究生教育的国际化理念

国际化办学一直是厦门大学研究生教育的基本理念。1921年的《厦门大学校旨》开宗明义地指出:"本大学之主要目的,在博集东西各国之学术及其精神,以研究现象之底蕴与功用,同时阐发中国固有之美质,使之融会贯通,成为一种最新最完善之文化。"[①]1925年,厦门大学拟设国学研究院,虽以国学为研究主旨,却不忘将国学研究介绍于国内外学者。

改革开放以来,学校注重发挥区位优势,坚持开放办学。20世纪80年代以来,学校向世界开放,外事往来频繁。截至1984年10月,厦门大学接待外宾达1 800多人次。1984年以后,外宾来访骤增,仅1987年学校就接待团体和个人124批384人次。其中不乏国家首脑、政党要人、政府官员、社团负责人、教育界人士。他们的参观访问,不仅有利于世界了解厦大,也对厦大的学术研究、教育培养等多方面产生了重要影响[②]。

在国家教委的支持和国外友好人士的协助下,厦门大学从1982年开始先后同国外一些著名大学建立联系渠道,正式开展校际合作。这些大学包括法国尼斯大学,加拿大达尔豪西大学,荷兰莱顿大学、阿姆斯特丹大学,美国威拉姆特大学、加利福尼亚州立大学、俄勒冈大学、爱莫雷大学,澳大利亚国立大学,英国南威尔士大学,日本大阪外国语大学,菲律宾亚典耀大学等。至1990年年底,厦门大学同世界9个国家和地区的26所大学建立了校际合作关系。合作内容主要包括:互派留学生、进修教师;互邀学者讲学,进行学术交流;在相关领域开展合作研究以及交流图书资料等[③]。在人才培养方面,厦门大学

---

① 刘洁.国际化办学:研究型大学发展战略的必然选择——访厦门大学校长朱崇实教授[J].教育研究,2010(6):59-61.
② 厦门大学档案馆,厦门大学校史研究室.厦门大学校史(1949—1991)(第二卷)[M].厦门:厦门大学出版社,2006:355.
③ 厦门大学档案馆,厦门大学校史研究室.厦门大学校史(1949—1991)(第二卷)[M].厦门:厦门大学出版社,2006:357-358.

既接纳对方派出的留学生,邀请学者来校讲学,也派出人员出国留学,加强师资方面的交流。

在此背景下,厦门大学招收外国留学生和研究生出国留学的人数逐渐增加,据记载,自1977年开始厦门大学就派出留学人员①。1982届的毕业研究生中有两人自费出国留学,1984年,厦门大学颁发《关于推荐免试的应届毕业生报考出国预备研究生的规定》,规定:(1)凡被批准为推荐免试的应届毕业生,允许报考出国预备研究生。(2)凡报考中美联合招生的物理(李政道项目)、生物(吴瑞项目)和化学(多林项目)出国预备生的,由招生单位审核,可直接参加以上三个项目的面试,免予笔试。但报考化学类的要参加全国研究生统考中的外语科目的考试,其成绩应达到出国要求的基本分数线。(3)凡报考其他项目的出国预备生则自动放弃免试入学资格,这些考生仍需参加研究生招生统考。② 最早获得厦门大学博士学位的外国留学生是梅安。1993年,校学位评定委员会同意授予16人博士学位,其中梅安是巴基斯坦留学生,学习四门课程,通过博士课程综合考试。随后也有部分来自友好国家学生前来攻读厦门大学研究生,如 EI BAKKARI SIDI MOHAMEO(1995届,摩洛哥,环科系,硕士研究生)、Alia Bano Munshi(女,1996届,巴基斯坦,海洋系,博士研究生)、KENZA OUAKKA(女,1996届,摩洛哥,海洋系,硕士研究生)、王大洋(1997届,科威特,会计系,博士研究生)、TOURE.AH(1998届,几内亚,生物系,硕士研究生)、三滨成太(1998届,日本,南洋所,硕士研究生)、艾舍莱福(2001届,埃及,计统系,硕士研究生)③。伴随着高等教育国际化的深入,我国从早期以"知识输入型"为主的交流向"互利互惠型"的交流与合作转变。大学对于国际化办学的理解也更为全面而深入。

早在1980年,美国前加州大学总校校长克拉克·科尔就指出:我们需要

---

① 厦门大学档案馆,厦门大学校史研究室.厦门大学校史(1949—1991)(第二卷)[M].厦门:厦门大学出版社,2006:519.

② 厦门大学校史编委会.厦大校史资料(第四辑)[M].厦门:厦门大学出版社,1990:256-260.

③ 厦门大学校史编委会.厦大校史资料(第六辑)[M].厦门:厦门大学出版社,1990;陈国凤.南强之星 厦门大学学生毕业生名录(1988—1999)[M].厦门:厦门大学出版社,2001,研究者根据名录核对了部分档案,由于部分文档不完整,所列名字或有疏漏。

一种超越赠地学院观念的新的高等教育观念,即高等教育要国际化;1998年联合国教科文组织首届世界高等教育大会指出,不论发达国家还是发展中国家,都必须正视高等教育国际化的进程,强调"国际合作和交流是促进全世界高等教育的主要途径";伴随着欧盟一体化的进程,欧盟成员国之间的高等教育国际化取得显著成绩,更为中国研究型大学深入理解国际化办学提供了可能。在此背景下,中国的研究型大学也纷纷将"世界一流大学"或"世界知名高水平大学"作为发展的主要目标。2005年,厦门大学将国际化办学作为学校的一个发展战略写入《厦门大学"十一五"规划和2021年远景规划》。2007年,厦门大学初步提出建立"世界知名高水平研究型大学"的奋斗目标。2013年,厦门大学更加明确地表述学校发展战略"双百"总目标,即在建校一百年时全面建成世界知名高水平研究型大学,力争在新中国成立一百年时跻身世界一流大学行列。为实现这一目标,厦门大学提出"三步走"的基本战略:第一阶段经过八年左右努力,到2021年建校百年之际,全面建成世界知名高水平研究型大学,为建设世界一流大学奠定坚实基础;第二阶段再经过十五年左右努力,到2035年前后,主要办学指标和整体实力接近世界一流大学;第三阶段再经过十五年左右努力,到21世纪中叶,新中国成立百年之际,办学声誉和办学水平获得国际公认,主要办学指标和整体实力跻身世界一流大学行列。

在这样的背景下,厦门大学对于国际化的理解也更为清晰与明确:第一,国际化是当今高等教育发展的趋势。厦门大学要实现高水平大学的目标,必须走国际化办学的道路。第二,国际化是研究型大学的基本特征。厦门大学作为研究型大学,必须进行真正高水平的研究,必须站在相关学科的国际前沿。第三,厦门大学在建设研究型大学的过程中,应根据学校自身特点,有针对性地与国际著名研究型大学深入开展交流与合作,吸收、借鉴其成功经验,加快学校建设步伐,实现跨越式发展。第四,厦门大学应以面向现代化、面向世界、面向未来的战略眼光,坚定不移地在更大范围、更宽领域、更高层次上推进国际化办学,在国际化办学过程学习借鉴国际先进的办学经验,运用国际优

质的办学资源,加强交流与合作,实现互利双赢,不断提升办学水平①。

二、研究生教育国际化的制度化

为有效促进厦门大学研究生教育国际化进程,改善研究生培养质量,厦门大学专门制定并积极修订研究生出国、出境管理制度,资助研究生出国出境参加国际学术会议制度和资助研究生国外访学制度,为推动研究生教育质量发展提供制度性保障。

(一)研究生出国、出境管理

2002年,为规范研究生办理出国(境)的有关手续,切实做好研究生出国(境)的管理,厦门大学根据教育部文件精神,结合学校实际情况,制定了《厦门大学关于研究生出国(境)管理的暂行规定》,对学校研究生出国(境)参加学术交流或展开时间不超过6个月的合作研究作出规定,必须持有学校与合作单位协议书或学术会议主办单位的邀请函等有效文件,经学校科研处(社科处)认定后,才能按有关规定办理手续。派出参加合作研究的研究生宜为二年级以上的硕士生或博士生,一般应以博士生为主。一般情况下不同意未毕业的研究生以探亲、旅游的名义办理出国(境)手续。有直系亲属(限父母和配偶)在港、澳、台者,可申请在寒暑假期间探亲。从2002年9月开始,厦门大学仅允许应届毕业的研究生申请自费出国留学,或赴港澳地区攻读学位,其他年级和延长毕业的研究生不予受理。但从2004年开始,有关出国的限制条件逐渐发生变化;一方面,联合培养研究生逐渐成为研究生留学的重要途径,按照相关协议规定选派研究生成为研究生管理的重要工作;另一方面根据教育部《关于简化大专以上学历人员自费出国留学审批手续的通知》,申请出国留学的在校研究生均要办理退学手续,由研究生院开具有关证明。2005年厦门大学规定,经研究生院批准,研究生出国(境)期间可以保留学籍,出国(境)时间计入学校规定的研究生在学年限;研究生出国(境)必须按时返回学校。未经批准

---

① 刘洁.国际化办学:研究型大学发展战略的必然选择——访厦门大学校长朱崇实教授[J].教育研究,2010(6).

到期未返校超过两周者,视为自动退学。

2008年,为促进学校国际化进程,拓宽学生视野,培养国际型人才,规范厦门大学学生出国出境事宜的办理程序,提高工作效率,厦门大学颁布《厦门大学学生出国出境管理规定》,对短期和长期因公、因私出国出境进行全面管理,为公派留学生提供了优厚的待遇,以鼓励学生开阔视野,成为国际型人才。

第一,《规定》确立了学生出国出境的管理体制,明确了国际处、学院(研究院)、研究生院、学生处、财务处、科技处和社科处、组织部在其中的责任和工作,其中,各学院(研究院)负责按名额和条件对本单位的申请人进行初选和内部公示工作,负责办理获准者的院内请假、审批和返校后报到注册等工作。研究生院负责"国家建设高水平大学公派研究生项目"研究生的选拔,各类长短期出国出境研究生的学籍处理、学分互认与成绩认定,返校报到注册等工作。

第二,《规定》明确了各类学生出国出境项目的申请、选拔和派出的基本程序。

第三,确定出国、出境学生的学籍管理的基本原则:(1)研究生经批准出国出境一年以内的,国内学籍予以保留。学生在境外、国外学习的时间计入学生在校学习年限。(2)研究生出国出境期限超过一年的(含一年),可向研究生院申请保留国内学籍,经批准后方可保留国内学籍。公派出国出境的按任务书中的派遣期限相应保留国内学籍年限,其他出国出境的保留国内学籍年限不超过两年(含两年),且须每一年申请一次。(3)研究生出国出境逾期,擅自超过批准出国出境返校时限或延期未经批准未返校者,根据学籍管理规定可作退学处理。学生未经学校批准或未完成审批手续而擅自出国出境,连续两周以上未参加学校规定的教学科研活动者按自动退学处理。联合培养研究生执行相关培养协议书的要求。(4)公派学生在国外进修的各科成绩,应于境外学校每学期结束后一个月内,由该校密封寄至学校相关学院。课程成绩,经学院分管领导确认,原则上作为选修课程计入研究生学习成绩。(5)公派学生应严格执行我国有关保密法律法规和学校保密工作的相关规定。各类公派学生在境外期间获得的科研成果及其后续成果,均应注明作者单位为厦门大学,也可联署外方联合培养单位。在学位申请上,公派研究生向双方学校申请学位的,按双方学校相关协议执行。公派研究生学位论文原则上应以中文撰写(特殊专业除外)。凡用外文撰写者,必须提交中文译本。在国外进行论文答辩且同

时向联合培养高校申请学位者,可不提供中文译本,但应提供详细的中文论文摘要。

第四,确定学生管理的基本原则,包括出国相关费用、学校学费、奖学金、住宿等方面的管理:(1)申请长期出国出境的学生在办理校内审批手续前必须缴清学校的全部费用,不得欠费。(2)公派学生在境外的学费、旅费、住宿费、生活费、书籍费、保险与其他个人消费等,均由相关项目经费及学生本人承担。长期公派项目的学生有享受政府、学校或项目提供的在国外院校就读时的免学费、免住宿费、提供奖学金、发放生活费等待遇者,应同时缴纳在学校的学费;若未享受政府、学校或项目提供的上述待遇者,可凭外方高校缴纳学费的发票或证明免交相应期间厦门大学学费。短期公派项目学生应正常缴纳本校的学费、住宿费。(3)学生出国出境超过6个月的,必须办理退宿手续;出国出境时间少于6个月的,学校保留其床位。(4)研究生短期出国出境者可以继续享受研究生助学金,长期出国出境者,在境外期间不享受研究生助学金和奖学金。同样,厦门大学也对公派出国联合培养研究生给予优厚的待遇,根据规定,参加该项目的培养方式为非国家任务自筹经费的研究生可申请适当减免在外学习期间部分厦门大学培养费。在外学习期限超过半年(含半年)不足一年的,最高可减免半年的厦门大学培养费;在外学习期限超过一年(含一年)不足一年半的,最高可减免一年的厦门大学培养费;在外学习期限超过一年半(含一年半)不足两年的,最高可减免一年半的厦门大学培养费;在外学习期限满两年的,最高可减免两年的厦门大学培养费。参加该项目研究生的报名评审费统一由学校支付。学校导师应根据厦门大学的相关规定履行导师职责,与外方导师共同督促研究生按时完成学习任务。同时规定,参加该项目的研究生在联合培养期间取得的与获得资助有关的论文、研究项目或科研成果,在成文、发表、公开时,应注明或说明"本研究/成果/论文得到国家留学基金资助",并署名"厦门大学"。

同年,为了进一步推进高水平大学建设,培养国家建设所需的国际化人才、拔尖创新人才和高素质专业人才,推动国家留学基金管理委员会设立的"国家建设高水平大学公派研究生项目"的发展,厦门大学制定《厦门大学支持国家公派研究生项目的补充办法》,确立了"个人申请,单位推荐,专家评审,择优录取"的选拔原则和程序,推出相应的鼓励措施,学校设立公派出国研究生专项基金,按 3 000 元/人的标准从公派出国研究生专项基金中一次性划拨培养经费给派出联合培养博士研究生的导师;按 8 000 元/人的标准从公派出国研究生专项基金中一次性划拨培养经费给派出攻读博士学位研究生的导师。专项基金专款专用,用于研究生的助研津贴和其他学术活动费用,不得挪作他用。对国家留学基金委设立的"博士生导师短期出国交流项目",其重点选派国家建设高水平大学公派研究生项目中联合培养博士生的国内指导教师。

(二)国际会议资助

为促进在校研究生的国际合作与交流,进一步提高学校研究生的培养质量,2007 年厦门大学设立研究生出国出境参加国际学术会议资助项目,鼓励和资助在读研究生出国出境参加国际学术会议,制定《厦门大学研究生出国出境参加国际学术会议资助管理办法(试行)》并于 2008 年正式执行。根据规定,资助对象与原则包括:(1)资助对象为厦门大学全日制在校研究生,拟参加的国际学术会议的主题应与申请者专业领域紧密相关,且拟参加的国际学术会期应在完成论文答辩之前;(2)资助参加的国际学术会议原则上应为在国外境外举办的相关研究领域的高水平国际学术会议;(3)资助对象原则应为论文的第一作者(或导师为第一作者,学生为第二作者),且在会议上做口头报告或报展。每篇论文资助一名研究生参会。论文的第一署名单位为厦门大学;(4)资助原则是学校资助与导师(课题组)资助相结合。参加领域内最高国际学术学会(或协会)主办的学术会议可酌情提高资助额度。大会、分会邀请报告等可申请全额资助。参加双边学术会议原则上资助额度减半,资助内容包括参加国际学术会议的往返旅费、会议注册费、签证相关费用、往返机场/火车站交通费、住宿费等。

2013 年以来,根据近年来申请国际会议资助的实践经验与总结,厦门大学修订了《厦门大学研究生出国出境参加国际学术会议资助管理办法》,对申请对象、申请条件和资助原则进行适当修订:(1)将申请对象主要集中在厦门大学全日制在校博士研究生或已获得攻读博士学位资格的学生。申请人拟参加的国际学术会议的主题应与申请者专业领域紧密相关,且拟参加的国际学术会议会期应在完成论文答辩之前。(2)申请人应为论文的第一作者(或导师为第一作者,学生为第二作者),且在会议上做口头报告(或报展)。论文的第

一署名单位为厦门大学。每篇论文资助一名研究生参会。每年最多资助同一导师的一名学生;对院士、资深教授、全国优博获得者的指导教师,一年可资助其指导的1～2名学生。学生在学期间,最多获得一次资助机会。(3)申请人具有相关外语水平证明。(4)资助参加的国际学术会议应为在国外、境外举办的相关研究领域的高水平国际学术会议。(5)申请人的选择和审核:对资助名单的确定,优先考虑积极组织学生申报国家公派研究生项目赴国外攻读博士学位研究生的学院的学生。(6)资助原则是学校资助与导师(课题组)资助相结合。2015年,厦门大学共资助研究生52人到国外参加高水平国际学术会议。

2015年厦门大学再次修订《厦门大学研究生出国出境参加国际学术会议资助管理办法》,对资助对象、外语水平以及申报程序、资助经费管理以及回国后的总结与交流进行了修订,明确受资助者年龄不得超过35周岁,对受资助者的外语水平提出更严格的要求,强化了对研究生出国参加学术会议的后续交流,要求各学院(研究院)每年应及时汇总研究生出国出境参加国际学术会议情况,不断总结经验,改进工作。受该项目资助研究生回校后,应在学院做一次学术报告,同时向研究生院提交一份总结报告。2016年厦门大学共资助40名研究生参加高水平国际学术会议。自2007年以来,厦门大学共资助497名研究生参加国际学术会议。

(三)国境外访学

研究生国外访学计划旨在瞄准国际学术研究前沿,瞄准国际一流研究生教育优质资源,培养具有国际视野、掌握最先进研究方法与技术,能与国际同行进行学术交流的高素质研究生,促进学校研究生教育水平和培养质量的整体提高。2009年厦门大学制定《厦门大学"211工程"三期研究生国外访学计划实施办法》,资助厦门大学研究生赴国外访学。访学形式主要包括两类:A类:从低年级学生中选拔一流学生到国外一流大学或一流学科进行短期访学,修读一流水平的专业课程;B类:依托具有优质研究生教育国际合作资源的一流学科(研究团队),建立长期的稳定的国外研究生培养合作基地,选派一流研究生到国际一流的科研机构或学校从事一流的学术研究。申请条件包括:(1)申请人应为学校全日制在读博士研究生或已获得攻读博士学位资格的学生;

(2)申请人所在学科应是一级学科国家重点学科、二级学科国家重点学科、特色学科、学校学科布局的重点发展学科;(3)申请人所在学科与国外高校或研究机构具有开展实质性科研合作的基础;(4)申请人应具有良好的外语交流能力、科研能力;(5)访学单位必须是国外一流高校或一流学科,且在申请者研究领域的科研水平居国际领先地位。申请B类项目还需申请者正在从事的课题研究预期有较大创新性或重要的应用前景。厦门大学每年资助30名研究生进行一学期的访学,参照教育部公派研究生每月每生奖学金标准,由学校财务处发放,为入选学生提供国际往返旅费资助。学费主要由学院、导师和学生共同承担,学校原则上只资助哈佛、耶鲁、牛津、剑桥等极少数世界顶尖大学、顶尖专业学习者学费。

2013年以来,厦门大学重新制定《厦门大学研究生国外访学计划实施办法》,明确申请者应为学校全日制在读博士研究生或已获得攻读博士学位资格的学生,对申请A类、B类项目的外语水平有更高要求。学校在评审上由研究生院组织,对资助名单的确定,优先考虑积极组织学生申报国家公派研究生项目赴国外攻读博士学位研究生的学院的学生,每年最多资助同一导师的一名学生。学生在学期间,最多获得一次资助机会。访学期限也有所调整,原则上不超过3个月;对研究成果显著的学生,可适当延长访学期限,办理延期手续。2015年,厦门大学共资助36人到国(境)外的大学、研究机构交流访学。

2015年,厦门大学重新修订《厦门大学研究生国(境)外访学计划实施办法》,延长访学资助期限为3~6个月,严格申请条件,要求申请者年龄不超过35周岁,具有良好的政治素质,品学兼优,身心健康,访学单位则明确要求必须是国(境)外一流高校或一流学科,且在申请者研究领域的科研水平居国际领先地位,对申请者的外语水平提出具体的规定和要求。新修订的《实施方案》强化了导师、学院对访学人员的管理,要求在留学人员派出前,导师应对研究生在国(境)外学习和研究计划进行必要指导。留学期间,导师应加强与学生的联系,及时了解学生的学习研究情况;明确学院单位应加强行前教育,指导、协助学生办理出国(境)手续;同时加强心理、精神和道德与诚信方面的教育指导。未按要求参加行前教育的学生,研究生院将收回其访学经费。在访学人员返校后,受资助者也要求撰写一份字数不少于3 000字的访学报告,详细汇报访学期间开展研究情况、取得的研究成果、在外访学的经验和体会。

2016年厦门大学共资助33名博士生赴国(境)外交流访学。自2009年以来，厦门大学资助271名研究生赴国(境)外交流访学。

三、研究生教育国际化的整体发展

研究型大学的国际化办学的主要内容包括：具有较强的国际化教育观念、师资队伍交流与培训国际化、跨国学生互派学习与访问、科学研究合作国际化、国际学术交流与合作等方面的内容[①]。

(一)打造具有国际水平的师资队伍

培养高素质的创新型人才离不开具有国际水平的师资队伍。厦门大学一直把引进和培养国际水平的导师队伍作为研究生教育的基础。为推进教师的国际化水平，厦门大学要求本校应届博士均需到国(境)外一流大学(世界排名前200名)或科研机构从事博士后研究工作，经考核优良且符合教师聘任条件者，方可作为师资引进。《厦门大学教师职务聘任条例》则规定，担任教授职务，除学校认定的个别学科外，须具有一年以上(可累计)相关学科领域的海外学习工作经历。其目标是到2021年，厦门大学95%以上的教师具备与国际同行开展学术交流合作的能力，30%以上的专任教师达到国外高水平大学教授的学术水平。2012—2013学年，厦门大学共聘任长期任教外籍教师136名，短期任教外籍教师114名，在第三学期，共邀请68位国际知名学者和专家来校讲座和短期讲学，2015年这一人数高达200人。

(二)积极促进国际科研合作

目前，学校已与英、美、日、法、俄等国家和港澳台地区的280多所高校建立校际合作关系，通过互派访问学者，共建实验室，互设研究院(中心)，联合开展科学研究与技术攻关等形式，与国内外著名研究机构和高等学校开展高水平的教学、科研合作与交流，以打造一流学科、一流实验室以及一流

---

① 刘洁.国际化办学：研究型大学发展战略的必然选择——访厦门大学校长朱崇实教授[J].教育研究，2010(6):59-61.

学术研究①。

(三)鼓励和支持学生积极参加境外访学和国际学术会议

厦门大学研究生院于2009年启动研究生短期国(境)外交流访学项目,研究生申请访学资助率超过90%,研究生出国出境参加国际学术会议申请资助率为83.3%。近年来,厦门大学积极支持研究生出席国际学术会议和访学人数,经费数逐年增加。2007—2016年,厦门大学共资助271人出国境外访学,497人出国出境参加会议。研究生访学的大学大都为国际知名高校,如哈佛大学、杜克大学、牛津大学、剑桥大学、早稻田大学、康奈尔大学。这些有益的尝试,都有助于提高厦门大学在国际学术界的影响力。

(四)推动国家公派留学研究生项目发展

为进一步推动学校研究生教育国际化,研究生院主动走出去与国外高校建立合作关系,签署协议落实研究生实质性交流与合作,为学生搭建出国留学的平台。同时,研究生院鼓励学生积极申请国家公派项目出国留学,充分利用学校与国际高水平大学间合作的平台,出国学习获得前沿科研训练和国际视野。2007年,厦门大学成为第一批启动国家公派项目入高校之一。该项目的留学资助类别主要包括攻读硕士学位、博士学位、联合培养硕士、联合培养博士。近年来,为组织做好学校申请国家公派留学研究生项目工作,研究生院主动作为,采取多种有效措施:(1)实施经费和招生指标补偿政策,调动学院、学科和导师对公派留学的积极性;(2)加强与国家留学基金委的沟通,大力开展公派留学研究生项目的宣传;(3)编制了厦门大学公派留学研究生项目工作手册,为学生申报提供便利。认真审核每份申报材料,确保申报质量;(4)主动走出去宣传厦门大学,加强与国外高水平大学的沟通,寻找合作培养博士研究生的机会,为学校学生搭建赴国外高水平大学深造平台。自2013年以来,学校分别与加拿大麦吉尔大学、美国特拉华大学、辛辛那提大学、英国南安普顿大

---

① 刘洁.国际化办学:研究型大学发展战略的必然选择——访厦门大学校长朱崇实教授[J].教育研究,2010(6):59-61.

学、卡迪夫大学,澳大利亚麦考瑞大学、昆士兰科技大学、西悉尼大学等签署合作培养博士生协议,为学生提供更多出国深造的机会;(5)积极支持各学院、研究院充分利用国家的各类资助项目,与国外高水平大学建立研究生培养基地。2014年王亚南经济研究院与德国洪堡大学应用统计学和经济学研究中心签署合作协议,联合申请教育部中德联合博士生院项目并成功获批,利用该项目,王亚南经济研究院已于2014年派出5名博士研究生到德国开展联合培养。2015年学校能源材料化学协同创新中心与美国加州大学圣芭芭分校合作成功申请到国家留学基金委2015年创新型人才国际合作项目,国家留学基金委在此后3年内每年资助该中心6人到美国加州大学圣芭芭分校开展为期6~12个月的联合培养。这些项目的立项和实施,进一步扩大了学校研究生培养公派出国深造的渠道。2016年,学校有136名学生获得国家留学基金委研究生项目的资助到国外高水平大学攻读学位或开展联合培养,诸如哈佛大学、麻省理工学院,麦吉尔大学和牛津大学等世界一流大学。自2007年以来,学校共有887名研究生获得国家留学基金委的资助。

表4-16　厦门大学2007年以来研究生出国留学情况一览表

2007		2008		2009		2010		2011		2012		2013		2014		2015		2016		总计
攻博	联培	攻博	联培	攻博	联培	攻博	联培	攻博	联培	攻博	联培	攻博	联培	攻读学位	联培/硕	攻读学位	联培/硕	攻读学位	联培/硕	
5	71	29	60	30	47	25	37	26	35	30	49	36	47	35	71	38	80	52	80	887

(五)吸引国际留学生,打造国际化课程

外国留学生数量标志着一所大学国际化的程度,高层次外国留学生教育已成为学校国际化人才培养体系的重要组成部分。在全球大学教育国际化的背景下,随着学校国际化办学实力的增强和海内外知名度的提高,申请厦门大学的国际学生人数逐年增加。根据全国来华留学生管理信息系统统计,厦门大学2014年全年来自全球130个国家的各类国际学生达到(含在校学历生和各类长短期进修生)3 607人次。2013年秋季,厦门大学共招收来自全球65个国家249位外籍研究生,其中博士研究生占全校博士研究生招生总数比例

的 10% 左右。2015 年厦门大学在校留学研究生人数达 610 人,其中双证外籍博士生 236 人、双证外籍硕士生 374 人。来自发达国家的学生明显增多,美国成为外籍研究生第二大生源地。2016 年,厦门大学在校留学研究生人数超过 700 人。

厦门大学还是"孔子新汉学计划"项目的首批国内接收院校,推荐及录取人数均居全国接收高校第一。针对"孔子新汉学计划"项目,研究生院认真组织各新汉学计划培养单位和招生导师,根据新汉学计划博士生培养目标,以及对博士生的质量和能力要求,相应制定特色培养方案和培养计划,使之适应国家对新汉学计划博士生培养的要求,体现学校和各学科办学水平与特色,符合学生学习背景、研究计划及导师课题等。为了让新汉学计划的博士生更快更好地适应校园生活、早一步开展学习和研究工作,招生办、研究生院、国际处共同制定《厦门大学"孔子新汉学计划"博士生项目管理条例》及《"孔子新汉学计划"博士生项目学生手册》,对项目学生的招生管理、学籍管理、培养管理、学位授予、奖学金管理以及社会管理都作了详细规定及告知。

为推动国际化进程,提高国际化办学水平和国际影响力,学校于 2007 年启动国际硕士项目,面向海外招收全英文授课的国际硕士研究生。2011 年,学校全面启动英文授课博士项目。为了保证质量,研究生院联合所在学科学位评定分委员会为外籍研究生量身订做国际化培养方案。在 2007 年国际硕士启动的同时,厦门大学就设立了全英语授课课程建设资助项目,面向 13 个国际硕士项目,打造一流的全英授课项目,提供经费支持。目前,厦门大学有近 100 门研究生课程采用英文授课,这在全国高校中居前列。同时,厦门大学加快师资国际化建设,为全英授课打下坚实基础。此外,短学期也是开展国际化教育的重要手段。邀请国外和港澳台地区的著名专家与学者,通过开设短学期研究生课程、讲座等方式,让学生不出国门直接与高水平外籍教授面对面学习和了解最前沿的知识与信息,极大丰富了厦门大学国际化的途径与内容。

总的来看,自厦门大学研究生培养方案进行大刀阔斧的改革以来,学校建立了更加科学、合理的适应研究生培养规律的培养模式和培养方案,完善以科学研究为主导的导师负责制和资助制度,加强研究生分类培养。学校鼓励学术型研究生参与科研工作,特别是进行创新性科研项目的攻关,促进研究生科研水平的提高;鼓励专业学位研究生参与实践活动,推动科学技术转化为生产

力,提高研究生知识、技术的创新水平与社会服务水平;建立更加严格的研究生质量保障机制,加强对研究生培养质量的监控;大力促进研究生教育国际化,提高研究生教育的培养质量。一系列改革促进了研究生教育的质量提高与发展。在2013年的全国优秀博士学位论文评选中,学校共有5篇论文入选全国优秀博士学位论文,2篇入选全国优秀博士学位论文提名论文。厦门大学入选全国优博论文规模位列全国第三,仅次于北京大学和清华大学,取得历史性的突破。"十二五"期间共获得7篇全国优秀博士学位论文,增量并列"985工程"高校第七位。2014年度学校在学学术型研究生发表论文总篇数为1 467篇,获得授权专利9项。在JCR刊物上发表论文总篇数为942篇,其中JCR1区178篇,JCR2区329篇;在核心刊物上发表论文总篇数为525篇,其中最优刊物35篇,一类核心142篇。2013—2016年,厦门大学博士生以第一作者身份在Science、Nature及其子刊上共发表26篇高水平论文。理工类研究生发表SCI收录的论文对学校论文贡献率超过60%。

  研究生的实践创新能力不断提高,在全国各类学业比赛中屡获佳奖。2014—2015年,研究生踊跃参加各类学术竞赛并取得优异成绩:2014年,艺术学院美术系艺术硕士专业学位研究生张玉惠凭借其漆画作品《织情叙意》,在文化部、中国文联和中国美术家协会主办五年一届的第十二届全国美术作品展览中获得七个金奖之一。11月,管理学院硕士研究生获得"创青春"全国大学生创业大赛——第九届"挑战杯"大学生创业计划大赛金奖。2015年5月,外文学院英语系口译方向2013级研究生万丽瑶同学获得第十八届全国大学生英语辩论赛全国二等奖。2015年6月,外文学院2014级英语口译方向硕士研究生魏琛获得2015年度CCTV"希望之星"英语风采大赛全国二等奖。厦门大学iGEM团队连续四年斩获国际遗传工程机器设计竞赛世界锦标赛金奖,法学院研究生参加第三届"中国WTO模拟法庭竞赛"(China WTO Moot Court Competition),荣获集体亚军及正方最佳辩手奖;艺术学院研究生包揽"2015年台湾国际学生创意设计大赛"金、银、铜大奖等等。

第五章

厦门大学研究生学位授予与管理

厦门大学研究生学位的申请方式可以分成两种类型,一种是通过国家统一组织的入学考试成为厦门大学研究生后,经过培养、答辩后获取学位;一种是在职人员以同等学力申请博士、硕士学位。早期厦门大学也曾出现过某些学科无权授予学位,研究生向其他学校申请学位的情况,也应其他学校研究生申请、审查授予少量外校研究生学位。随着厦门大学学位点建设的发展,这一现象已成为历史。

第一节 厦门大学研究生学位授予的基本政策

一、硕博士学位授予的基本要求与政策演变

1980年第五届全国人民代表大会常务委员会第十三次会议通过的《中华人民共和国学位条例》,学位分为学士、硕士、博士三级,国务院设立学位委员会,负责领导全国学位授予工作。学位委员会设立学位授予委员会,负责领导全国学位授予工作。学位委员会设主任委员一人,副主任委员和委员若干人。

主任委员、副主任委员和委员由国务院任免。学士学位,由国务院授权的高等学校授予,硕士学位、博士学位,由国务院授权的高等学校和科学研究机构授予。授予学位的高等学校和科学研究机构及其可以授予学位的学科名单,由国务院学位委员会提出,经国务院批准公布。

学位授予单位,应当设立学位评定委员会,组织有关学科的学位论文答辩委员会。学位论文答辩委员会必须有外单位的有关专家参加,其组成人员由学位授予单位遴选决定。学位评定委员会组成人员名单由学位授予单位确定,报国务院有关部门和国务院学位委员会备案。学位论文答辩委员会负责审查硕士和博士学位论文、组织答辩,就是否授予硕士学位或博士学位进行决议。

对于在科学或专门技术上有重要的著作、发明、发现或发展者,经有关专家推荐,学位授予单位同意,可以免除考试,直接参加博士学位论文答辩。通过论文答辩者,授予博士学位。对于国内外卓越的学者或著名的社会活动家,经学位授予单位提名,国务院学位委员会批准,可以授予名誉博士学位。

对于已经授予的学位,学位授予单位如发现有舞弊作伪等严重违反条例规定的情况,经学位评定委员会复议,可以撤销。国务院对于已经批准授予学位的单位,在确认其不能保证所授学位的学术水平时,可以停止或撤销其授予学位的资格。

《中华人民共和国学位条例暂行实施办法》是根据《中华人民共和国学位条例》制定的,于1981年5月20日由国务院批准实施。该《暂行实施办法》就学士学位、硕士学位、博士学位以及荣誉博士学位进行详细的解释和规定,对学位评定委员会的的职责和构成结构也有明确的要求和说明。学位授予单位应根据该办法,制定本单位授予学位的工作细则。

1982年11月4日,厦门大学学位评定委员会就如何贯彻国务院学位委员会《进一步做好硕士学位授予工作的通知》,结合讨论如何执行《关于硕士研究生学业成绩管理意见》的规定,进一步做好厦门大学硕士学位授予工作,提出关于厦门大学研究生授予学位的具体意见:(1)1979、1980、1981级第一外国语通过过关考试、政治课及3门专业基础课及专业课考试成绩在70分以上作为合格。以上5门学位课程考试成绩不合格的,可以重考一次。应届毕业研究生于当月底前重考,非应届毕业研究生的重考时间由系决定。从1982级起严格执行部属十二所高校长春会议制订的《硕士研究生学业成绩管理意见》。(2)根据学位委员会文件规定,无大学本科毕业学历的研究生,未补足本专业必需的大学本科的主要课程,应重新组织考试,对于学校应届毕业研究生中14人同等学历是否已补足大学本科的主要课程,由指导教师及系领导审查,提交审查意见送教务处。1982年11月6日,校学位评定委员会,讨论学校《硕士学位和博士学位授予细则》并发出通知:

(1)从1981级攻读硕士学位研究生开始,授予学位工作必须严格按《进一步做好硕士学位授予工作的通知》要求执行。(2)关于考试成绩的计分方法:在《通知》下达前考试成绩在90分以上为优秀,70～89分为良好,60～69分为及格,59分以下为不及格。《通知》下达后,考试成绩优秀和不及格的标准不变,75～89分为良好,60～74分为及格。学位考试课程成绩在良好以上者才为合格。(3)关于学位课程成绩要求:其一,《通知》下达前,研究生第一外国语通过过关考试即为合格;其二,应届毕业研究生政治理论课及三门研究生基础理论课和专业课考试合格,方可授予学位,不及格课程可重考一次,政治理论课重考可采用通讯考试方式进行,业务课重考方式由系确定,重考成绩于月底报教务处;其三,80级三年制研究生政治理论课、研究生基础理论课和专业课考试成绩均需合格方可参加论文答辩。考试不合格的课程可在论文答辩前重考一次,重考后仍不合格,不得参加答辩。(4)关于毕业论文,应届毕业研究生论文工作从收集资料、确定题目到完成论文时间一般应有一学年左右。从80级三年制研究生开始,论文题目确定后,用于论文工作的时间一般应有一学年左右。(5)关于同等学力研究生补课问题,应届毕业研究生中无大学本科毕业学历者,是否补足本专业必需的大学本科的主要课程,应补什么课程、补课及考核方式等由导师、系提出意见并于当月15日前报校学位评定委员会审批。80级(三年制)以后无大学本科毕业学历的研究生,应补足本专业必需的大学本科的主要课程,各系应认真审查,确定需补的课程并在答辩前进行补课,必要时可适当延长学习时间。(6)关于学制,为贯彻"坚持标准、保证质量"的授予学位原则,学校攻读硕士学位研究生学制一般定为三年,原定学制与此不符的应作调整,需缩短或延长学制的专业应报校学位评定委员会审批。

1985年5月,厦门大学修订《厦门大学硕士学位和博士学位授予工作细则》,对学位学术水平、学位课程科目和考试办法、学位论文的基本要求、论文

评审和答辩规则都做出较为详尽的规定,定期组织有关人员进行学习,严格要求和手续以保证学位授予质量。1987年厦门大学制定《厦门大学在职人员申请硕士、博士学位暂行实施细则》,从1988年开始受理在职人员申请学位工作。①

2002年,厦门大学学位评定委员会审议通过《厦门大学硕士学位和博士学位授予工作细则》。

第一,详细规定学校学位评定委员会的构成与职责、学位评定分委员会的设立原则、构成及职责。

第二,明确学位学术水平和学位申请办法,要求学位申请人通过硕士或博士学位的课程考试和论文答辩,成绩合格,达到硕士学位和博士学位的学术水平,方可授予学位。当时学位申请办法规定,应届毕业生应在最后一学期结束前两个月递交论文,同时办理申请学位手续。指导教师应向教研室介绍论文水平并写出详细的学术评语,教研室在听取研究生论文报告及导师介绍后提出推荐意见,经系主任同意,方可向学位评定分委员会提出申请。

第三,确定硕士和博士学位课程与考试办法,其中硕士学位课程包括马克思主义理论课、基础理论课和专业课(一般为3~5门),外国语要求硕士学位课程考试成绩70分以上方为合格,同时规定申请者如有一门学位课程考试不合格,可以补考一次,补考后仍不合格,不得进行学位论文答辩。博士学位课程包含马克思主义理论课、基础理论课和专业课(至少两门)、外国语(各学科专业可根据本学科专业实际情况将第二外国语列为必修或选修课程),学位课程考试成绩70分以上方为合格。为了加强对博士研究生的质量监控,厦门大学规定博士研究生必需通过综合考试,方可进行博士学位论文答辩。为此,其专门成立博士生综合考试委员会,成员由本学科和相关学科专业中副教授以上职称的专家组成,名单由学位评定分委员会提出,研究生院批准。

第四,确定学位论文的基本要求。其特别强调论文用中文撰写,凡用非中文撰写的论文,必需提交中文译文。硕士论文一般三万字左右,博士论文五万字左右。博士研究生攻读学位期间,必须以第一作者在核心刊物或权威刊物

---

① 厦门大学校史编委会.厦门大学院系馆所简史[M].厦门:厦门大学出版社,1990:4.

上发表两篇与学位论文相关的学术论文或取得经过鉴定的科研成果;硕士研究生攻读学位期间,必须以第一作者发表一篇以上与学位论文相关的学术论文,或取得经过鉴定的科研成果。

第五,明确论文评阅的基本程序。最初论文评阅并无严格的盲审制度,只需要在答辩前两个月,由教研室(研究室)提名,经学位评定分委员会同意后聘请相关学科的专家评阅论文。硕士学位论文评阅人不少于两名,其中校外的教授、副教授至少一名。博士学位论文评阅人不少于五名,其中校外的教授至少三名。同时,学校规定,答辩前应将博士论文或详细摘要印送有关单位及个人,搞好同行评议,或在正式学术刊物上发表学位论文的主要内容。

第六,确定论文答辩委员会和答辩规则。一般硕士学位论文答辩委员会由3~5位具有高级专业技术职务的专家组成,其中至少半数以上是研究生导师,提倡指导教师不参加答辩委员会。硕士的学位论文答辩可不请校外专家参加。对于博士学位论文答辩委员会,要求由七人以上具有高级职称的专家组成,其中博士生导师占半数以上,必须有一至二位校外博士生导师或专家,提倡指导教师不参加答辩委员会。为保证质量,学校规定为保证有充分的时间进行论文答辩,一般在一次会上只答辩一至二篇论文,同时强调,各培养单位可规定学位论文有一定的一次答辩不通过率。

第七,确定名誉博士学位、外国留学生申请学位以及相关争议处理的基本原则。学校明确各级学位证书,由校学位评定委员会主席颁发。各级学位授予时间为校学位评定委员会会议批准授予学位之日。博士学位证书在经过三个月的争议期后颁发。

2006年厦门大学学位评定委员会修订《厦门大学硕士学位和博士学位授予工作细则》,规定了八方面工作的主要内容。第一,详细规定校学位评定委员会的基本构成与职责,由校主要领导和教授(研究员)共二十五人组成,任期三年。校学位评定委员会设主席一名,副主席两名。主席由学校具有高级职称的主要负责人担任。校学位评定委员会名单由研究生院提名,经主席同意,报国务院有关部门和国务院学位委员会备案。

第二,确定分学位评定分委员会的组织原则及基本职责。其强调分委员会由7~15人组成,应有一定数量的、符合条件的中青年教学、科研骨干参加。分委员会一般设正、副主席各一名,主席由学校学位评定委员会委员或该学科

的学术带头人担任,委员以教授为主(其中教授须占三分之二以上),任期二至三年。分委员会的组成由学院提名,由研究生院学位与学科建设办初审,报学位评定委员会主席批准。以院运作的学位评定分委员会可根据工作需要,在所属单位设立若干学位评定小组。

第三,确定校学位评定委员会、学位评定分委员会议事规程。全体委员三分之二以上出席,会议方为有效。未能出席者,若有书面委托其他委员表决则视为出席。学位评定委员会和学位评定分委员会在作出授予学位的决定时,应以不记名投票方式,经出席会议的三分之二以上的委员通过,全体委员半数以上通过方为有效。

第四,确定学位申请办法,学位申请人通过硕士或博士学位的课程考试和论文答辩,成绩合格,达到以下学术水平,方可授予学位。其中,硕士学位课程有:政治理论课;基础理论课和专业课三至四门;外国语一门。学位课程考试成绩70分(百分记分制)以上方为学位课程考试成绩合格,其他课程考试成绩及格,取得规定的学分后方可进行学位论文答辩。博士学位课程有:政治理论课;基础理论课和专业课,至少有两门;一门外国语(各学科专业可根据本学科专业实际情况将第二外国语列为必修或选修课程)。博士学位课程考试成绩70分(百分记分制)以上方为合格。全部学位课程成绩合格取得规定的学分,通过综合考试者方可进行博士学位论文答辩。此外,申请博士学位人员在科学或专门技术上有重要论著、发明、发现或发展的,可提交有关的论著、发明的鉴定或证明书等材料,经两位教授或相当职称的专家推荐,学位评定委员会审查同意,可以免除部分或全部课程考试。

第五,确定学位论文基本要求和申请基本程序。一般论文经学院(研究院)审查和同意推荐答辩后付印:导师对论文的评语和推荐意见。答辩前两个月,由系(所)提名,经学位评定分委员会同意后,由所在学院(研究院)聘请相关学科的专家评阅论文,指导教师不得作为论文评阅人;论文原则上实行"双盲"评审;最后根据专家评阅意见处理修改或答辩。

第六,论文答辩委员会和答辩规则。硕士学位论文答辩委员会由3~5位具有高级专业技术职务或硕士生导师资格的专家组成,其中至少半数以上是研究生导师。指导教师不参加答辩委员会。委员会设秘书一人。新设和薄弱专业,硕士学位论文答辩必须请校外专家参加。博士学位论文答辩委员会由5～7位具有高级职称的专家组成,其中博士生导师占半数以上,且至少有两位校外博士生导师或专家。指导教师不参加答辩委员会。论文答辩委员会主席一般由教授或相当职称的专家担任。委员会设秘书一人。

第七,学位授予的相关事项。学位授予时间、争议处理、备案、公示及违反规定的惩罚,校学位评定委员会如发现学位错授,或发现有舞弊作伪或其他违反规定的情况,通过复议,可以作出撤销学位的决定。

第八,其他事项,如在学校学习的外国留学生和台港澳学生申请学位处理办法、答辩结束后相关材料必须档案馆存档、涉密论文处理等。

2011年学校对《厦门大学硕士学位和博士学位授予工作细则》进行修订,细化学位评定委员会职责、加大对研究生学术失范的监控和惩处。校学位评定委员会有权对因考试作弊或违反学术活动规范受到学校记过以下(含记过)处分的学位申请人做出暂缓一年授予学位的决定;有权对因考试作弊或违反学术活动规范而受到留校察看以上(含留校察看)处分的学位申请人做出不授予学位的决定;有权对因考试作弊或违反学术活动规范却由于客观情况而未受到留校察看以上(含留校察看)处分的学位申请人做出不授予学位的决定;有权对错授学位或严重舞弊作伪而未受到行政处分的情况,通过复议,做出撤销已授予学位人员学位的决定。

2014年,厦门大学通过《厦门大学学位评定委员会章程》,规定校长为校学位评定委员会当然主席,明确了校学位评定委员会会议实行例会制及其相关议事规则。2014年,厦门大学颁布《厦门大学专业学位专家委员会议事规则》,确定了专业学位专家委员会的组织原则、工作职责以及会议的基本原则和议事规则。

二、同等学力人员硕博士学位授予的规定

(一)同等学力人员硕士学位申请与授予

厦门大学从1986年开始设研究生班,招收在职研究生,该届研究生班学生于1988年经国务院学位办验收合格,授予硕士学位。1997年3月28日,校学位评定委员会审议通过《同等学力申请硕士、博士学位的实施细则》。

1998年6月18日,国务院学位委员会第十六次会议审议通过《关于授予具有研究生毕业同等学力人员硕士、博士学位的规定》,确定授予同等学力人员硕士、博士学位的基本原则与框架。厦门大学于2003年9月经校学位评定委员会审议通过《厦门大学授予具有研究生毕业同等学力人员硕士学位实施细则》。根据规定,凡学校已授予毕业研究生学位的学科、专业,由学位评定分委员会申请,经校学位评定委员会批准,报国务院学位委员会办公室备案后,可接受同等学力人员申请本专业的硕士学位。申请资格需要具备:(1)申请人必须已获得学士学位,并在获得学士学位后工作三年以上;(2)申请人必须在申请学位的专业或相近专业作出成绩,在公开发行的学术刊物(不含增刊和论文集)上至少发表一篇与申请学位专业相关的学术论文、专著。成果必须独立完成或为第一作者。

在同等学力水平认定上,厦门大学从三个方面认定申请人是否具备硕士研究生毕业同等学力水平,要求申请人必须:(1)通过学校相应专业硕士研究生培养方案规定的全部课程考试;(2)通过国家水平考试,即同等学力人员申请硕士学位外国语水平全国统一考试、同等学力人员申请硕士学位学科综合水平全国统一考试,同时规定,申请人自参加课程学习开始,必须在四年内完成学校组织的全部课程考试和国家组织的水平考试,且成绩合格。四年内未通过课程考试和国家组织的水平考试者,本次申请无效。(3)学位论文水平的认定。申请人应在通过全部考试后的一年内提交学位论文,同时申请者自参加课程学习始的五年内,向研究生院学位与学科建设处提出学位申请。五年内未提交学位论文,本次申请无效。在学位论文评阅过程中,学位评定分委员会聘请至少三名具有高级专业技术职务的专家为论文评阅人,论文评阅人至少有一名是校外和申请人所在单位以外的专家。在论文答辩过程中,答辩委员会由不少于五名具有高级专业技术职务的专家组成,其中至少由三人是研究生导师,至少一人是校外和申请人所在单位以外的专家,申请人的导师不能参加论文答辩委员会。答辩委员会根据答辩情况,就是否建议授予硕士学位作出决议。决议采取不记名投票方式,经全体成员三分之二以上同意,方为通过。论文答辩未通过,本次申请无效。论文答辩未通过,但论文答辩委员会建议修改论文后再重新答辩者,可在半年后至一年内重新答辩一次,答辩仍未通过或逾期未申请者,本次申请无效。申请人通过资格审查、同等学力水平认定,通过硕士论文答辩,经有关学位评定分委员会同意,报校学位评定委员会批准,授予硕士学位,校学位与学科建设处对被批准授予硕士学位的申请人颁发硕士学位证书,将名单报国务院学位委员会办公室备案。

2006年,厦门大学校学位评定委员会制定《厦门大学授予具有研究生毕业同等学力人员博士学位和硕士学位实施细则》,对授予具有研究生毕业同等学力人员硕士学位做出修订,主要包括:第一,凡学校已授予毕业研究生学位的学科、专业,由学位评定分委员会申请,经校学位评定委员会同意,报国务院学位委员会办公室批准后,接受同等学力人员申请本学科、专业硕士、博士学位。第二,细化申请者资格审查的基本条件,明确学术论文字数在3 000字以上或出版与申请学位专业相关的专著,个人完成字数在3万字以上。第三,在同等学力水平认定上,学校将增加对申请人在教学、科研、专门技术、管理等方面做出成绩的认定。第四,在论文评阅上实行双向匿名评审。第五,在学位授予上,申请人通过同等学力水平认定,经学位授予单位学位评定分委员会同意,报校学位评定委员会批准,授予硕士学位并颁发证书。第六,增加申请过程中,申请人弄虚作假的惩罚措施,即在整个申请过程中,申请人一旦弄虚作假,其本次申请无效,已授予学位者,报校学位评定委员会撤销其学位。弄虚作假者从资格审查不通过之日起,需间隔两年后学校才受理其再次申请,前次申请中已获得的研究生课程成绩一律无效。申请人所提交的假证件,包含原件及复印件,一律不予退还,并通报所在单位或主管部门,若触犯法律者,移交司法机关处理。

自2014年开始,厦门大学对授予具有研究生毕业同等学力人员硕士学位做出调整,在资格审查方面,根据国家规定,学校对于无学士学位但已获得硕士或博士学位者,在申请学位的专业或相近专业做出成绩,可不受获学士学位后工作三年的限制仍可申请。已获得的学士、硕士或博士学位为国(境)外学位的,其获得的国(境)外学位需经教育部留服中心认证。同时,根据一级学科研究生培养指导委员会的职责与规定,对申请人参加的课程考试,课程成绩需经学校一级学科研究生培养指导委员会认定方才有效。截至2015年,厦门大学共授予同等学力硕士学位2 268人。

(二)同等学力人员博士学位申请与授予

1997年,厦门大学校学位评定委员会通过《同等学力申请硕士、博士学位的实施细则》,并于该年首次同意授予2名同等学力人员博士学位。1998年国务院学位委员会审议通过《关于授予具有研究生毕业同等学力人员硕士、博士学位的规定》,以此为基础,厦门大学校学位评定委员会审议通过《厦门大学授予研究生毕业同等学力人员博士学位实施细则》。根据规定,凡学校已授予毕业博士研究生学位的学科、专业,由学位评定委员会申请,经校学位评定委员会同意,上报国务院学位委员会办公室批准后,可接受同等学力人员申请博士学位。

在申请资格上,厦门大学要求申请人必须同时具备三个条件:(1)已获得硕士学位,并在获得硕士学位后工作五年以上;(2)申请人应在教学、科研、专门技术领域做出突出成绩,近五年必须在国内外公开发行的学术刊物上发表十篇以上(含十篇)与学位论文有关的署名为独立完成或第一作者的学术论文,国内刊物必须为核心以上刊物,且理科至少有一篇在SCI刊物上发表(或独立撰写出版一本高水平专著或教材);文科至少有一篇在本学科权威刊物上发表(或独立撰写出版一本高水平专著或教材);(3)其科研成果必须至少获得一项省部级以上奖励,文科必须为独立完成或第一完成者(二等奖),理工科必须为第三完成者以上(三等奖)。

在同等学力水平认定上,对已确定具有申请资格的申请人,由有关学位评定分委员会组织本专业或相关专业三名以上具有博士生导师资格的教授组成专家小组,按本规定第八条的要求进行同等学力水平的认定。同等学力水平认定主要包括两方面:

一是对申请人专业理论基础、知识结构及水平的认定。根据规定,申请人自通过资格审查之日起,必须一年内完成全部课程考试,且成绩合格。未通过课程考试者,本次申请无效。对于在科学或专门技术上有重要的论著、发明、发现或发展者,经两名以上本专业或相近专业具有博士生导师资格的教授推荐,专家小组审查通过,学位评定分委员会同意,报研究生院批准,可以免除部分或全部专业课程考试。但第一外国语不免考。

二是学位论文水平认定。根据规定,博士学位论文答辩应在申请人通过全部课程考试后的一年内完成。申请人提交的博士学位论文,应是在工作实践中由本人独立完成的成果,表明作者具有独立从事科学研究工作的能力,在科学或专门技术上做出创造性的成果。申请人同他人合作完成的论文、著作或发明、发现等,对其中确属本人独立完成的部分,可以由本人整理为学位论文提出申请,并附送该项工作主持人签署的书面意见和共同发表论文、著作的其他作者的证明材料,以及合作完成的论文、著作等。论文用中文撰写,论文要有中文和外文摘要。同时,申请人必须到学校在学院(研究院)指定的博士生指导教师的指导下,参加为期不少于三个月的与论文相关的科学研究工作。申请人应在学校相应学科专业学位授权点报告其论文工作情况并接受质疑。在论文评阅方面,学位评定分委员会应聘请不少于五名教授或相当专业技术职务的专家为论文评阅人,其中学校和申请人所在单位以外的专家至少三名。申请人的导师、推荐人不能聘为论文评阅人。在论文答辩方面,论文答辩委员会由不少于七名具有高级专业技术职务的专家组成,其中至少有四人是博士生导师,二人是学校和申请人所在单位以外的专家。申请人的推荐人、导师不能聘为论文答辩委员会成员。论文答辩委员会的组成人选应先得到校学位评定委员会的认可。论文答辩委员会根据答辩的情况,就是否建议授予博士学位做出决议。决议采取不记名投票方式,经全体成员三分之二以上同意,方为通过。论文答辩未通过,本次申请无效。论文答辩未通过,但论文答辩委员会建议修改论文再重新答辩者,可在半年后至二年内重新答辩一次;答辩仍未通过或逾期未申请者,本次申请无效。

在学位授予上,申请人通过资格审查、同等学力水平认定和博士学位论文答辩,经学位评定分委员会审议通过,报校学位评定委员会批准,做出授予博士学位的决定;授予学位人员的姓名及其博士论文题目等应向社会或申请人所在单位公布,并经三个月的争议期后颁发学位证书。授予博士学位人员名单报国务院学位委员会备案。

2005年,厦门大学校学位评定委员会制定《厦门大学授予具有研究生毕业同等学力人员博士学位和硕士学位实施细则》,对授予具有研究生毕业同等学力人员博士学位作出修订,主要包括五个方面:第一,明确申请者的科研成果必须至少获得一项省部级以上奖励,文科必须为独立完成或第一完成者(二等奖),或者为第二完成者以上(一等奖),理工科必须为第三完成者以上(二等奖);第二,在同等学力水平认定上,学校增加对申请人在教学、科研、专门技术

等方面作出成绩的认定;第三,在论文评阅上实行双向匿名评审;第四,在学位授予上,因学位授予权逐渐下放,授予博士学位人员名单不再报国务院学位委员会备案;第五,增加申请过程中,申请人弄虚作假的惩罚措施,即在整个申请过程中,申请人一旦弄虚作假,其本次申请无效,已授予学位者,报校学位评定委员会撤销其学位。弄虚作假者从资格审查不通过之日起,需间隔两年后学校才受理其再次申请,前次申请中已获得的研究生课程成绩一律无效。申请人所提交的假证件,包含原件及复印件,一律不予退还,并通报所在单位或主管部门,若触犯法律者,移交司法机关处理。2014年,根据一级学科研究生培养指导委员会的规定,申请人参加的课程成绩需经学校一级学科研究生培养指导委员会认定方才有效。截至2015年,厦门大学共授予同等学力博士学位37人。

三、其他与学位相关的制度与政策

根据规定,学位申请人通过硕士或博士学位的课程考试和论文答辩,成绩合格,达到以下学术水平,方可授予学位:硕士学位需要掌握有关学科坚实的基础理论和系统的专门知识;具有从事科学研究或担负专门技术工作的能力。博士学位需要掌握有关学科坚实宽广的基础理论和系统深入的专门知识;具有独立从事科学研究的能力,在学术或专门技术上做出创造性的成绩。申请学位者应在学校规定的期限内提交申请书和学位论文等材料。同等学力人员申请学位,按国务院学位委员会正式公布的实施办法和《厦门大学授予具有研究生毕业同等学力人员硕士、博士学位的实施细则》办理。围绕发表论文、匿名评阅等制度,厦门大学进行了修正。

(一)发表论文的规定与制度

为了进一步规范学位授予工作,不断提高研究生的培养质量,根据学校研究生教育和学位工作的实际情况,校学位评定委员会召开全体委员会议,于2002年颁布《关于学校硕士、博士研究生在学期间发表学术论文及学位授予日期的规定》,对厦门大学博士、硕士研究生在学期间发表学术论文提出具体要求,即:(1)博士研究生获得博士学位之前,必须在全国核心刊物上以第一作者和"厦门大学"为署名单位,发表2篇以上与其学位论文相关的学术论文。(2)学校硕士研究生获得硕士学位之前,必须以"厦门大学"为署名单位在公开发行的学术刊物(有CN刊号)上发表1篇以上与其学位论文有关的学术论文,或取得经过鉴定的科研成果。(3)专业学位硕士研究生暂不要求发表学术论文。同时规定,未达到以上发表论文要求者不授予学位。硕士研究生在通过答辩后的一年内达到发表学术论文标准的可向研究生院学位与学科建设办提出授予硕士学位的申请。博士研究生在通过答辩后的二年内达到发表学术论文标准的,可向研究生院学位与学科建设办提出授予博士学位的申请。2005年校学位评定委员会对2001年的相关规定进行修正,主要是为了鼓励和加强导师对学生论文的关注,增加了专门规定,即当导师为第一作者的,第二作者视同第一作者;同时考虑到部分学科的特殊情况,也增加特别条款,即某些特殊学科、专业及其他特殊情况经学位评定委员会提出,研究生院审批后可以适当调整发表论文的要求。

2006年,厦门大学修订《厦门大学博士、硕士研究生申请学位发表学术论文》的规定,对博士、硕士发表论文作出更加具体、分类明确的规定:第一,根据学科类别分别制定科研成果标准,鼓励研究生,特别是博士研究生发表更高级别论文,特别是一类核心刊物。根据规定,学校文科类(含哲学、经济学、法学、教育学、文学、历史学、管理学等)博士研究生自入学起,在获得博士学位之前,必须在全国核心刊物或国际同级学术刊物(均不含增刊、专刊、专辑)上,以第一作者(导师为第一作者的,研究生为第二作者视同第一作者)和"厦门大学"为第一署名单位至少发表两篇与其学位论文相关的学术论文(字数不少于3 000字),其中一篇可用与其学位论文相关的专著或教材(本人完成字数专著在3万字以上,教材在5万字以上,可累计)来代替。发表在一类核心期刊上的论文可以算作两篇核心论文。理工类(含理学、工学)博士研究生必须在全国核心刊物或国际同级学术刊物(均不含增刊、专刊、专辑)上,以第一作者(导师为第一作者的,研究生为第二作者视同第一作者)和"厦门大学"为第一署名单位至少发表两篇与其学位论文相关的学术论文(字数不少于3 000字),其中必须有一篇被SCI或EI收录。如论文被收录在第一、第二分区,或影响因子在本学科较高,经学位评定分委员会审议批准,可适当降低其发表学术论文的篇数要求,提交校学位评定委员会审议。

第二，授权学位评定分委员会一定的自主权。学校鼓励各学院学位评定分委员会根据本学科的具体情况，对博士研究生发表学术论文制定并公布更高的要求，而对硕士研究生（包括专业学位硕士研究生）申请学位所需发表的学术论文要求，由各学院学位评定分委员会制定、公布，并报研究生院学位与学科建设办备案。

第三，鼓励研究生积极开展应用开发研究。根据规定，研究生的学位论文工作成果获得国内外发明专利1项（研究生排序为发明人前3名，"厦门大学"为第一申请人，获得公布即予认可），相当于在核心刊物上发表学术论文一篇，其中排序第一相当于发表一篇SCI、EI收录的学术论文；获得实用新型专利1项（研究生排序为设计人前3名，"厦门大学"为第一申请人，获得专利授权通知书即予认可），相当于在公开发行的学术刊物（非核心）上发表学术论文一篇。

第四，强调科研成果与学位授予的相关性。学校继续强调未达到以上申请学位发表学术论文要求者暂不授予学位。但博士研究生在通过答辩后的三年内达到申请学位发表学术论文标准的，硕士研究生在通过答辩后的两年内达到申请学位发表学术论文标准的，可向研究生院学位与学科建设办提出授予博士或硕士学位的申请，逾期视为自动放弃申请学位，研究生院学位与学科建设办亦不接受逾期的申请。2008年，厦门大学学位委员会进行了微调，但没有大的改动。

2012年，厦门大学学位委员会对研究生申请学位发表学术论文进行大的调整：第一，为了培养创新型人才，鼓励研究生特别是博士研究生潜心从事科学研究，参与国家和地方的重大项目，推动科研成果产业化，同时进一步放权学院，本校授权各学位评定分委员会（学位评定工作小组）可根据学科特点，制定申请本学科博士、硕士学位的科研成果要求，包括外国来华留学生研究生、港澳台研究生申请学位所需科研成果要求。第二，延长了研究生通过答辩后达到科研成果要求标准申请授予学位的时间限制，博士研究生为六年内，硕士研究生为四年。

2014年为进一步规范学位授予工作，配合博士四年制改革，在研究生培养中落实"2011计划"，培养创新型人才，为研究生特别是博士研究生寻找感兴趣领域的论文合作者创造宽松环境，第九届校学位评定委员会第四次全体会议审议修订《厦门大学博士、硕士研究生申请学位发表学术论文的规定》，提高博士研究生发表论文的数量与质量。根据规定,人文社科类(含哲学、经济学、法学、教育学、文学、历史学、管理学、艺术学、教育博士等)博士研究生自入学起,在获得博士学位之前,必须在学校文科最优学术刊物或一类核心学术刊物上发表1篇学术论文;或在学校文科二类核心学术刊物上发表3篇学术论文。二类核心要求其中1篇可用与其学位论文相关的专著、教材或学术著作的译著(本人完成字数专著在3万字以上,教材和译著在5万字以上)来代替。理学类博士研究生自入学起,在获得博士学位之前,必须发表1篇JCR二区以上的学术论文;或2篇其他SCI收录的学术论文。工学类博士研究生自入学起,在获得博士学位之前,必须发表1篇JCR二区以上的学术论文;或2篇其他SCI收录的学术论文;或1篇其他SCI收录的学术论文和1篇EI收录的学术论文。

(二)匿名评阅制度

为实施"厦门大学研究生教育创新与质量工程",进一步完善质量保证和监督机制,提高研究生培养质量,厦门大学决定从2004届研究生毕业论文开始,开展研究生学位论文"双盲"评审工作,颁布《厦门大学博士、硕士学位论文"双盲"评审工作细则》。在学位论文抽查双盲评审比例上,厦门大学规定:毕业博士研究生学位论文原则上不低于50%(每专业至少抽查1人);毕业硕士研究生学位论文原则上不低于30%;专业硕士研究生学位论文原则上不低于30%;在职人员以同等学力申请博士、硕士学位的论文达100%。评审程序上,其要求论文送审前应将学位论文中的作者、导师姓名及有关反映作者和导师的相关信息隐去,栏内只填上相应的编号。抽查的每篇博士学位论文送3位省外同类高校或科研院所同专业博士生导师评阅,以同等学力申请博士学位的论文每篇送5位省外和申请人所在单位以外同专业博士生导师评阅;每篇硕士学位论文送2位省外具有高级技术职称的同行专家评阅,以同等学力申请硕士学位的论文每篇送3位省外和申请人所在单位以外具有高级技术职称的同行专家评阅。同时为保证送审的公平与公正,《细则》也规定导师可于事先提出3名要求回避的评阅专家名单。

对于专家评阅意见,学校规定:(1)博士学位论文需要在3份学位论文评阅意见中所有评分都不低于70分以上且至少2个不低于75分者,才能直接

参加论文答辩;所有评分都不低于70分但未达到上条规定者,须按专家意见进行修改后,方可参加论文答辩。(2)同等学力博士学位论文要求在5份学位论文评阅意见中所有评分都不低于70分且至少3个不低于75分者,才能直接参加论文答辩;所有评分都不低于70分但未达到上条规定者,须按专家意见进行修改后,方可参加论文答辩。(3)对于硕士学位论文,要求2份学位论文评阅意见中所有评分都不低于75分者,可直接参加论文答辩;所有评分不低于70分,但未达到上条要求者,须按专家意见进行修改后,方可参加论文答辩。(4)同等学力硕士学位论文在3份学位论文评阅意见中所有评分都不低于70分且至少2个不低于75分者,可直接参加论文答辩;所有评分都不低于70分但未达到上条规定者,须按专家意见进行修改后,方可参加论文答辩。未达到基本条件的情况下,学生都需要重新修改或撰写并推迟参加学位论文答辩,而且答辩前仍须进行双盲评审。

2006年,厦门大学对研究生学位"双盲"评审工作进行了修订,主要是提高学位论文抽查双盲评审的比例,扩大学位论文抽查的范围。根据规定,厦门大学博士研究生学位论文原则上不低于100%;硕士研究生学位论文原则上不低于30%;专业硕士研究生学位论文原则上不低于30%,高级管理人员工商管理硕士(EMBA)也需要双盲评审,但授权管理学院学位评定委员会制定;高校教师、中职教师在职攻读硕士学位的学位论文原则上不低于30%,在职人员以同等学力申请博士、硕士学位的论文100%。2014年,厦门大学"双盲"评审的比例进一步提高,根据规定,学术型硕士学位论文原则上不低于50%,专业学位硕士学位论文原则上不低于40%。同时学校也授权学位评定分委员会自行确定本学院(研究院)的学位论文采用单向匿名评阅或双向匿名评阅的权力。

(三)研究生学位论文质量抽查评估制度

早在1999年,厦门大学就通过《厦门大学硕士、博士学位论文质量抽查评估办法》,经2004年、2006年、2009年多次修订。2014年教育部发布《博士硕士学位论文抽检办法》指出,学位论文抽检每年进行一次,抽检范围为上一学年度授予博士、硕士学位的论文,博士学位论文的抽检比例为10%左右,硕士学位论文的抽检比例为5%左右。教育部要求,每篇抽检的学位论文送3位同行专家进行评议,专家按照不同学位类型的要求对论文提出评议意见。3位专家中有2位以上(含2位)专家评议意见为"不合格"的学位论文,将认定为"存在问题学位论文"。3位专家中有1位专家评议意见为"不合格"的学位论文,将再送2位同行专家进行复议。2位复议专家中有1位以上(含1位)专家评议意见为"不合格"的学位论文,将认定为"存在问题学位论文"。此外,对连续两年均有"存在问题学位论文",且比例较高或篇数较多的学位授予单位,进行质量约谈。在学位授权点合格评估中,将学位论文抽检结果作为重要指标,对连续多年出现"存在问题学位论文"的学位授权点,依据有关程序,作出限期整改或撤销学位授权的处理。国务院学位办2014年全国博士生学位论文抽检结果,学校被抽检的50篇学位论文,均为无"存在问题学位论文"。

2014年,厦门大学根据国务院学位委员会、教育部《关于加强学位与研究生教育质量保证和监督体系建设的意见》和《关于引发〈博士硕士学位论文抽检办法〉通知》精神,厦门大学制定《厦门大学博士、硕士学位论文抽检办法》,规定学校博士学位论文的抽检比例为100%,硕士学位论文的抽检比例为10%左右,由研究生院采取随机采样的方式抽取上一学年度授予博士、硕士学位的论文,提交至教育部学位中心论文评审系统,由教育部学位中心统一送审。

(四)博士论文抽查送审

根据校学位评定委员会会议要求,为保证学校博士学位授予质量,把好博士学位论文送审关,厦门大学研究生院从2015年开始启动博士学位论文抽查送审工作。根据规定,抽查学院申请答辩的非涉密博士学位论文,由研究生院统一送审,学院不送。研究生院统一双向匿名送审,一篇学位论文送三位专家评审。送审结果研究生院及时返回给学院,学院根据此结果安排答辩事宜。涉密学位论文的送审仍由学院安排进行。2015年,人文学院、法学院、知识产权研究院、物理与机电工程学院、环境与生态学院的92位博士生的学位论文抽查送审。结果显示92篇博士学位论文送审结果均达到学校答辩要求,其中91篇可直接答辩,1篇需进行充实修改后组织答辩。2016年信息科学与技术学院、新闻传播学院、海洋与地球学院、教育研究院的20位博士生的学位论文

抽查送审。结果显示20篇博士学位论文送审结果均达到学校答辩要求。

第二节　厦门大学研究生学位授予基本情况

厦门大学授予博士、硕士学位，学校设立学位评定委员会。校学位评定委员会，由校主要负责人和教授（研究员）共二十五人组成，任期三年。校学位评定委员会设主席一名，副主席两名。主席由学校具有高级职称的主要负责人担任。校学位评定委员会名单由研究生院提名，经主席同意，报国务院有关部门和国务院学位委员会备案。

一、校学位评定委员会

为贯彻《中华人民共和国学位条例》和《中华人民共和国学位条例暂行实施办法》，经教育部批准，学校于1982年3月中旬成立学位评定委员会。厦门大学第一届学位评定委员会由25人组成，蔡启瑞教授任主席，田昭武、唐仲璋、傅衣凌、潘懋元、葛家澍五位教授为副主席，辜联崑为秘书，蔡启瑞、潘懋元、唐仲璋、傅衣凌、郑朝宗等为委员。5月初，校学位评定委员会根据《学位条例》要求，对81届45位毕业研究生进行评定。其对通过论文答辩的毕业研究生逐个进行认真审核，以无记名投票方式，决定分别授予41名研究生以文学、历史学、理学硕士学位。1982年9月，学校首次受理外校研究生的学位申请。

表5-1　厦门大学历届学位评定委员会

	主席	副主席	委　员
第一届学位评定委员会，1982年	蔡启瑞	田昭武、唐仲璋、傅衣凌、潘懋元、葛家澍	蔡启瑞、潘懋元、唐仲璋、傅衣凌、郑朝宗、林疑今、陈碧笙、韩国磐、邹永贤、袁镇岳、葛家澍、李景禧、韩振华、方德植、吴伯僖、顾学民、黄厚哲、何恩典、郑重、田昭武、李文清、汪德耀、周昭民、黄开辉、辜联崑

续表

	主席	副主席	委员
第二届学位评定委员会，1984年	田昭武	蔡启瑞、潘懋元、吴恭宣、辛联崑、葛家澍	田昭武、蔡启瑞、潘懋元、吴恭宣、辛联崑、葛家澍、吴伯僖、方德植、张乾二、李文清、黄启圣、汪德耀、曾定、郑重、李少菁、郑朝宗、林疑今、韩国磐、韩振华、邹永贤、陈安、邓子基、余绪缨、钱伯海、陈永山
第三届学位评定委员会，1989年	田昭武	郑学檬、林祖赓	田昭武、吴恭宣、辛联崑、郑学檬、林祖赓、潘懋元、吴伯僖、钱伯海、陈安、葛家澍、余绪缨、张乾二、黄启圣、曾定、李少菁、林鸿庆、黄长艺、陈国强、邹永贤、邓子基、魏传义、巫维衔、郑朱梓
第四届学位评定委员会，1994年	林祖赓	郑学檬	邓子基、田昭武、陈安、陈支平、陈振明、李少菁、余绪缨、吴宣恭、吴水澎、吴辉煌、杨国桢、林鹏、郑兰荪、张乾二、张亦春、钱伯海、唐崇惕、黄本立、黄美纯、葛家澍、赖干坚、蔡启瑞、潘懋元
第五届学位评定委员会，1998年	陈传鸿	吴水澎	万惠霖、王光远、邓力平、曲晓辉、刘海峰、孙世刚、陈传鸿、陈辉煌、陈支平、陈振明、杨国桢、吴水澎、吴辉煌、吴世农、邱华炳、连淑能、林祖赓、胡培兆、洪华生、赵俊宁、黄美纯、黄鸣奋、彭宣宪、廖益新、潘世墨
第六届学位评定委员会，2003年	朱崇实	孙世刚、吴世农	田中群、卢炬甫、曲晓辉、刘海峰、张馨、杨信彰、陈支平、陈金灿、陈甬军、陈振明、陈辉煌、赵玉芬、赵俊宁、洪华生、郑兰荪、袁东星、郭祥群、翁君奕、黄培强、彭宣宪、廖益新、潘世墨
第七届学位评定委员会，2006年	朱崇实	孙世刚、吴世农	邓辉舫、田中群、刘祖国、刘海峰、张馨、杨信彰、苏力、陈支平、陈金灿、陈振明、周昌乐、林圣彩、郑兰荪、赵俊宁、凌世德、翁君奕、袁东星、郭祥群、黄培强、廖益新、潘世墨、戴民汉
第八届学位评定委员会，2008年	朱崇实	孙世刚、吴世农	田中群、刘兴君、刘祖国、刘海峰、邬大光、吴晨旭、张铭清、张颖、张馨、杨信彰、沈艺、陈振明、周宁、周昌乐、林圣彩、林亚南、凌世德、郭祥群、黄培强、廖益新、潘世墨、戴民汉
第九届学位评定委员会，2013年	朱崇实	邬大光	王克坚、王绍森、田中群、刘兴军、刘祖国、刘海峰、朱崇实、江云宝、纪玉华、邬大光、吴晨旭、张铭清、李军、李庆顺、李建发、杨斌、沈艺峰、苏力、陈振明、周宁、林圣彩、林亚南、洪永森、徐崇利、陶涛

续表

	主席	副主席	委员
第九届学位评定委员会，2014年	朱崇实	邬大光	王克坚、王绍森、田中群、叶建明、刘兴军、刘祖国、刘海峰、朱崇实、江云宝、邬大光、吴晨旭、张铭清、张龙海、李军、李庆顺、李建发、杨斌、苏力、陈振明、周宁、林圣彩、林亚南、洪永森、徐崇利、陶涛
第九届学位评定委员会，2014年	朱崇实	邬大光	王克坚、王绍森、田中群、叶建明、刘兴军、刘祖国、刘海峰、朱崇实、江云宝、邬大光、吴晨旭、张铭清、张龙海、李军、李庆顺、李建发、杨斌、苏力、陈振明、周宁、林圣彩、林亚南、洪永森、宋方清、陶涛

二、研究生学位授予基本情况

1982年3月26日，厦门大学学位评定委员会第二次会议审查通过81届毕业生授予硕士学位名单。81届毕业研究生共48人，其中3人论文未完成经批准延长学习时间，其余45人经答辩委员会评议，41人建议授予硕士学位，4人未建议授予硕士学位，最终校学位委员会通过40名研究生授予硕士学位的表决名单。

1982年12月17日，校学位评定委员会审查82届毕业研究生授予硕士学位名单：1982年毕业研究生共66人，其中2人因自费出国留学，2人因论文未完成推迟毕业，实际毕业62人，加上78级因论文未完成推迟至当年毕业2人，共64人，另有1名81届毕业未授予学位，重新进行论文答辩，南京大学向学校申请授予学位1人，共计66人，其中无权授予学位共3个专业9人，答辩中未建议授予学位2人，应审定55人，第一批审定31人一致通过授予硕士学位，第二批审定通过19名研究生授予硕士学位。1983年3月，校学位评定委员会通过了2名1982届毕业研究生授予学位名单，其中包括一名福建师范大学化学系物化专业毕业研究生。

1983年5月，厦门大学学位评定委员会审查通过1名79级毕业研究生授予学位的申请。1983年12月，学位评定委员会审查通过83届毕业研究生等申请授予硕士学位问题：其中申请授予83年度硕士学位研究生33人，包括83届毕业研究生30人，均为1980年入学，学制三年，政治思想表现由所在班组党总支鉴定，未发现问题，第一外国语均通过过关考试；3~4门学位课程均经过考试,成绩达到优良,个别研究生学位课程成绩未达良好的,经过重考,均通过学位论文答辩并建议授予硕士学位。另有非应届毕业生3人。最终学位委员会通过无记名投票,通过31人授予硕士学位的申请。

1984年6月,校学位评定委员会讨论了4人申请授予学位的审查,最终通过3人的硕士学位申请。1984年12月30日,校学位评定委员会审查通过1984年度申请硕士学位研究生名单:该年度申请硕士学位研究生共39人,1984年7月毕业研究生15人,均于1982年2月入学,学制两年半;1984年12月毕业研究生23人,其中20人是1982年2月入学,学制三年,另3人于1982年9月入学,学制两年半,属于提前毕业。此外,福建师范大学1982届毕业研究生1名,于1983年7月向学校申请硕士学位并通过"中国古代史专题"课程考试,成绩达75分,于1984年7月通过论文答辩。经无记名投票表决,通过1984年度授予硕士学位38人。

1985年4月,校学位评定委员会讨论1985届硕士学位申请名单,提交申请85人,其中82人为本校1984届毕业生,3人为外校1984届毕业生,经无记名投票通过并授予84人硕士学位。同时,厦门大学第一位博士研究生廖代伟申请博士学位获得通过。在此次会议,评定委员会决定,凡经答辩委员会、分委员会讨论通过的,校学位评定委员会批准后,授予日期以通过答辩日期为准,有异议的,则以校学位评定委员会批准之日算起。1985年7月校学位评定委员会审核通过3名博士生(刘敏、李伯重、林昌建)的博士学位申请。

1985年12月3日,校学位评定委员会通过授予85届毕业研究生硕士学位名单:提交申请72人,其中1985届毕业研究生64人,外校毕业生7人,本校上届毕业生1人及1名因遗留问题的学位复议,最终同意授予73人研究生硕士学位。

1986年7月3日,校学位评定委员会通过林志军的博士学位申请,决定授予林志军博士学位,他是我国第一个自己培养的会计学博士。1986年12月,学位评定委员会审核通过了授予毕业研究生博士、硕士学位名单:当年申请博士学位4人,均为1981级博士生;申请硕士学位128人,其中本校应届毕业生118人,1985届毕业生9人,江西师范大学应届毕业生1人,以及1名1982届毕业生的申请学位复议,最终同意授予4人博士学位,128人研究生硕士学位。

1987年6月28日,校学位评定委员会通过李祺福、李金明、陈支平3人的博士学位申请。其中李祺福为1981级博士生,因筹建实验室批准延长学习年限,另2人为1984级博士生。

1988年1月9日,校学位评定委员会审核通过87届毕业博士生、硕士生授予学位名单:申请博士学位6人,均为1984级博士生,其中物理化学专业李湘柱的学位论文答辩在山东大学、北京师大、吉林大学、厦门大学等四校联合答辩委员会主持下进行,经评议,其论文获优秀博士论文奖,由大会颁发奖状和奖金;申请硕士学位117人,其中本校1987届毕业生109人,外校1987届毕业生4人,本校非应届毕业生4人,校学位评定委员会同意授予6人博士学位、117人研究生硕士学位。1988年6月,校学位评定委员会同意授予4人博士学位。

1988年12月30日,校学位评定委员会审核通过1988年度授予博士、硕士人员名单:申请博士学位8人,申请硕士学位234人,其中本校应届毕业生212人,外单位应届毕业生12人,86届研究生班毕业生10人。其中外单位应届毕业生中,福建师范大学马克思主义哲学史专业4人,经哲学系审核同意免试全部学位课程,中科院南海所1人前两年由学校代培,按学校培养计划完成课程学习,成绩合格,其余7人均经过有关学科进行"综合考试",成绩合格,然后组织学位论文答辩。1986届研究生班毕业生主要是会计学、财政学各5人,毕业后已经在本专业或相近专业工作一年半以上,1988年3月作为在职人员提出学位申请,学位办对申请人的政治思想、工作表现、研究生班学习期间的成绩及专家推荐意见书进行审查合格后,交有关学科组织论文评阅及答辩。10月,学校按要求将"在职人员申请学位工作情况报告"及"拟授予硕士学位的研究生班毕业人员简况表"上报国务院学位办,经验收合格,同意学校为这10名在职人员办理授予硕士学位有关事宜。经表决,校学位评定委员会同意授予8人博士学位,232人硕士学位。

1989年6月30日,校学位评定委员会审核申请博士学位5人,硕士学位14人。硕士生中6人为1985级因论文未完成而延期答辩学生。5人为1984级研究生班毕业生,1人为提前毕业,2人为因程序而重新答辩,授予4人博士学位。经表决,校学位评定委员会同意授予5人博士学位,14人硕士学位。

1989年11月23日,校学位评定委员会同意授予6人博士学位,179人硕士学位(提出申请182人,其中10人为1986、1987届研究生班毕业生,外单位毕业生9人,本校应届毕业生163人)。

1990年6月28日,校学位评定委员会同意授予18人硕士学位(提交申请19人,1人经学位评定委员会讨论决定应向外单位申请学位)。

1990年12月30日,校学位评定委员会审核通过授予博士、硕士人员名单:提交申请博士学位18人,申请硕士学位人员277人,其中外单位无授权学科、专业应届毕业生16人;1987、1988届研究生班毕业生22人(在分配工作两年后提交论文,通过答辩,经国务院学位办书面验收合格);在职人员申请学位6人(主要是同等学力者,经由国务院学位办召开的在职人员验收汇报会议讨论通过)。校学位评定委员会同意授予18人博士学位,277人硕士学位。

1991年6月27日,校学位评定委员会同意授予7人博士学位,11人硕士学位,其中包含8名在职人员同等学力申请者。校学位评定委员会询问学位办关于在职人员申请学位(同等学力者)学位课程考题水平如何时,学位办表示:因为在职人员申请学位是厦门大学第一次,研究生院十分重视,每一步骤都很严格,答辩、评阅均有请外单位专家,论文考试的水平均受到专家好评,因为申请者提出申请时已延误三个月,厦门大学重新进行了学位课程考试。其中在资格考试时,考试两门,覆盖五门主干课程。8位同等学力申请者均为大专学力,毕业后大部分留校,补修了大学本科课程,后在学校进修了研究生课程,现已是学校的骨干,均已经工作七年以上,大部分获得行政、业务的校级以上奖励,都是讲师,并在省级以上刊物发表3篇以上文章,故全部符合申请条件。

1991年12月26日,校学位评定委员会审核通过授予博士、硕士人员名单:提交申请博士学位15人,申请硕士学位251人,其中外校向学校申请学位16人(包括福建师大15人,福州大学1人),15人为研究生班毕业生。校学位评定委员会同意授予15人博士学位,248人硕士学位。在此次会议上学位评定委员会指出,研究生如有严重警告等处分,则不能授予学位。

1992年6月26日,校学位评定委员会同意授予6人博士学位,10人硕士学位。10人均为在职人员申请硕士学位,其中3人是大学本科毕业并获学士学位,6人为工农兵学员,均经大学本科进修,1人为大专毕业。

1992年12月30日,此次提交申请的有15位博士研究生,137位硕士研究生(含2名外校申请者),11位在职人员。校学位评定委员会同意授予15人博士学位,148人硕士学位。

1993年6月29日,校学位评定委员会同意授予12人博士学位,29人硕士学位,其中包含5位在职人员。

1993年12月30日,校学位评定委员会同意授予16人博士学位,212人硕士学位,其中梅安是巴基斯坦留学生,学习四门课程,通过博士课程综合考试,于增彪、戴民汉、康俊勇三人为公派于国外联合培养博士,在国外完成博士论文资料收集,回国写论文,进行答辩。

1994年6月28日,校学位评定委员会同意授予14人博士学位,9人硕士学位。

1994年12月26日,此次提交申请的有25位博士研究生,224位硕士研究生。校学位评定委员会同意授予25人博士学位,223人硕士学位。

1995年6月30日,校学位评定委员会同意授予9人博士学位,13人硕士学位。

1995年12月29日,此次提交申请的有29位博士研究生,194位硕士研究生。校学位评定委员会同意授予29人博士学位,193人硕士学位。

1996年6月28日,校学位评定委员会审核通过授予博士、硕士人员名单:提交申请博士学位8人,申请硕士学位人员15人,其中包括一名巴基斯坦留学生。校学位评定委员会同意授予7人博士学位,15人硕士学位。

1996年12月25日,校学位评定委员会同意授予37人博士学位,293人硕士学位。

1997年3月28日,校学位评定委员会审议博士、硕士点的合格评估,主要针对11个硕士点和15个博士点展开,经审议,汉语史博士点保留学位授权资格,两年后重新评估,其他点全部合格。

1997年6月26日,校学位评定委员会同意授予16人博士学位,143人硕士学位(在职申请8人,补授1人,应届毕业硕士生134人)。同时,校学位委员会推荐报送李国安参加1997年度《高校文科博士文科》资助。

1997年12月23日,校学位评定委员会同意授予44人博士学位(2人在职博士),290人硕士学位(在职同等学力申请者57人)。

1998年6月25日,校学位评定委员会同意授予24人博士学位(1人在职博士),163人硕士学位(在职申请28人)。

1998年12月28日,校学位评定委员会同意授予42人博士学位(1人在职博士),232人硕士学位(同等学力申请46人)。

1999年6月25日,校学位评定委员会同意授予27人博士学位(2人为同等学力),381人硕士学位(在职申请207人,授予198人硕士学位)。

1999年12月24日,校学位评定委员会同意授予53人博士学位(3人为同等学力),260人硕士学位(同等学力41人)。

2000年6月29日,校学位评定委员会审核通过授予博士、硕士人员名单:提交申请博士学位36人,申请硕士学位238人,含同等学力29人。根据学校1999年学位委员会决议,博士须公开发表2篇学术论文,硕士由各分委员会自定,因此校学位评定委员会最终同意授予34人博士学位,234人硕士学位。

2000年12月25日,校学位评定委员会同意授予54人博士学位(1人为同等学力),399人硕士学位(同等学力143人)。

2001年2月23日,校学位评定委员会同意授予18人硕士学位。2001年6月25日,校学位评定委员会审核通过授予博士、硕士人员名单:提交申请博士学位45人,含同等学力博士6人,申请硕士学位343人,含同等学力38人。校学位评定委员会同意授予45人博士学位,392人硕士学位。2001年12月25日,校学位评定委员会同意授予72人博士学位(2人为同等学力),409人硕士学位(同等学力141人)。

2002年6月25日,校学位评定委员会同意授予43人博士学位。2002年9月30日,校学位评定委员会同意授予36人博士学位。2008年,厦门大学共授予413人博士学位、3 598人硕士学位。2009年,厦门大学共授予470人博士学位、3 801人硕士学位。2010年厦门大学共授予478人博士学位、3 899人硕士学位。2011年厦门大学共授予553人博士学位、4 100人硕士学位。2012年厦门大学共授予520人博士学位、4 318人硕士学位。2013年厦门大学共授予544人博士学位、4 778人硕士学位。2014年厦门大学共授予571人博士学位、4 740人硕士学位。2015年厦门大学共授予633人博士学位、4 750人硕士学位。2016年厦门大学共授予617人博士学位、4 572人。

厦门大学自1982年授予研究生学位以来,截至2016年共授予63 852人(不含2 000多名同等学力申请硕士研究生学位)研究生学位,其中共授予6 904人博士研究生学位,54 383人硕士研究生学位。硕士研究生专业学位授予数逐渐增大,自1994年厦门大学开始授予研究生专业学位以来,共授予21 367人硕士研究生专业学位,自2013年开始,厦门大学硕士研究生专业学位的授予数已经超过学术型研究生学位。

三、名誉博士学位的授予

根据《中华人民共和国学位条例》,我国对于国内外卓越的学者和著名的社会活动家,经学位授予单位提名,国务院学位委员会批准,可以授予名誉博士学位。1983年中国首次授予英国著名学者李约瑟等3人名誉博士学位,标志着这一制度的建立。1989年2月27日,国务院学位委员会制定《关于授予国外有关人士名誉博士学位暂行规定》(以下简称原《规定》),这是中国学位法规体系中重要的规范性文件,它从授予对象与条件、授予单位与主管部门、报批手续与授予工作等方面对制度进行了初步的完善。厦门大学名誉博士授予工作起步较晚,授予的人数也较少,但也从侧面反映出厦门大学对于名誉博士授予对象的要求较高。

厦门大学第一位名誉博士是连战先生,由法学界5位教授共同提名,2006年2月开始经由教育部备案评选,根据连战在政治学、法学上的贡献,感于他在两岸交流中做出的努力,决定授予连战法学名誉博士的称号。2006年4月19日,厦门大学专门举行仪式,向中国国民党荣誉主席连战颁授法学名誉博士学位证书。2009年厦门大学授予美国特拉华大学校长帕萃克·贺克教授管理学名誉博士学位。贺克成为第二位接受厦门大学名誉博士学位的人。贺克是厦门大学管理学院客座教授和顾问委员会委员。授予他名誉博士学位的原因主要有二:一是贺克学术造诣深厚,且为我国大学教育,特别是管理学教育,提供了宝贵的经验和建议;二是近年来,贺克积极推动美国宾夕法尼亚州大学沃顿商学院和特拉华大学与厦门大学开展深层次的合作交流。2010年在厦门大学八十九周年校庆大会上,萨支唐教授被授予厦门大学名誉理学博士学位,他是第三位接受厦门大学名誉博士学位的人,源于萨支唐教授杰出的学术贡献以及对厦门大学的特殊贡献。萨支唐教授是厦大已故校长萨本栋教授之子,是国际著名的物理学和微电子学专家,长期致力于半导体器件和微电子学研究,先后当选美国国家工程院院士、中国科学院外籍院士等,堪称学界泰斗。他十分关注厦大的学术研究,将自己毕生珍藏的、在半导体物理学和固态电子学领域积累的科学研究档案全部捐赠给厦大。

四、优秀博士学位论文评选

优秀博士学位论文是博士生培养质量的重要标志,也是提高博士生培养质量的重要环节。"全国优秀博士学位论文评选"(全国百篇)是在教育部和国务院学位委员会的直接领导下,由教育部学位管理与研究生教育司组织开展的一项旨在加强高层次创造性人才的培养,鼓励创新精神,提高我国研究生教育特别是博士生教育的质量的评选工作。评选每年进行一次,每次评选出的全国优秀博士学位论文不超过100篇。根据《全国优秀博士学位论文评选办法》,全国优秀博士学位论文入选名单经过推荐、初选和复评后产生。参评论文由学位授予单位向其所在省(自治区、直辖市)的学位委员会推荐;省级学位委员会对推荐的学位论文进行初选。教育部学位管理与研究生教育司负责组织对初选出的论文进行复评,复评工作包括同行专家通讯评议和专家审定会审定。教育部学位与研究生教育发展中心受教育部学位管理与研究生教育司委托,承担同行专家通讯评议工作。

为鼓励、支持全国优秀博士学位论文作者在高等学校不断做出创造性成果,教育部还设立"高等学校全国优秀博士学位论文作者专项资金",对在中国内地高等学校工作的全国优秀博士学位论文作者给予五年的研究资金资助。自1999年首次承担全国优秀博士学位论文评选,至2009年共进行11次,各省级学位委员会累计推荐5 444篇论文参加全国优秀博士学位论文评选,共评选出全国优秀博士学位论文984篇,提名论文949篇。同时,教育部学位管理与研究生教育司委托教育部学位与研究生教育发展中心组织"优博论文资助项目"的专家评议和管理工作。

1999年厦门大学通过《厦门大学优秀博士学位论文奖评选与奖励办法》,于2001年第一次获得优秀博士学位论文的评选。2002年厦门大学研究生院

决定设立"厦门大学优秀学位论文奖"。为了进一步推动研究生教育发展和学校声誉,厦门大学于2003年审议通过《厦门大学优秀博士学位论文培育与评选办法》,决定开始启动厦门大学优秀博士学位论文培育工程,通过设立厦门大学优秀博士学位论文培育基金,从在学博士生中选拔有较强科研能力者,提供条件,加强培养。从2003年起,学校每年开展一次优秀博士学位论文的评选工作,评选出校级优秀博士学位论文,推荐省级优秀博士学位论文。国家级优秀博士学位论文从省级推荐参评的论文中选择,给予校优秀博士学位论文、福建省和全国优秀博士学位论文的作者和导师予以一定的奖励。2008年、2011年、2013年厦门大学先后对《厦门大学优秀博士学位论文培育与评选办法》进行修订,扩大论文培育的范围,逐渐增加校级优秀博士学位论文、福建省优秀博士学位论文、全国优秀博士学位论文提名和全国优秀博士学位论文作者和导师的奖励和奖金数。2009年,厦门大学颁布《厦门大学"211工程"三期优秀博士培养计划实施办法》,依托重点学科、特色学科及学校布局的重点发展学科,从三年级博士研究生中,选拔素质好、立志从事高水平科学研究,能做出高水平研究成果的优秀学生,资助其继续从事高水平博士学位论文研究,学校以奖学金形式资助入选者,用于支付入选者生活费和住宿费,入选者则相应延长学制为四年。2010年,为加强创新人才培养,促进更多的优秀博士研究生投身高水平科学研究和创新研究,厦门大学将"优博培育工程""211工程"三期"优秀博士培养计划"并入"优秀博士培养计划",加大优秀博士论文培育的范围,一年级博士生科研能力突出者也被纳入培育的范围,加大对入选培养经费的资助力度。在一系列质量工程政策的培育下,厦门大学于2013年迎来"收获之年",获得5篇优秀博士论文的评选,2篇入选全国优秀博士学位论文提名论文,排名全国第三名。

自评选以来,厦门大学共获12篇优秀博士论文。就其专业而言,化学4篇;工商管理2篇;教育2篇;其余4个学科(数学、历史、电子等)各1篇(见表1)。其情况为理科6篇、文科5篇、工科1篇。

表 5-2　1999—2013 年厦门大学历年获"全国优秀博士学位论文"统计表

时间	学科	作者	指导教师	论文题目
2001	工商管理	谢德仁	吴水澎	企业剩余索取权:分享安排与剩余计量
2005	历史学	张先清	陈支平	官府、宗族与天主教:明清时期闽东福安的乡村教会发展
2007	教育学	胡赤弟	邬大光	教育产权与大学制度构建的相关性研究
2009	工商管理	许年行	吴世农	中国上市公司股权分置改革的理论与实证研究
2010	化学	田娜	孙世刚	高指数晶面结构 Pt、Pd 纳米催化剂的电化学制备与性能
2011	化学	孔祥建	龙腊生	多核金属配合物的合成、结构与性质研究
2012	生物学	张端午	韩家淮	RIP3 作为细胞凋亡与细胞坏死相互转换的分子开关的发现及机理研究
2013	教育学	刘希伟	刘海峰	中国历史上的"高考移民":清代科举冒籍研究
2013	数学	王焰金	谭忠	Navier-Stokes 方程的自由边界问题与 Vlasov-Boltzmann 方程的流体极限
2013	化学	谭元植	郑兰荪	氯稳定化的非 IPR 富勒烯
2013	化学	李剑锋	田中群	核壳结构纳米粒子增强拉曼光谱
2013	电子科学与技术	陈珊珊	康俊勇	超大面积石墨烯化学气相沉积生长、性质及应用研究

厦门大学研究生教育发展史(1926—2016)

第六章

厦门大学研究生就业

就业是研究生工作的出口,它是衡量大学办学水平的重要依据,也是市场反映高校研究生培养质量高低的"温度计"。就业更是一项民生工程,它既攸关研究生个人前途与家庭幸福,也关乎社会和谐稳定。就业还影响公众对大学的评价,左右本科毕业生的读研意愿与择校方向。随着研究生规模的扩张,经济结构的转型及市场波动性,研究生就业已由"卖方市场"向"买方市场"过渡,研究生就业创业成为各方关注的现实问题。近年来,厦门大学始终强化研究生就业责任意识、不断推进研究生培养机制改革、努力创新研究生就业创业服务方式,在研究生就业创业工作中取得突出成效。2015年4月,李克强总理在厦门考察时评价厦门大学毕业生既有能力又接地气,"高能成,低能就""人才培养工作抓得很扎实,创新创业工作会用人单位很满意"①。

---

① 深切的关怀 巨大的鼓舞——李克强总理莅校视察[EB/OL].http://news.xmu.edu.cn/s/13/t/542/7b/d8/info162776.htm.2016-10-15.

第一节　厦门大学研究生就业制度与政策

一、国家就业政策的调整与改革

从1976年到20世纪80年代中期,我国研究生就业主要采取政府编制计划与高校实施计划相结合的模式。由于计划经济体制的影响及经济建设的需要,政府提出"统一计划、集中使用、重点配备"和"在适应国家建设需要的基础上贯彻学用一致的原则"等一系列毕业生分配的方针政策,确定下"地方分配、中央调剂"的分配原则。根据这一基本原则,国家规定毕业研究生的服务范围,主要是"高等学校,以基础研究为主的科研机构,国家重点企业,由财政拨款的文化、医药卫生等公益事业单位,党和国家机关,以及人民解放军的所属单位",研究生毕业后应"在服务范围内就业,重点补充高等院校师资、高层次科研单位和高新技术国有企业(简称'三高')科技队伍的急需",若在服务范围外单位就业,须"由用人单位参照委托培养方式向培养单位缴纳委托培养费"。这种"统包统分"的就业体制,在计划经济时代曾起过积极的作用。一方面,它既保证国家对各种专业人才的急需,又为边远地区、艰苦行业输送了大批建设人才;另一方面,还保障了毕业生的就业,解除了家长和学生的后顾之忧。

但是,随着改革开放的深入和市场经济体制的逐步建立,我国研究生就业形势随之发生深刻的变化,传统就业的体制弊端逐渐显露出来:一是国家包得过多、统得过死,难免使学生产生毕业就能端上"铁饭碗"的想法,极大地限制了个人的积极性和创造性,减弱了竞争意识和观念;二是过分强调政府意志,忽略了毕业生自我表现的发展需要;三是使企业在吸纳人才时养成"等、靠、要"的惰性心理,束缚了企业用人机制的完善;四是造成高校缺乏就业市场的反馈信息,难以依据社会需要的变化及时、有效地调整人才培养目标、培养规格,失去主动适应经济建设和社会发展的动力和活力。

从20世纪80年代中期到90年代末,我国研究生就业政策由供需见面逐

渐步入双向选择的过渡阶段。这一阶段主要以通过"供需见面"落实"切块计划",逐步向毕业生与用人单位"双向选择"过渡为主要特征。但随着改革开放的深入,单纯的统一分配制度仍不能满足经济与社会发展对人才的多方面需求,因此对研究生就业体制进行改革,建立研究生就业市场,树立研究生和用人单位成为就业主体的观念。1985年,《中共中央关于教育体制改革的决定》提出对国家招生计划内的学生实行"在国家计划指导下,由本人选报志愿、学校推荐、用人单位择优录用"的分配制度,这是对以往毕业生分配制度的突破,为日后进一步深化改革并逐步过渡到"自主择业"的毕业生就业制度奠定了基石。此后,国家改变了由少数人编制分配计划的办法,采取主管部门和高校上下结合的编制分配计划办法,在落实计划的办法上,实行"供需见面",使分配计划尽可能科学、合理、符合实际。同时,还在少数学校中进行一定范围内的"双向选择"试点。1989年3月,国务院批转原国家教委提出的《高等学校毕业生分配制度改革方案》(即"中期改革方案",这是根据当时改革的条件和环境制定的过渡性方案),明确提出,在过渡阶段实行以学校为主导向社会推荐就业,毕业生和用人单位在一定范围内双向选择的办法。1993年2月,中共中央国务院颁布《中国教育改革和发展纲要》,再次明确毕业生就业制度改革的目标:改革高等学校毕业生"统包统分"和"包当干部"的就业制度,实行少数毕业生(师范学科、艰苦行业和边远地区毕业生)由国家安排就业,大部分实行在国家方针政策指导下,通过人才市场,采取"自主择业"的就业方法。1994年,《国务院关于〈中国教育改革与发展纲要〉的实施意见》又进一步明确规定招生和毕业生就业制度的改革措施,即高等学校逐步实行"并轨"招生,学生"缴费上学,毕业后自主择业"。1995年,原国家教委出台《关于1995年进行普通高等学校招生和毕业生就业制度改革的意见》,要求中央部门所属普通高校"并轨"后所招学生毕业时,原则上在本系统本行业范围内自主择业,在条件成熟后逐步过渡到大多数毕业生自主择业,2000年基本完成研究生就业制度改革。

二、研究生"自主择业"以来的就业指导政策及特色

1989年,国务院颁布《高等学校毕业分配制度方案》,毕业生分配制度由

国家"统包统分"和"包当干部"向少数毕业生由国家安排就业和多数毕业生"自主择业"过渡。为做好毕业研究生就业工作,厦门大学根据教育部颁发的相关文件并参照福建省毕业生就业主管部门的有关规定,结合本校的实际情况,在学校就业指导部门的指导下,对毕业生的就业工作提出相关意见。自1998年起,高校毕业生就业制度市场化开始实质性的运作。在《国务院关于做好1998年普通高等学校毕业生就业工作的通知》中,首次提出积极支持和鼓励集体企业、私营企业、联营企业和股份制企业等单位接收高校毕业生。此后,政府逐渐取消限制高校毕业生流动的政策,允许高校毕业生跨省(自治区、直辖市)、跨地(市)就业。到2000年,我国基本实现高校毕业生就业制度的新旧体制转轨,以"政府宏观调控、学校推荐、大学生和用人单位双向选择"的新型高校毕业生就业模式基本确立。随着硕士研究生的大规模扩招,随着部分研究生自筹培养费制度实行,加之部分院校部分专业研究生培养学制的缩短,毕业研究生的数量迅速增加,研究生就业制度逐渐开始完全市场化的双向选择。从2000年起,我国开始建立比较完善的毕业生就业制度,取消向毕业生发放"派遣证"的做法,改为向毕业生发放"就业报到证"。同年6月召开的全国教育工作会议也指出,我们建立的毕业生就业制度应当是一个不包分配、竞争上岗、择优录用的用人制度。这标志着我国大学生就业制度结束"计划、分配、派遣"的历史,转向以市场为导向。

为加强毕业生就业指导工作,促进毕业生积极就业,厦门大学于1992年12月31日发布《关于设立厦门大学毕业生就业指导中心的决定》,设立毕业生就业指导中心,隶属学生工作处。2015年,厦门大学根据就业工作的需要更名为"学生就业创业指导中心",作为学生就业工作的职能部门。近年来,厦门大学始终将就业创业工作作为学校全方位育人的重要环节,着力抓好树立正确的就业择业观、增强学生就业竞争力、完善就业创业服务体系三个方面,努力推动毕业生就业质量和水平的提升。2014年,学校荣获教育部"全国毕业生就业典型经验高校"称号。

(一)创新研究生就业工作理念

当前,部分高校研究生就业仍沿用"以信息提供为主,适量就业指导为辅"的传统模式。与手段多样、形式丰富的本科生就业工作相比,研究生就业缺乏对研究生培养过程"系统化""全程化""人本化""个性化"的认识,忽视对研究生就业对象、就业环境、行业趋向、企业需求等各要素之间的联动研究。① 针对上述不足,厦门大学致力于更新研究生就业工作理念,积极创设与市场经济体制相适应的就业工作机制,不断寻求研究生就业工作模式由"就业指导"向"职业生涯规划教育"的转型,其重点是强化研究生职业生涯规划认知提高、意识培育、定向引导、潜能分析、方案设计、情感强化、能力培养等内容。其着眼点不仅仅在于实现研究生顺利就业,还在于帮助学生在整个研究生学习阶段不断调整自己的职业发展目标、强化自己的职业理想、提高自己的职业素养等,具有"综合性""系统性""全程性"等特征。② 为了适应研究生就业工作"全员化"要求,学校整合各种力量,借助校内外资源,在校内整合了一支包括职能部门、政工干部和多学科专业教师共同参与的研究生就业工作师资队伍,在校外则囊括政府部门、行业精英、知名企业人力资源专家、创业成功人士和校友在内的社会力量,通力协作积极开展研究生就业指导。为了凸显职业生涯规划教育"全程化"特征,学校为本科生、研究生开设"职业生涯规划与就业指导"等课程,仅在短学期可供学生选择的就业指导选修课就达十几门③。

(二)以学生处就业指导中心为核心的就业联动工作机制

面对就业的新形势,各高校都纷纷成立相关机构对就业进行专门管理和指导。目前主要有以下类型:(1)以职业发展教育为主导的复旦大学、清华大学工作机制。此类型的就业教育工作机制一般实行三级组织架构体系,具体为:以校领导牵头,各部门、院系领导为成员,成立领导机构,以协调学校各部门,共同关心学生就业工作;以就业指导职能部门——学生职业发展教育服务中心为骨干,制定具体措施,开展实际工作;以院系职业发展办公室为延伸,积极搭建起就业职能部门与学生之间联系沟通的桥梁。

(2)大学工背景下的就业工作机制,如中国地质大学(北京)、中国矿业大学(北京)、北京中医药大学、上海师范大学。采取此种类型就业工作机制的高

---

① 李春根等.从就业指导到职业生涯规划教育[J].学位与研究生教育,2008(12).
② 李玉芳.硕士研究生职业生涯规划教育的现实诉求、问题与对策[J].黑龙江高教研究,2011(10).
③ 马跃华等.厦门大学:全力为毕业生打造就业平台[N].光明日报,2009-02-21.

校一般都成立毕业生就业工作领导机构,该机构由校领导任主任,成员由学生工作处(部)、研究生处(部)、教务处、财务处等职能部门负责人和部分学院领导组成,该机构对全校学生的就业工作起着领导和协调作用。学校的就业指导中心负责全校毕业生的就业指导、就业市场、就业服务、就业调研等工作,学院成立就业工作小组,充分发挥院系专职学生工作干部、辅导员的作用,发挥教研室和硕士生导师的作用,具体负责学院毕业生就业工作的实施。

(3)招生+就业的就业工作机制,如北京航空航天大学、北京林业大学。该模式是高校的招生部门和就业部门结合在一起,形成专门的招生就业处。这种就业指导模式具有的最大优势在于能够使"进口出口"相互协调,形成整体优势,由就业影响招生,招生带动就业;能够建立就业奖励机制和考核制度,利于形成全校师生共同关注毕业生就业工作的氛围。

(4)独立就业指导中心的就业工作机制,如中国石油大学(北京)、对外经贸大学、东北师范大学。采取此种就业工作机制的高校的就业指导工作体系包括:校就业工作领导小组负责统筹全校的就业工作;学生就业指导中心——作为学校就业指导的职能部门,具体负责全校学生的就业指导和职业发展教育工作;各院系成立就业工作小组,配合学校就业指导中心开展就业指导工作。此种模式的工作重心及主要载体是学校就业指导中心,负责全校学生的就业咨询、就业教育和就业服务工作。

比较而言,厦门大学的就业工作机制类似于第4种类型,即主要由学校成立由校领导任组长的"厦门大学毕业生就业工作领导小组",根据国家的就业方针、政策,制定本校毕业研究生就业工作意见,组织、领导、检查就业工作及就业方案的执行。同时,学生工作处设毕业生就业创业指导中心,主要职能为:加强就业教育,帮助学生树立正确的就业观,引导学生到国家重要行业与关键领域建功立业;做好就业创业政策宣传,收集并发布用人单位需求信息,组织校园宣讲与各类招聘活动;开展就业创业指导,组织学生见习实习,培养学生职业生涯规划意识,提高学生就业创业能力;做好大学生创业教育、创业服务,培养学生创新精神、创业意识和创造能力;开展毕业生就业方案审核、报到证开具及毕业生离校相关手续的办理工作等。

厦门大学在长期的实践中逐渐形成"就业工作联动机制",将学生就业、队伍建设以及人才培养紧密结合,具体而言,包括:一是就业工作联动机制。围

绕"让学生就好业",认真落实就业"一把手"工程,成立就业工作领导小组,建立了"学校主导—院系落实—职能部门联动—全员推动"的就业工作机制。各相关单位协同一致、联动配合、高效运转,形成持久合力。二是队伍建设机制。通过内培外训、职称评聘、专业认证、课题研究、海外研修等途径,有效提高就业指导老师专业化水平。通过积极引导相关专业专任教师,邀请政企界人士、校外专家学者加入就业指导队伍,扩大师资规模。三是人才培养反馈机制。将调研结果与就业分析数据相结合,定期向招生办、教务处、研究生院、规划办等教育教学部门以及各院系提供相关报告,为学校招生、院系专业调整、教学内容更新提供参考,推动学校不断提高人才培养质量。

(三)完善服务体系

厦门大学注重学生爱国意识、社会责任感和担当精神的培养,积极倡导"国家至上,事业为先"的就业理念,鼓励和支持学生到国家重要行业和领域去建功立业,为此,学校设立完善的服务体系,包括:一是自助系统。为学生提供分专业辅导、职业生涯发展教育、就业指导手册、书籍、微视频等各类自助学习材料,不断提高自我服务、自我教育、自主学习的意识和能力。二是朋辈互助系统。充分发挥学校就业社团、学院就业创业促进中心等学生组织的积极性,每年开展包括沙龙、工作坊、交流会、求职训练营等职业辅导活动近200场,形成一批包括就业DV大赛、职场情景剧等形式新颖、参与度高、效果好的品牌活动。三是干预系统。构建职业生涯发展、就业指导及教育的"1+3"课程体系,设立职业生涯咨询室,以预约咨询、广场咨询、网络咨询和电话咨询等形式,为学生提供全方位就业咨询服务。四是深入开展就业帮扶。通过观念引导、经济援助、技能培训、岗位推荐"四个一"援助,实现经济特殊困难毕业生百分百就业。

(四)强化市场对接

一是充分发挥校园招聘主渠道作用,构建包括综合性、地区性、行业性、专场招聘会等多元化的就业市场。2016年,厦门大学共举办校园宣讲会500多场,各类专场招聘会20余场,吸引1400多家用人单位进校招聘。利用信息平台发布13万多条就业岗位信息,人均获得18个岗位以上信息,75%以上毕业生通过学校提供的就业信息落实了工作单位。二是主动对接地方政府和人才机构,加大向西部地区和基层人才输送力度,与西藏、广西等地区建立了长期人才合作机制,鼓励毕业生到西部和基层奉献力量。三是持续深化与企业的合作,做好国家重要行业和领域重点单位进校招聘的对接服务工作。

校友是大学的名片,更是大学的宝贵资源。厦门大学特别重视校友工作,重视校友网络建设,校友对学校发展发挥着重要影响。学校不仅建立了完整的校友信息系统,定期开展毕业生返校观摩、交流活动,更注意搭建毕业校友与在校生交流的平台。厦大校友不仅参与学校就业指导工作,通过论坛、讲座、工作坊等方式将校友的求职经验、工作体验提供给毕业生,分层次提供个性化帮扶。而且,不少厦大校友还自己创办公司、企业,经过不懈奋斗成为成功的企业家,这些公司企业又成为吸纳更多厦大毕业生的重要平台。历年来,厦门大学经济学院、管理学院、医学院等众多院系积极利用校友资源推进毕业生就业工作。譬如,管理学院学生职业发展中心立足管院,服务全校,精心组织策划多届管理学院校友企业专场招聘,近年来管理学院 EMBA、MBA、EDP 校友企业专场招聘会上,每年参加招聘的企业都超过 70 家,每年为厦门大学本科生、研究生提供 500 多个岗位。

(五)推动创业教育,完善创业"孵化器",构建创业支持体系

《21 世纪的高等教育的展望与行动宣言》指出:"毕业生将愈来愈不再仅仅是求职者,而首先将成为工作岗位创造者"。在就业竞争日益加大的背景下,我国政府出台了一系列鼓励大学毕业生自主创业的就业政策。厦门大学一直高度重视大学生创业教育与服务工作,教育部网站主页专题报道学校大学生创业教育工作开展情况。近年来,学校以政策创新改革人才培养体系,以校地共建联合培育平台,以兴趣激励引导学生主动参与创新创业,以资源投入完善服务保障体系,"四轮驱动"成效显著,人才质量不断提高,学生创新创业能力不断增强。一是改革牵动,将创新创入教育融入人才培养全过程。二是地域联动,打造创新创业区域联合培育平台。三是兴趣带动,提高学生创新创业体验度与参与度。四是资源推动,完善学生创新创业服务保障体系,2015—2016 学年,学校共收集到创新创业项目 200 余个,其中 90 多个项目即将或已落地。

第二节　厦门大学研究生就业基本情况

一、早期厦门大学研究生就业基本制度与情况

厦大自1978年恢复研究生招生工作以来,随着研究生招生规模的日益扩大,研究生的分配政策和制度也随之发生变化。由于受到计划经济的影响,20世纪80年代至20世纪90年代中期,厦门大学毕业研究生的分配也遵循这样一个原则:脱产攻读硕士或博士学位的研究生,根据社会主义现代化建设的需要和学以致用的原则,由国家统一分配;对于国家职工被录取为研究生的,可以在分配时适当照顾原选送单位的需要。当然,在具体执行就业政策时,就业指导部门会根据实际情况对就业方案进行一定的调整,积极宣传党和国家的就业方针政策,加强政策上的指导;为毕业生提供有关的就业信息服务,及时搜集、整理、储存和发布用人单位的需求信息,包括专业、人数、报酬、用人单位基本情况等,供毕业学生随时了解;组织就业招聘会,为用人单位和大学生提供双向选择的机会;加强毕业学生就业观的指导和教育,帮助他们认清就业形势、端正就业思想、正确认识自己和社会。厦门大学把毕业教育列为学生在校期间整个思想品德教育的重要内容,抓早抓紧。学校在总结前几届毕业分配工作经验、调查分析应届学生思想特点的基础上,制订了毕业生思想教育计划。并针对学生在进入最后一学年时表现出来的思想特点,进行了毕业前期的思想教育。如针对不少学生专业思想不够巩固的情况,由各系主任和一些专业教师向学生作了本院各专业和相关厂、所发展情况和前景的报告资料。到毕业分配前夕,对全体毕业生普遍谈了一至二次话。充分发挥学生干部和学生党员的作用,适时地召开了全院毕业生骨干动员会,要求学生干部、党员以自己的模范言行去影响和带动其他同学。绝大部分学生党员、干部都能带头服从组织分配,协助学校做了大量思想工作。

1985年10月,原国家教委、国家计委联合发出通知并经国务院批准,从

1986年起,原由国家计委主管的大学毕业生、毕业研究生分配计划的编制工作转由原国家教委统一主管。为鼓励学生积极上进,从1985年暑假起,厦门大学试行在国家计划指导下优秀毕业生自行选择工作单位的办法。凡是政治思想好并具备下列之一条件者可享受自行选择权:(1)在校期间累计三次被评为校级以上三好生,或三次被评为校级以上优秀学生干部,或三次获得一等人民奖学金,或入学以来各门课程(主课)考试成绩名列班级前三名、毕业论文(设计)有较高水平者;(2)在科学研究上有重大成果,获校级以上科研奖者;(3)为国家、集体做出特殊贡献、有突出业绩者,在毕业分配工作中,实行优才优分配、择优分配的方针和原则。

厦门大学1980—1987年共毕业了八届研究生665人,其中博士研究生12人,硕士研究生653人,研究生班47人,接受委托代培生4人。最初研究生大都派遣到高校,这与研究生教育的基本定位有关,根据规定,研究生毕业后主要从事科研工作和高校教师。因此,最初厦门大学的研究生基本派遣到高校,1980年这一比例高达81.82%,但随后这一比例逐渐下降,至1987年派遣到高校的比例只有52.98%。而从事科研与教学的研究生比例也下降较为明显。

表6-1 1980—1987年厦门大学研究生毕业派遣去向情况表

(单位:%)

届别	高校比例	科研、教学比例	横向交流比例
1980届	81.82	无	63.64
1981届	47.92	35.42	64.58
1982届	73.44	20.87	53.13
1983届	73.33	20.00	53.33
1984届	70.15	6.72	41.79
1985届	66.27	12.05	53.01
1986届	64.58	13.19	50.00
1987届	52.98	5.96	62.25

根据下表可以发现,厦门大学早期研究生主要还是分配到"三高"单位,高

校或科研院所从事教学与科研工作、党政机关从事相关管理工作以及继续攻读博士学位是他们具有代表性的选择。1980—1987年,厦门大学研究生毕业分配到各高校工作的共有423人,占毕业生总数63.61%,分配到科研单位工作的有83人,占毕业生总数12.48%,分配到党政机关部门61人,占毕业生总数9.17%;分配到涉外公司企业21人,占毕业生总数3.16%;分配到厂矿企业单位10人,占毕业生总数1.50%,分配到其他方面的有14人,占毕业生数2.11%。①

表6-2 厦门大学1980—1987届研究生分配情况表

(单位:人)

单位 年份	毕业生人数	其中			其中委托培养	分配情况						横向交流人数
		博士生	硕士生	研究生班		高校师资	科研单位	党政机关	涉外公司企业	厂矿企业	其他	录取博士生	
合计	665	12	590	63	4	423	83	61	21	10	14	53	354
1980届	11			11		9		2					7
1981届	48		47	1		23	17				1	7	31
1982届	64		62	2		47	13	1	1		1	1	34
1983届	30		30			22	6			1		1	16
1984届	134		132	2		94	9	10	2		3	16	56
1985届	83	4	79			55	10	8	4	2		4	44
1986届	144	5	117	22		93	19	10	6	7		9	72
1987届	151	3	123	25	4	80	9	32	6		9	15	94

注:1985年前攻读硕士学位的毕业研究生未取得硕士学位的,均按研究生班统计。

总的来看,厦门大学1980—1987年的研究生毕业生的就业情况主要呈如下特点:首先,高校和科研单位往往是毕业研究生的首选。一方面由于这些单

① 厦大校史编委会.厦大校史·第四辑[M].厦门:厦门大学出版社,1990:265.

位对高学历毕业生的需求量相对较大;另外一方面则跟研究生们找工作时求安稳的心态有关。其次是机关事业单位。机关事业单位虽然薪水不算太高,但有较完善的福利待遇,且工作稳定。很多单位都有评定职称、住房补贴等方面的优厚待遇。再者还有相当数量的研究生选择到外企和民营企业就业。改革开放后,我国经济得到快速发展,对外交流也得到了一定程度的加强,出现了一批外企和企业,这些单位的特点是效益好、机制灵活,因此一部分研究生毕业选择到这些企业工作。最后,选择继续攻读博士学位的人数逐渐增加。高校教师工作稳定,福利待遇相对不错,但随着我国高校教师资源的需求增大,对于教师素质要求也越来越高。这也是一部分学生选择继续求学的原因之一。

随着20世纪90年代中后期我国高等教育改革的不断深入、研究生招生规模的不断扩大,以及社会主义市场经济体制的建立和完善,国家对毕业研究生的分配难以再像以前一样做到全部包揽了,尤其是随着改革的不断深入,政企逐步分开,用人单位拥有了更大的自主权。在这种情况下,毕业研究生的分配走向市场化也就在所难免了。

二、厦门大学研究生就业现状

厦门大学近年来的就业工作取得积极成效。学校于2009年、2014年分别荣获教育部"就业工作先进集体"和"全国毕业生就业典型经验高校"称号;学校毕业生已经成为最具竞争力,最受社会欢迎的大学生群体之一。2016年,《中国教育报》《中国青年报》《经济日报》等多家媒体刊《厦门大学:精准服务毕业生就业创业》等深度通讯,教育部网站也刊发《厦门大学:创新就业创业工作机制,全面促进毕业生更高质量就业创业》典型经验材料。学校每年对用人单位的问卷调查显示,用人单位对学校毕业生的满意度达95%以上。在教育部2014年就业典型经验高校评选中的第三方社会调查中,毕业生对工作的满意度在7所参评部署"985"高校排名第一,用人单位对毕业生的满意度排名第二。

1.厦门大学研究生的就业率保持较高水平

2007届厦门大学研究生就业率为97.6%。2008年学校毕业生就业工作以服务大局、服务基层、服务学生为宗旨,围绕建设世界知名高水平研究型大学的办学目标,开展形式多样、内容丰富的就业指导和职业生涯规划活动,致力

表 6-3　2007—2016 届厦门大学研究生就业基本状况表

届别	2007届	2008届	2009届	2010届	2011届	2012届	2013届	2014届	2015届	2016届
毕业生总数	2 681	2 819	2 887	2 837	2 871	2 938	3 229	3 215	3 019	2 923
就业人数	2 616	2 763	2 834	2 789	2 807	2 870	3 164	3 169	2 932	2 835
就业率(%)	97.6	98	98.2	98.30	97.8	97.7	98	98.6	97.1	97
暂不就业人数	12	21	5	16	18			20	23	15
待就业人数	53	35	48	32	46			26	64	73
升学人数			113	109	112	112		135	133	153
出国及其他			89	115	101	97	99	107	84	124

于为学生提供专业化、全程化、个性化的职业发展及就业指导服务;积极开拓毕业生就业市场,主动搜集并迅速发布就业信息,努力搭建就业平台,力争实现毕业生"不仅有业就,而且就好业"。2008届研究生就业率98.0%。2009年受国际金融危机影响,就业形势严峻,在校党委的领导下,在学生工作处的具体指导下,在各学院、研究院的共同努力下,就业指导科围绕"有业就、就好业"的工作目标,以"非常时期、非常责任、非常措施"应对不利形势,开拓进取,创新思路,积极做好2009届毕业生就业工作。面对严峻的就业形势,学校就业工作仍取得了较好的成绩。2009届研究生就业率为98.2%,2010届研究生就业率为98.3%,2011届研究生就业率为97.8%,2014届则高达98.6%,2015届为97.1%,2016届为97%。

硕士研究生与博士研究生的就业率有细微差别,2014、2015、2016届毕业生的数据显示厦门大学硕士研究生的就业率略高于博士研究生。具体各院系的情况有所差别。数据显示2014届,厦门大学研究生各专业就业率大都高达100%,但也有部分专业就业率略低,硕士层次部分专业就业率在75%~80%;而在博士层次部分专业就业率也略低于100%。2015届,硕士毕业生就业率100%的学院占学院总数的2/5,博士毕业生就业率100%的学院占学院总数的3/5。

表6-4 2014—2016届厦门大学研究生毕业生就业情况

届别	学历	毕业生总数	已就业毕业生人数			就业率（%）	暂不就业人数	待就业人数
			升学	出国出境	落实单位			
2014届	硕士	2 869	113	92	2 626	98.7	17	21
	博士	346	22	15	301	97.7	3	5
	合计	3 215	135	107	2 927	98.6	20	26
2015届	硕士	2 610	32	14	328	98.0	6	29
	博士	409	101	70	2 387	91.4	17	35
	合计	3 019	133	84	2 715	97.1	23	64
2016届	硕士	2 521	113	97	2 252	97.7	13	46
	博士	402	40	27	306	92.8	2	27
	合计	2 923	153	124	2 558	97.0	15	73

2.研究生就业单位性质

厦门大学2006—2012届各类型毕业生的就业单位性质各有其自身的特点。硕士生就业单位以企业为主,其次是党政机关、中初等教育、高等教育、金融、科研和事业单位。与硕士生相比,博士生的就业单位性质有明显不同,主要以高等教育单位和科研设计单位为主,到企业的人数偏少。2012届研究生就业情况显示:硕士毕业生签约所涉行业较为广泛,从事较多的行业是金融业(22.6%),信息传输、软件和信息技术服务业(16.3%)及教育行业(11.4%)。博士毕业生签约更趋集中,以教育行业(70.6%)、科学研究和技术服务业(11.1%)为主。

表6-5　2010—2016届厦门大学研究生就业单位性质及人数比例统计表

单位性质	2010届	2011届	2012届		2013届		2014届		2015届	2016届	
			硕	博	硕	博	硕	博		硕	博
党政机关	7	7.2	5.3	2.9	6.4	1.3	6.4	2.6	4.7	5.2	5.8
科研设计单位	2.1	3.7	2.6	3.7	2.7	5.4	3.4	5.1	3.4	2.1	7.2
高等教育单位	23.4	23.2	11.7	34.4	9.9	38.8	8.2	52.6	10.8	6.0	67.4
中等、初等教育单位	1.9	2.5	2.5	0.3	1.9	0.3	2.7	0.4	2	3.6	0.3
医疗卫生事业	0.5	0.5	0.3	0.6	0.2	1.1	2	0.7	2.5	4.7	3.1
艰苦行业事业单位	0.2	0									
其他事业单位	3.8	5.3	5.5	1.4	4.5	1.9	5.6	2.6	3.6		
金融单位	6.8	7.6	13.4	7.2	5.9	2.2	18.3	6.2	18.1		
国有企业	6.4	13.9	11.3	2.6	18.4	3.2	13.5	3.3	13.4	26.4	4.9
三资企业	5.5	6.3	7.1	0.6	7	0.8	6.9	1.1	6.2	5.5	1
艰苦行业企业	0.1										
其他企业	19	13.7	24	6.3	28.3	5.4	21.6	4.4	23.1	41.4	9.2
部队	0.8	0.3	0.3		0.2		0.4	0.4	0.1	0.1	
地方基层项目	1.5	1.5	1	2.9	0.6	2.4	0.7	6.6	1.4	0.7	
社会团体					0.1						
民办非企业			0.2	0.2	0.1		0.3		0.3		

2015届的数据显示,厦门大学硕士研究生就业单位主要集中在民营企业、金融单位、国有企业与高等教育等领域(选择党政机关4%,国有企业

15.3%,三资企业 6.4%,民营企业 33.3%,金融单位 18.5%,高等教育机构 7.1%,医疗卫生 2.9%,科研单位 3%,中等/初等教育 3.6%,其他事业单位 4.7%,其他 1.3%),相比较而言,厦门大学的博士生就业单位仍以高等教育、党政机关、金融单位、科研单位为主(党政机关 9.5%,国有企业 3.7%,三资企业 0.3%,民营企业 8.1%,金融单位 6.8%,高等教育机构 59.3%,医疗卫生 2.7%,科研单位 6.1%,中等/初等教育 0.3%,其他事业单位 2.4%,其他 0.7%),但值得关注的是厦门大学博士生选择民营企业的比例逐渐增高,如材料学院、海洋与地球学院、化学化工学院、生命科学学院、医学院、信息科学与技术学院、物理与机电工程学院,此外,还包括国际关系学院和台湾研究院。2015 届研究生就业数据显示,硕士毕业生签约所涉行业较为广泛,从事较多的行业是金融业(21.55%),信息传输、软件和信息技术服务业(14.00%),制造业(12.89%)和教育行业(11.31%)。博士毕业生签约更趋集中,以教育行业(58.20%)、科学研究和技术服务业(14.86%)为主。

3.研究生就业地区流向

在研究生"双向选择"的就业市场中,研究生的择业自主性增强,硕士毕业生就业时考虑的主要因素有就业发展机会、城市的开放程度和现代化程度以及社会、人文环境和生活条件等。从现实情况来看,大城市对高层次人才的需求更多,能够提供的机会和发展的空间更大,收入相对于中小城市也更高。因此大量的毕业生融入经济发达地区和沿海开放城市。但随着中西部城市的发展以及就业环境的变化,研究生选择中西部城市就业的比率逐渐增加。厦门大学 2009—2014 届研究生毕业生就业主要选择浙江、江苏、广东、福建(不包括厦门)等东南沿海一带以及北京、上海、深圳等经济发达地区,厦门始终是毕业生就业分布最集中的城市。同时,到经济欠发达的西部甘肃、宁夏、云南、贵州、四川、西藏、新疆等地区就业人数始终不多,如 2006、2007 年去中西部地区的比例较低,但 2014 年的数据显示,厦门大学硕士研究生选择中西部就业的比例达到 13.9%,博士研究生的比例则高达 27.2%。2015 届研究生在签约单位地区流向上,硕士毕业生有 85.6%的学生选择在东部地区就业,有 14.4%的学生选择中西部地区就业,博士毕业生则有 73.7%选择在东部地区就业,有 26.3%的博士毕业生选择去中西部地区就业。2016 届的数据大致与 2015 届学生选择一致,无论硕士还是博士研究生流向中西部地区就业的比例都在增

长。另外,我校积极响应国家政策,引导毕业生到基层和西部艰苦地区就业,积极鼓励毕业生应征入伍支持国防建设,2015届毕业生到部队、农村建制村、城镇社区就业的人数有所增加。

4.自主创业

2014届共有37名毕业生自主创业,2015届毕业生中共有41人选择自主创业,其中硕士毕业生13人,博士毕业生2人,2016届毕业生中有36人选择自主创业,其中硕士毕业生13人,博士毕业生3人。比较成熟的创业项目有化学化工学院博士毕业生王焱良创立的厦门净屋环保科技有限公司,医学院博士毕业生王燊创立的厦门弧形世界医疗科技有限公司等。在创业类型的选择上,2015届毕业生主要选择的是传统服务(11人)、科技型(10人)、文化创意(8人)、信息技术(7人)和教育(3人)。2016届毕业生主要涉及信息传输、软件和信息技术服务业(6人),教育行业(5人),批发和零售业(5人),金融业(4人)和文化、体育和娱乐业(4人)。

总体来说,厦门大学研究生就业形势总体良好。在研究生扩招的大背景下,厦门大学研究生的毕业人数在大幅增加的情况下,虽然每年均保持了较高的就业率,但就业形势日趋严峻。但值得肯定的是,近年来随着就业观念的变化,研究生对就业的满意度仍保持相对高位,2014届厦门大学毕业生对签约工作的满意度高达70.4%,一般为26.7%,只有2.6%的毕业生对签约工作不太满意。而2015届毕业研究生对签约工作的满意度为66.7%,一般为30.6%,只有2.7%的研究生表示不太满意或者很不满意。其中专业对口度达到65.4%,对口程度较高(高于全校平均水平)的学院主要是建筑与土木工程学院、生命科学学院、经济学院、艺术学院、法学院、软件学院、管理学院、新闻传播学院和信息科学与技术学院等。2016届厦门大学毕业研究生对签约工作的满意度高达73%。在薪酬方面,2015届毕业研究生的平均月薪为6 774.87元,平均月薪较高(高于全校平均水平)的学院有数学科学学院、信息科学与技术学院、物理与机电工程学院、软件学院、外文学院和经济学院。2016届毕业研究生平均月薪7 278元,高于平均水平的学院有:信息科学与技术学院、王亚南经济研究院、航空航天学院、软件学院、管理学院、化学化工学院、材料学院。同时就业单位对厦门大学毕业生的能力评价也比较高,这也反映出近年来厦门大学培养、教学与管理工作的成效。

第七章

厦门大学研究生教育管理机构及其变革

研究生院是我国高层次人才培养和解决国家重大科技问题的重要基地，代表我国研究生教育的最高水平，在我国研究生教育发展中具有举足轻重的地位和作用。1952年5月9日教育部颁发《高等学校研究生部的现状及其调整的意见》，针对当时34所高校设立的研究生部提出调整意见，提出今后全国高等学校研究生部的设置应当经过中央教育部审批；研究生部随院系调整而调整，有的予以加强，有的予以取消或合并。1960年，教育部在天津召开重点高等学校会议，进一步讨论设置研究院的问题，同意在北京大学、清华大学等13所院校设置研究院，并于1961年将高等院校设置研究院写入《高教六十条》。1980年和1983年，教育部又在天津两次召开座谈会，草拟了《关于试办研究生院的几点意见》，明确了研究生院设置的条件、性质、组织机构和职责。①

1984年6月19—20日，国务院批准在北京大学、中国人民大学、清华大学、北京航空学院、北京工业学院、北京钢铁学院、北京师范大学、北京农业大学、北京医学院、南开大学、天津大学、吉林大学、哈尔滨工业大学、复旦大学、上海交通大学、上海第一医学院、南京大学、浙江大学、武汉大学、华中工学院、国防科技大学、西安交通大学等22所院校首批试办研究生院。1986年4月

---

① 张文修.我国研究生院发展的回顾与思考[J].学位与研究生教育，2004(7).

经国务院批准,中山大学、厦门大学、同济大学、东南大学、大连理工大学、西北工业大学、华东师范大学、东北大学、中国地质大学、中国协和医科大学等10所高校第二批试办研究生院。1995年10月9日,原国家教育委员会制定并下发了《研究生院设置暂行规定》,对设置研究生院的高等学校应当具备的条件、研究生院应当履行的职责等都作了明确规定,提出研究生院主要是指在承担研究生培养任务的高等学校中组织、实施研究生教育工作的管理机构;设置研究生院的高等学校,应当全面贯彻国家的教育方针,具有较高的办学水平和良好的办学基础,其整体实力和本科教育水平在全国同类高等学校中居于前列,在国内外具有一定的影响;研究生院设置由国家教育部委员会负责规划、审批,设置研究生院应当符合国家经济建设、社会发展和科技进步对高层次人才的需求,以及研究生教育的发展规划。研究生院反映的是研究生教育的一个完整的机制体系,研究生院制度是培养中国创新型人才的基本制度。1999年11月26日,中国研究生院院长联席会成立。2000年6月,教育部批准了北方交通大学等22所院校试办研究生院,后来又陆续批准了3所高校试办研究生院。至此我国已有56所院校经过教育部批准设立研究生院。

2011年改革前,未经批准试办研究生院的高等学校,其组织实施研究生教育工作的管理机构一般称"研究生部"或"研究生处"。按照教育部2006年出台的《全国普通高等学校推荐优秀应届本科毕业生免试攻读硕士学位研究生工作管理办法(试行)》的规定,经教育部批准设置有研究生院的高等学校,保研的比例可占本科毕业生的15%左右;而未设立研究生院的"211工程"高校则按5%左右的比例保研。在研究生规模大力发展的同时,设有研究生院的大学加快学科建设,调整学科结构,优化学科布局,重点建设了一批优势学科。在2001年全国重点学科评审中,研究生院的重点学科数已占全国总数的75%,少数重点院校已初步建成研究型大学的雏形,国家"十五"重点建设的大学均为设置研究生院的院校。① 从连续几年全国优秀博士学位论文获奖结果来看,研究生院所在高校获奖论文数占到全国总数的绝大多数。可以说,研究生院在研究生教育改革与发展过程中起到示范与骨干作用,设有研究生院的大学在学科建设、人才培养、科学研究、制度建设等方面做出突出成绩。

---

① 张文修.我国研究生院发展的回顾与思考[J].学位与研究生教育,2004(7).

2011年,我国研究生院设置制度实施大幅度改革,由原来的"报批"改为"报备",高等学校研究生院成立不再需要经由教育部批准,使得我国的研究生院迅速超过100所,进入高速发展的快车道。按照《研究生院设置暂行规定》的定义:研究生院主要指在承担研究生培养任务的高等学校中组织实施研究生教育工作的管理机构。《暂行规定》还明确了高等学校研究生院职责:组织学校研究生教育的改革,参与有关学校发展问题的决策,开展研究生教育研究工作;据国家计划、科技发展、社会需要和可能条件,研究制订学校研究生教育发展的中长期规划和年度招生计划;制订研究生教育的各项规章制度,做好研究生教育管理的日常工作,遴选研究生指导教师,加强研究生管理干部队伍建设,对研究生教育和学位授予质量进行检查和评估;加强学科建设,参与制订学校学科建设规划,调整和优化学科结构,促进新兴学科、交叉学科和高新技术的发展;统一管理有关研究生教育的各种经费、基金,合理使用研究生教学和管理人员编制,参与确定学校涉及研究生教育的建设项目和经费预算;承担上级部门和学校委托的其他工作。

第一节　厦门大学研究生院机构的设立

研究生管理机构的发展与厦门大学研究生教育密切相关。1978年厦门大学在教务处设立研究生科,1983年成立研究生处,由辜联崑任副处长,主持研究生处工作。1984年12月厦门大学任命吴伯僖为处长。1986年4月经国务院批准成立厦门大学研究生院,由校长田昭武兼任院长,吴伯僖、陈国强教授兼任副院长[①]。围绕提高研究生教育培养质量,研究生院在研究生的招生、培养、学位和管理方面进行长期的探索与改革,形成与完善厦门大学研究生培养与管理机制与模式。

---

① 厦门大学校史编委会.厦门大学院系馆所简史[M].厦门:厦门大学出版社,1990:2.

一、厦门大学成立研究生院

根据研究生培养已具有的规模,经学校申报、国务院批准,国家教委于1986年4月15日发文,同意厦门大学试办研究生院,由校长田昭武教授兼任研究生院院长。同时规定:第一,研究生院院长人选须报主管上级审批,副院长人选可由学校自行确定。第二,建院后,要重点抓好研究生教育的改革工作,改善研究生的办学条件,努力提高研究生的政治和业务质量。第三,需要将研究生院的组织机构和加强研究生院的建设的意见于1986年6月底以前报主管部门,并送国家教委备案[①]。

吴伯僖教授从厦门大学研究生发展的优劣方面分析了当时厦门大学成立研究生院的背景。

1984年后,教育部成立第一批研究生院。北大、清华等22所著名大学建立示范研究生院。当时厦门大学的研究生管理在"文革"后在"教务处"下设"研究生科",后改为研究生处,数学系辜联崑是研究处的第一任处长。我是第二任,那时的研究生处在同安楼的楼下,总共十来个人。校长田昭武生与我谈话,希望成立研究生院。客观说,我们面临很多问题,首先是我们学校招收研究生的数量偏少,特别是博士点和博士生招生偏少。1980年前每年招收人数不超过70人,1981年后也只招收100多人,博士生第一届才招收10人,1982年才1人,1984年大概20余人,以后几年也没有超过25人,加起来总共招收100多人。博士点,特别是一级博士点也很少,当时教育部要求博士点方向要有3个,才能成立一个一级博士点。其次,学校的研究生教育发展比较慢与我们学校所处的地理环境也有一定的关系。1977、1978年刚刚开始发展的时候,厦门还处于"前线区",当时学生还需要巡逻,地理环境和政治环境对厦门大学研究生教育的发展也有一定的影响,获得的支持与资助比较少,所以实验器具、实验

---

① 厦门大学校史编委会.厦大校史资料(第四辑)[M].厦门:厦门大学出版社,1990:235.

室发展等基础建设很缺乏。

但是我们的研究生教育也有一定的优势，第一，我们早期的研究生教育质量非常高，学生素质特别好，非常用功，毕业后要么读博、出国，要么留校，学校也很注重学生的质量。第二，我们非常重视招生工作（当时英语、政治统一出题），专业课导师出题，出A、B卷，印考卷的工作都交由研究生处负责，我们派专人拿给印刷厂，当时印刷工作非常复杂、繁重。有些题目有图，要非常认真、花时间。我们当时随时有人在场，防止泄题或出错。印刷之后的核对，工作也很繁重。招生科只有一两人，但所有的人都参与这个工作。然后考题密封，寄送到报考点，当时采取国家内部保密的传送办法寄到各省当地，由当地招生办保管。考试时监考人当场开封，然后按照号码来发送，为了不泄密，名字和考号都已经打印好了。但名字不公开，只核对考号。我们这边有一个人二十四小时守在电话旁，以免发生意外。我们学校从来没有发生过事故。第三，学生入校后在培养上跟导师积极配合，导师的工作条件、上课等情况，我们都专门派人去了解。有的老师很仔细，像中学老师一样教育，有的老师比较开放，只指导参考书，让学生自己去看。我们认为两种情况都可以，相对而言，我们的管理比较灵活。第四，在毕业论文上，我们要求学生的引用要有依有据，指导老师要认真审核，通过后才能复印、打印，然后送三个专家外审，外审通过后才能参加答辩。我们允许学生推迟一个学期答辩。答辩会请校外同行专家参加答辩，规定不能由本校包办一切，而且专家必须是答辩主席，我们研究生院会派人专门去监督，了解学生参与这个过程有没有认真表达、回答与提问，是否按照程序答辩。因为我们对研究生培养质量的严格要求得到了一定程度的认可，所以我们顺利成为第二批建立研究生院的学校。当时这是很难得的，为了表彰我们的工作，当年学校还专门授予我们"自强集体奖"（奖金500元）。要知道当时学校教师和行政人员的工资不到200元，这是一个很大的奖励。

1986年9月12日上午，厦门大学在建南大会堂隆重举行研究生院成立大会，福建省委书记陈光毅、副省长陈明义等出席成立大会。田昭武校长致辞说，厦门大学研究生院的成立，是学校教育发展史上一个重要的里程碑，标志

着学校在培养人才方面进入一个新阶段,向着更高层次发展。同时,他还表示要加强领导,坚持改革,统筹规划,团结奋斗,大力提高质量,把研究生院办出第一流水平,培养更多更好的高级专门人才。陈光毅在讲话中,充分肯定厦门大学研究生院成立的意义和对本省高等教育发展产生的积极作用。他希望厦门大学把教育体制改革的步子迈得更大,把科学研究和智力开发工作开展得更加广泛,把教学质量的巩固和提高工作搞得更加扎实,把学生的思想政治工作做得更灵活更好。广大师生和校友对学校成立研究生院,感到由衷喜悦。中国科学院院长、校友卢嘉锡题词祝贺:"面向四化,面向世界,面向未来,看远一些,走前一些,搞深一些。"黄典诚教授喜赋七律一首:"演武场中大学城,百花齐放百家鸣。文明两个需经济,专业四年尚逸庭。树蕙滋兰当孟晋,超群出类得精英。宏开研究菁莪院,硕士联翩博士生。"

二、研究生教育各类委员会

(一)学位评定委员会

2014年6月13日,经第九届校学位评定委员会第四次全体会议审定,厦门大学通过《厦门大学学位评定委员会章程》,进一步规范学校学位评定委员会的工作职责和程序。根据规定,厦门大学设置两级学位评定委员会,分别为校学位评定委员会和学院(研究院)学位评定分委员会。在未设立学位评定分委员会的学院(研究院)可根据工作需要申请设立学位评定工作小组。校学位评定委员会由学校主要负责人和教授(研究员)共二十五人组成,任期三年。校学位评定委员会设主席一名,副主席一至两名。校长为校学位评定委员会当然主席。校学位评定委员会委员名单经研究生院提名,校长办公会议审议通过,报教育部和国务院学位委员会备案。校学位评定委员会履行以下职责:(1)做出授予博士学位、硕士学位和学士学位的决定;(2)通过授予名誉博士学位的人员名单;(3)做出撤销违反规定而授予学位的决定;(4)遴选博士生指导教师,确认引进人才的博士生指导教师资格,取消博士研究生指导教师资格;(5)审批申请博士学位人员免除部分或全部课程考试的名单;(6)研究审议厦门大学研究生专业和学科发展规划;(7)审批自审博士、硕士学位授予权的学科、专业名单;(8)审批博士学位授权一级学科范围内自主设置学科、专业名单;(9)研究和处理授予学位的争议和其他事项;(10)审议和制定厦门大学学位管理与研究生教育方针和相关文件规定;(11)完成国务院学位委员会交给的其他任务。

校学位评定委员会议事规则包括:(1)校学位评定委员会会议实行例会制,每年举行三次全体会议,分别为6月、9月和12月,由主席或主席委托的副主席主持。如遇特殊情况,由主席决定召开临时会议。校学位评定委员会会议召开前,应先由主席对会议议程进行审核,通过后方可提交大会审议。校学位评定委员会闭会期间,有关事项经主席或副主席提议,必要时可进行通讯评议;(2)校、院两级学位评定委员会举行会议,均须有全体成员的三分之二以上委员出席方为有效。会议决定应以不记名投票方式表决,经与会委员三分之二以上且全体委员半数以上通过方为有效;(3)校学位评定委员会委员一般不得缺席学位评定委员会全体会议,因故不能出席者应向校学位评定委员会秘书处请假并说明缺席理由,由校学位评定委员会秘书处汇总后报请主席或副主席核准;(4)凡出国一年以上以及无力承担校或院学位评定委员会工作的成员应及时进行调整;凡在一个任期内累计三次不能参加会议的校学位评定委员会委员应予以调整,调整程序按照产生委员的正常程序进行;(5)校学位评定委员会以及分委员会委员应遵守保密制度和回避制度。

(二)专业学位专家委员会

2010年,厦门大学成立专业学位专家委员会。为规范校专业学位专家委员会会议制度,确保校专业学位专家委员会顺利开展工作,根据国务院学位委员会《专业学位教育发展总体方案》,厦门大学制定《厦门大学专业学位专家委员会议事规则》。2014年,第二届专业学位专家委员会成立。根据国务院学位委员会《硕士、博士专业学位教育发展总体方案》和教育部、国家发展改革委员会及财政部《关于深化研究生教育改革的意见》,厦门大学结合学校实际情况修订《厦门大学专业学位专家委员会议事规则》,根据规定,厦门大学专业学位专家委员会(以下简称专家委员会)由教育专家、管理专家、行业和实际部门专业人士共21~25人组成。专家委员会设主任委员一名,副主任委员两名。主任委员由主管研究生教育的副校长担任。副主任委员由全国专业学位教育

指导委员会成员担任,其他委员由各专业学位授权点的分管院领导和研究生院领导担任。其主要工作职责包括:(1)审核各领域专家委员会名单,指导各领域专家委员会的工作;(2)讨论、制定学校专业学位教育发展规划;(3)组织学校专业学位教育的评估、检查工作;(4)审议新增硕士专业学位授权点的申请;(5)讨论、审议学校专业学位教育相关的其他重要事项。其议事规则包括:(1)专家委员会每年至少举行一次会议,有特殊需要时由主任委员决定举行专题会议;(2)专家委员会会议由主任委员召集并主持,必须有三分之二以上的委员出席方可开会。专家委员会举行会议时,应当准时出席会议;不能出席会议的委员,可以提交书面意见;未能出席者若有书面委托其他委员表决则视为出席,每名出席会议委员仅能接受一份书面委托;(3)专家委员会会议议题必须事先报主任委员确定。三名以上委员联名,可以提出相关议题,经主任委员同意后,可以列入专家委员会会议议题。提交专家委员会审议的议题必须开展充分的调查和研究,必要时可以先征求有关部门、学院(研究院)的意见;(4)专家委员会审议问题实行民主集中制的原则,决议一般采取无记名投票、举手等方式表决。在会议有效召开的情况下,以超过应到会全体委员半数同意为表决通过,表决结果由主任委员当场宣布。如会议议题有重大问题需要进一步研究的,经专家委员会会议同意,可暂不作决定,待进一步调查研究后再提交下一次专家委员会会议决定。

(三)研究生培养指导委员会

根据2013年教育部、国家发改委、财政部《关于深化研究生教育改革的意见》第17条,"培养单位要加强培养过程的质量管理,按照一级学科和专业学位类别,分别设立研究生培养指导委员会,负责制订培养标准和方案、建设课程体系、开展质量评价等",经校学位评定委员会审议通过,学校组建了一级学科研究生培养指导委员会。一级学科研究生培养指导委员会的人数根据具体情况确定,一般人数为7~13人组成(单数),设主任1名,副主任若干名。指导委员会成员基本要求为:具有良好的科学道德,治学严谨,具有强烈的学术责任意识和较强的研究生培养管理能力;具有教授或相应职称,有博士学位;有较高的学术水平,一般为学科带头人,在国内外同行中有一定知名度。以一级学科为单位组建的研究生培养指导委员会,在校学位评定委员会指导下开展工作。其主要职责包括制订培养标准和方案、建设课程体系、监督研究生培养过程、开展质量评价,并撰写一级学科年度质量评估报告等。原学位评定分委员会所涉及相关内容的职能废止。2014年,厦门大学成立53个一级学科研究生培养指导委员会。

2014年,根据教育部、国家发展改革委、财政部《关于深化研究生教育改革的意见》及教育部、人力资源社会保障部《关于深入推进专业学位研究生培养模式改革的意见》文件精神,为提高专业学位研究生培养质量,加强对专业学位研究生培养工作的统一指导,经校学位评定委员会审议通过,学校组建各专业学位研究生培养指导委员会,各培养单位按照专业学位类别或领域组建专业学位研究生培养指导委员会,若专业或领域涉及多个单位,由负责单位牵头组建。根据规定,专业学位研究生培养指导委员会的人员构成须有一定比例的行业和企业专家。人员构成要有利于今后有效开展工作,有利于形成产学结合的专业学位研究生培养模式。已有类似组织的,应根据要求对人员进行充实和调整,原则上,各专业学位研究生培养教育指导委员会委员由7~15人组成(设主任1人,副主任1~2人),其中校外行业和企业专家比例原则上不低于25%。专业学位研究生培养指导委员会在校专业学位专家委员会指导下开展工作。主要职责包括:负责制订研究生培养标准和方案,建设课程体系和实践基地;监督专业学位研究生培养过程;开展质量评价及撰写年度质量评估报告等。原学位评定分委员会所涉及相关内容的职能废止。2014年,厦门大学成立了27个专业学位研究生培养指导委员会。

第二节 厦门大学研究生院机构的沿革

一、研究生院机构的发展与变革

研究生院机构如何设置,职能如何确定,是研究生院发展中的一个突出问题。一种观点认为,研究生教育是本科教育的延伸,因此应把本科生教育与研

究生教育看成一个整体,主张以工作的"块"来划分,实行同一性质工作由一个部门统筹管理的办法,如将招生、分配、学籍等分别合并,甚至教学管理、思想教育管理也分别合并。其结果使得研究生教育打上本科生教育的烙印。另一种观点认为,研究生教育与本科生教育是两个不同层次、不同阶段的教育,因此研究生院在机构设置、职能发展上应该与本科生管理机构相区分,把研究生院办成实实在在的具有综合职能的行政管理部门。研究生院应由若干个处级单位组成,把与研究生教育密切相关的职能统一在研究生院的管理之下,从招生到培养,从思想教育到学位授予,最后到就业指导与分配,形成一个完整的研究生教育管理体系,各个环节相互连接,相互协调,相互促进。① 同时,围绕着研究生院的管理定位、基本职能问题也引发了一定的争论。为解决上述问题,厦门大学研究生院机构历经了几次变革。

第一阶段(1986—1992年),以教务处下设的研究生科为基础设立研究生处,开始试办研究生院,试办研究生院下设两个正处级单位,分别是院办公室和研究生教育处。其中院办公室主要负责院行政事务、招生事务和学生工作,研究生教育处主要负责研究生培养、学籍、学位相关事务。院长由校长兼任,两位副院长和两个正处级单位的领导由教师兼任。

第二阶段(1992—1996年),随着试办研究院不断发展,研究生院也逐步丰富其工作职能,机构也进行了部分调整,依然保持有两个正处级办公室,分别是院办公室和研究生教育处。其中院办公室依旧主要负责院行政、学生工作和招生事务,在其下开始设置招生办公室,研究生教育处主要负责研究生培养、学籍、学位事务,在其下设置学位办公室。院长由校长兼任,两位副院长和两个正处级单位的领导由教师兼任。

第三阶段(1996—1998年),随着从试办到正式批准成立研究生院的转变,研究生院机构也进行部分调整,设立两个正处级办公室,分别为培养处和管理处。其中院培养处主要负责研究生培养、学籍管理和学位授予事务;管理办公室主要负责院行政、招生管理、学科规划、学生工作事务。院长由校长兼任,两位副院长和两个正处级单位的领导由教师兼任。

第四阶段(1998—2005年),1998年机构改革开始,研究生院也精简机构,

---

① 孙鹏江、怀丽.高校机构改革与研究生院建设[J].学位与研究生教育,1999(5)

设一个科级秘书岗协助院领导工作,设两个正处级办公室,分别是培养与管理处和学位与学科建设处。其中培养与管理处主要负责研究生培养事务(教务、考务等)和管理事务(学籍、奖学金等),学位与学科建设处则主要负责学位授予事务、学科建设以及在职人员攻读硕士学位招考事务。

这个时期,学校成立大招办,研究生招生事务移至招生办负责。但在职人员攻读硕士学位的招生工作仍由研究生院学位与学科建设办负责。学生管理事务也从研究生院移至学生工作处。自2003年起,研究生院院长由分管副校长兼任,两位副院长和两个正处级单位的领导由教师兼任。

第五阶段(2005—2012年),伴随国家研究生教育事业的快速发展,研究生院机构进行了相应的调整,增加了综合办公室,保留培养与管理办公室和学位与学科建设办公室。其中综合办公室负责全院行政工作、在职攻读硕士学位招生、专业学位研究生培养和学位点申报、奖学金评定和公派出国项目事务,培养与管理办公室主要负责研究生培养事务(教务、考务等)和管理事务(学籍、研究生创新工程项目等),学位与学科建设办公室则是主要负责学位授予事务和学科建设事务。2008年起设立常务副院长全面负责全院事务。院长由分管副校长兼任。

第六阶段(2012年至今),目前研究生院下设综合办公室、培养与管理办公室和学位与学科建设办公室等三个正处级单位。

(一)培养与管理办公室

其工作职责主要有教学管理:组织与管理培养方案、教学计划制订与执行;研究生课程建设、教材建设组织工作;研究生课程教学检查、教学质量监控;研究生公共课课程体系与教学组织工作;研究生网上选课的组织与安排;课程免修与异地修课的审批工作;研究生考试安排与组织工作;研究生成绩管理工作;研究生教学档案与管理组织工作;研究生专业课程申请使用公共教室受理、排教室。

学籍教务管理:学籍管理(学籍登记、异动办理、注册报到统计);办理自费、公费出国审批;在学证明出具;在学各类研究生花名册的编制、在校研究生分类报表的统计工作;研究生校徽、证件管理;乘车优惠卡管理;毕业证书、结业证书制作、核发;新生、在校生、毕业生、结业生信息电子注册工作;毕业生图

像采集组织工作;研究生课程进修班学员管理、成绩管理与结业证书管理;研究生讲义(公共课程)、试卷(公共课程)、试卷纸、课程档案盒的印刷管理;研究生教学助理岗位申报的管理。

信息化建设:系统开发、系统管理、数据库管理:研究生信息化管理平台(当前系统,中文/英文)、学位与研究生教育系统(建设中的新研究生系统)、系统保障、数据库维护、提供各类工作相关数据;网络管理员工作:研究生院网站、研究生院英文网站、厦门大学研究生公派出国留学网、在职人员攻读硕士学位招生网、研究生创新工程网、研究生优质学位课程网。

培养环节与质量监控:研究生各培养过程管理、培养环节(硕博开题报告、中期考核、博士生综合考试)的管理与监控;研究生社会实践活动管理与资助;研究生学术活动组织与管理;研究生科研成果统计;研究生培养质量评估组织与管理;研究生培养质量反馈体系建设;硕博连读研究生考核选拔的组织工作。

创新项目管理:研究生创新人才培养实践基地建设项目;全英语硕士、博士项目;优质硕士学位课程建设项目;学校优秀博士培养计划项目;教育部优秀博士学术新人奖项目;基础创新科研基金项目;研究生创新计划项目;资助研究生参加国际会议;资助研究生国(境)外访学交流;国内研究生访学交流项目。

(二)学位与学科建设办公室

其工作职责主要有九项:(1)学校学科建设规划的制订和实施;(2)重点学科建设与评选工作:国家重点学科评估与增补、省重点学科、特色重点学科的评选;(3)学位授权点申报与评估,自审学位点工作;学位点合格评估工作;一级学科评估;学位授予质量监督;二级学科设置及学科年报;(4)研究生导师队伍建设(遴选与招生资格确认):博士生导师资格遴选和确认工作;研究生导师招生资格确认工作;导师组的管理;(5)学位评定委员会工作:校学位评定委员会会务工作;学位评定分委员会管理;(6)同等学力申请硕士、博士学位工作:申请资格审核;考试资格审核;答辩资格审批;(7)学位授予工作:学校学位授予标准的制定;学位授予审核;学位数据收集分析、上报工作;学位档案归档工作;学位论文平行送审工作;学位争议受理;(8)校、省、全国优秀博士学位论文的评选工作;全国优秀博士学位论文获得者的专项资金资助申报及管理工作;(9)研究生培养机制改革相关工作:导师配套经费组织、计算、管理和协调工作。

(三)综合办公室

其工作职责主要有:负责院内行政、经费管理、文件及综合性材料的起草和管理工作;研究生管理基层队伍的建设与管理;

负责研究生教育的宣传工作、信息维护工作;负责研究生院的对内和对外联络、接待;文件及各类资料的周转、登记和存档工作;在职人员攻读硕士学位的招生工作;研究生各类校级奖学金、研究生科研成果奖的受理、评定工作;各种报表的填写、数据统计及信息的上报工作;院内财产的采购、登记、资产报废和办公用品的使用登记管理工作;研究生课程进修班的受理、申报工作;考勤、考核工作;负责安全、防火、保卫、离退休、信访、工会等工作;负责学部委员会工作;其他临时性工作等。

伴随着厦门大学研究生院的发展与变革,厦门大学研究生院院长、副院长也几经变化。据统计,厦门大学从建院以来已经经历了八任院长,分别为田昭武(1986—1989)、林祖赓(1990—1999)、陈传鸿(1999—2003)、朱崇实(2003—2004)、吴世农(2004—2007)、孙世刚(2007—2012)、朱崇实(2012—2014)、邬大光(2014至今)(见附表五)。

二、研究生院机构的基本特色

随着研究生教育事业的稳步发展,厦门大学根据自身发展情况,逐步发展与完善研究生院的工作职能与管理职能。但机构的增加,也使得研究生办理相关事务较为繁杂。所以对研究生管理机构进行适度调整及整合仍是十分必要的。分析厦门大学研究生管理机构的变动,可以发现研究生院机构的改革呈现出以下特色。

第一,突出鲜明的办学层次和独立性。本科生教育与研究生教育突出的差异在于办学的层次不同。研究生教育以本科生教育为基础,又高于本科生教育。为了强调本科生教育与研究生教育的差异性,坚持不能简单照搬本科生教育的模式和方法开展研究生教育是研究院设置的基础,因此我国研究生

院的设置往往强调其独立性。由几个主要职能处组成研究生院,行使相对独立的研究生教育管理功能,是我国高校研究生院机构设置较为普遍的模式,学校往往根据本校的规模、历史沿革及自身的特点,下设3～5个处级单位,分管研究生的招生、培养、学位、管理、学科建设等。①但厦门大学的设置与我国大多数高校研究生院设置有所区别,即一方面强调研究生教育与研究生院的独立性,另一方面考虑到管理的便捷与专业性,将研究生招生与研究生管理事务从研究生院管理职能中分离出来,分别移至招生办和学生工作处,其目的一方面突出研究生教育的特殊性,另一方面则是将研究生院的管理职能集中在研究生培养与质量的提升上。

第二,强化研究生院的管理定位。研究生院是承担研究生培养任务的高等学校中组织实施研究生教育工作的管理机构,其管理职能在于研究生院能够超越学院具体培养工作,组织学校研究生教育改革,参与有关学校发展问题的决策,开展研究生教育研究工作,制订研究生教育的各项规章制度,做好研究生教育管理工作等等。近年来,厦门大学研究生院针对研究生培养质量、学术型与专业型研究生培养、研究生培养机制改革和综合改革,积极建立相关制度与政策,与学校职能部门通力合作,引导和支持学院改革教学体系、科研环境和培养方案,积极建立研究生的多种培养模式,实行灵活多样和富有弹性的办学模式凸显了研究生院的功能与价值。突出研究生培养的质量与特色,实现多样化、弹性化管理,强调建立个人和团体的科研精神,使每一个研究生的培养过程都成为一个创新的过程正是厦门大学研究生院机构的目标所在。

第三,突出研究生院的基本职能。研究生院是组织实施研究生教育工作的管理机构。厦门大学研究生院始终以研究生教育发展的质量为重心,突出"以生为本"的思想推进培养与管理机制改革,把培养基础知识扎实,学科特色鲜明,创新意识突出的具有国内外竞争力的高层次专门人才的思想贯穿于研究生教育的全过程,研究生培养质量有了长足进步。从厦门大学研究生院的设置来看,研究生教育处(后改为培养处)一直是研究生院最核

---

① 邹碧金、杨树锋.研究生院管理体制和模式的探讨[J].学位与研究生教育,2001(4).

心的机构,主要负责研究生培养、学籍和学位事务,机构改革调整后,研究生教育与培养职能进一步分化,研究生培养与管理处(办公室)、学位与学科建设处(办公室)是研究生院的核心,反映出厦门大学研究生院的基本职能定位和核心工作。

结 语

春风化雨 南方之强

著名教育史专家刘海峰教授曾说:"大凡名牌大学都有深厚的历史底蕴,这种底蕴往往体现在学术传统和校风校貌上,也体现在学校的个性和气质上"。他认为厦门大学是一所很有人文气质的大学,不愧为"南方之强"。为此他专门撰文从厦门大学的校训和校歌引申出"南方之强"的实质:"《中庸》第十章载:'子路问强。子曰:南方之强与?北方之强与?抑而强与?宽柔以教,不报无道,南方之强也,君子居之。衽金革,死而不厌,北方之强也,而强者居之。'朱熹在《四书章句集注》中对此'南方之强'注释说:'南方风气柔弱,故以含忍之力胜人为强,君子之道也。'这与北方风气刚劲、以果敢之力胜人为强颇为不同。地处温馨柔美的南方城市厦门,厦大也具有温和、沉稳的个性,她的强大往往体现在以柔克刚、'宽柔以教'上。"①

事实上,厦门大学九十年的研究生教育也承袭这一基本内涵。厦门大学研究生教育起源于1926年创办的国学研究院,为当时私立大学的创举,但不到一年的时间就停办。其后虽有多次招收研究生、发展研究生教育的设想但都没真正实现。1950年,厦门大学设立经济、化学、海洋三个研究所,招收研究生,这对于偏居南方一角、依山傍海、身处国防前线的厦门大学具有重要意

---

① 刘海峰.《大学之道——在建设一流大学的征程上》序[A],学术之美,海峰随笔[C],厦门:厦门大学出版社,2014:159-160.

义。在随后的几十年时间里,处于"前线区"的厦门大学研究生教育一直面临办学条件相对落后、资金有限、招生较少等困难。尽管如此,厦门大学一直坚持质量标准,兢兢业业、努力办学,因此,1986年厦门大学顺利获批建立研究生院。20世纪90年代以来,厦门大学坚持质量标准、稳步推进改革的基本思想,研究生教育在课程改革、创新能力培养、一级学科培养方案改革、国际化办学等多方面取得成绩,引发媒体和社会的关注,"南方之强"的梦想正逐步实现。

以生为本是厦门大学研究生教育最突出的特质。研究生是研究生教育的核心与根本,培养研究生的创新能力是当前研究生教育的重心。厦门大学被公认为最受学生欢迎的大学,不仅因为厦门大学是最美的大学之一,更在于厦门大学是一所以生为本的大学,厦门大学的研究生教育是坚持以生为本教育理念的教育。多年来,厦门大学不断深化研究生人才培养模式改革,完善研究生培养机制;与国际标准接轨,不断完善学术型研究生培养方案;优化支撑条件,着力增加研究生培养经费投入,加大力度资助研究生实践创新平台,全面提高研究生创新能力。在改革与管理中,创造多种形式与机会倾听学生的意见和建议,在培养过程中坚持学生的发展为第一原则,以培养学生为基本目标,围绕学生发展为学生创建各种学习平台与发展机会,支持和资助学生的各种实践活动与能力培养,主动搭建国际交流平台,强化研究生学术交流能力,推进研究生教育国际化进程;在管理中坚持更加人性化的原则,充分考虑学生的需求,这也是厦门大学学生满意度较高的重要原因。

尊重研究生培养规律,严格培养过程管理是厦门大学研究生教育的基础。从研究生培养规律出发,探索研究生培养模式一直是厦门大学研究生教育的基本追求。早期厦门大学国学研究院虽然没有招生,但从其确定的基本规程来看,早期厦门大学已经形成从研究生招生、培养、毕业、经费与资料、图书馆管理到研究生奖励等一系列制度。新中国成立后,王亚南校长亲自参与厦门大学研究生培养过程,当时虽然没有专门的研究生管理办法与规则,但从招生、培养以及毕业等方面都全程贯彻严格把关的基本模式。当时厦门大学实行的研究生开题、毕业答辩以及学生发表论文的模式也成为厦门大学乃至全国研究生教育模式的重要组成部分。改革开放以来,国家与学校都加强研究生教育制度建设,80年代初期厦门大学形成的教学与科研并重、重视培养方

案修订、坚持必修与选修相结合、强化教学实践、严格毕业论文管理、改革研究生招生等制度为研究生教育提供了基本保障。近年来,厦门大学研究生教育充分尊重研究生培养规律,积极修订与改革培养方案、积极探索博士生招生与培养模式改革,把培养基础知识扎实、学科特色鲜明、创新意识突出的具有国内外竞争力的高层次专门人才的思想贯穿于研究生教育的全过程,制定了从招生、培养与管理、学位、导师与工作人员建设到学生事务管理等一系列的规章与制度,确立了从招生、培养到毕业全过程的质量保障体系,研究生培养质量有了长足进步。

以研究创新为基本导向、坚持质量发展是厦门大学研究生教育的基本精神。质量是研究生教育的生命线,研究性是研究生教育最核心的要义,创新则是研究生培养的基本追求。厦门大学不仅为研究生培养搭建了研究与学习的平台和基础条件,为研究生研究能力和创新能力的培养不断探索与改革,也为保证研究生培养质量提供了严密的质量监控体系。从王亚南校长开始,重视研究、坚持创新就是厦门大学研究生教育的基本导向。多年来,厦门大学积极推进学科建设和学科评估,完善研究生教育质量保障机制,力图通过评估找出差距并积极改进,增强学科竞争力;加强研究生导师队伍建设,保证导师队伍质量;建立健全内部质量保障体系,深入完善研究生学位质量监控;严格研究生课程质量标准,规范课程教学秩序,保证课程教学质量。可以说,课程的压缩与公共课程的改革、2008年以来的机制改革以及综合改革、学制的变革、逐步建立的研究生科研创新为导向的研究生激励与奖学金制度、学位论文标准、学位申请的基本条件变化等等,其目标都是围绕着科研创新和质量发展进行的。2015年厦门大学进行了专业学位培养方案的改革,强化了专业学位研究生培养的基本思想和模式,区分"学术研究"为目标的学术型研究生和"问题研究与解决"为导向的专业学位研究生,对专业学位研究生的质量和培养模式以及学生能力的培养提供了多样化的标准。

坚持国际化办学是厦门大学研究生教育发展的基本理念。厦门大学的特色是"侨、台、特、海",面向特区、面向台湾、面向东南亚、面向世界则使厦门大学独具特色。从最初厦门大学研究生教育的发展来看,希望将国学推向世界正是陈嘉庚先生开办研究院的宗旨。20世纪50年代以来,一批具有国际留学背景的导师为早期研究生的培养提供了国际化的视野。改革开放以来,厦门大学研究生出国留学的人数和招收外国留学生的人数逐渐增加,留学形式日益多样化。2005年,厦门大学将国际化办学作为学校发展战略写入学校发展规划中并总结性地提出,国际化是研究型大学的基本特征,是提高研究生质量的必然之路。为此,厦门大学针对师资队伍交流与培训国际化、研究生公派留学、国际会议资助、国外访学、科学研究合作国际化、国际学术交流与合作、课程体系建设等多方面进行了详细的规划与管理。可以预见,未来更大范围、更宽领域、更高层次的国际化办学,更具厦门大学特色的国际化办学路径与形式,更具针对性的国际化合作与交流,将成为厦门大学研究生教育的核心内容。

附录一

厦门大学学位授权建设

厦门大学学术型博士学位授权点统计表

学位点名称				获二级学科授权时间（年）	获一级学科授权时间（年）
一级学科代码	一级学科名称	二级学科代码	二级学科名称		
0101	哲学	010101	马克思主义哲学		2006
		010102	中国哲学	2003	
		010103	外国哲学	2003	
		010104	逻辑学		
		010105	伦理学		
		010106	美学		
		010107	宗教学		
		010108	科学技术哲学	2000	

续表

一级学科代码	一级学科名称	学位点名称		获二级学科授权时间（年）	获一级学科授权时间（年）
		二级学科代码	二级学科名称		
0201	理论经济学	020101	政治经济学	1986	2000
		020102	经济思想史	1993	
		020103	经济史		
		020104	西方经济学		
		020105	世界经济	1998	
		020106	人口、资源与环境经济学		
		0201Z1	国际经济学		
0202	应用经济学	020201	国民经济学		1998
		020202	区域经济学		
		020203	财政学	1984	
		020204	金融学	1986	
		020205	产业经济学		
		020206	国际贸易学		
		020207	劳动经济学		
		020208	统计学	1986	
		020209	数量经济学		
		020210	国防经济		
		0202Z1	金融工程		
		0202Z2	能源经济学		
		0202Z4	国际金融学		
		0202Z5	资产评估		
		0202Z6	保险学		
		0202Z7	经济信息管理学		

续表

一级学科代码	一级学科名称	二级学科代码	二级学科名称	获二级学科授权时间（年）	获一级学科授权时间(年)
0301	法学	030101	法学理论		2006
		030102	法律史		
		030103	宪法学与行政法学		
		030104	刑法学		
		030105	民商法学	2003	
		030106	诉讼法学		
		030107	经济法学		
		030108	环境与资源保护法学		
		030109	国际法学	1986	
		030110	军事法学		
		0301Z1	知识产权法学		
		0301Z2	财税法学		
		0301Z3	海洋法学		
0302	政治学	030201	政治学理论	2003	2011
		030202	中外政治制度		
		030203	科学社会主义与国际共产主义运动		
		030204	中共党史		
		030206	国际政治		
0302	政治学	030207	国际关系		
		030208	外交学		
0303	社会学	030301	社会学	2006	
		030303	人类学	2003	
0304	民族学	030401	民族学	2006	

续表

一级学科代码	一级学科名称	学位点名称		获二级学科授权时间（年）	获一级学科授权时间（年）
		二级学科代码	二级学科名称		
0401	教育学	040101	教育学原理		2011
		040102	课程与教学论		
		040103	教育史	2006	
		040104	比较教育学		
		040105	学前教育学		
		040106	高等教育学	1986	
		040107	成人教育学		
		040108	职业技术教育学		
		040109	特殊教育学		
		040110	教育技术学		
		0401Z2	国际汉语教育		
0501	中国语言文学	050101	文艺学	2003	2011
		050102	语言学及应用语言学		
		050103	汉语言文字学	1986	
		050104	中国古典文献学		
		050105	中国古代文学		
		050106	中国现当代文学		
		050107	中国少数民族语言文学		
		050108	比较文学与世界文学		
		0501Z1	对外汉语教学		

续表

一级学科代码	一级学科名称	二级学科代码	二级学科名称	获二级学科授权时间（年）	获一级学科授权时间（年）
0502	外国语言文学	050201	英语语言文学	1993	2011
		050202	俄语语言文学		
		050203	法语语言文学		
		050204	德语语言文学		
		050205	日语语言文学		
		050206	印度语言文学		
		050207	西班牙语语言文学		
		050208	阿拉伯语语言文学		
		050209	欧洲语言文学		
		050210	亚非语言文学		
		050211	外国语言学及应用语言学		
0503	新闻传播学	050301	新闻学		2011
		050302	传播学	2006	
		0503Z1	广告学		
		0503Z2	汉语国际推广		
0601	考古学	060101	考古学及博物馆学	2000	2011
		0601Z1	文化遗产与城市建设		
0602	中国史	060201	史学理论及史学史		2011
		060202	历史地理学		
		060203	历史文献学		
		060204	专门史	1981	
		060205	中国古代史	1981	
		060206	中国近现代史	1998	
		0602Z1	海洋史学		
		0602Z2	历史人类学		

续表

一级学科代码	一级学科名称	二级学科代码	二级学科名称	获二级学科授权时间（年）	获一级学科授权时间（年）
0603	世界史	060301	世界史	1984	2011
0701	数学	070101	基础数学	1998	2003
		070102	计算数学		
		070103	概率论与数理统计		
		070104	应用数学		
		070105	运筹学与控制论		
0702	物理学	070201	理论物理	2000	2003
		070202	粒子物理与原子核物理		
		070203	原子与分子物理		
		070204	等离子体物理		
		070205	凝聚态物理	1986	
		070206	声学		
		070207	光学		
		070208	无线电物理		
		0702Z1	生物物理和软凝聚态		
		0702Z2	天体物理与宇宙学		
0703	化学	070301	无机化学		1998
		070302	分析化学	1984	
		070303	有机化学		
		070304	物理化学	1981	
		070305	高分子化学与物理		
		0703Z1	纳米材料化学		
		0703Z2	化学生物学		
		0703Z3	能源化学		

续表

一级学科代码	一级学科名称	学位点名称		获二级学科授权时间（年）	获一级学科授权时间（年）
		二级学科代码	二级学科名称		
0707	海洋科学	070701	物理海洋学		2000
		070702	海洋化学	1984	
		070703	海洋生物学	1981	
		070704	海洋地质		
		0707Z1	海洋物理		
		0707Z2	海洋生物技术		
0710	生物学	071001	植物学	1984	2000
		071002	动物学	1981	
		071003	生理学		
		071004	水生生物学		
		071005	微生物学		
		071006	神经生物学		
		071007	遗传学		
		071008	发育生物学		
		071009	细胞生物学		
		071010	生物化学与分子生物学		
		071011	生物物理学		
		0710Z1	生物制品学		
0713	生态学	0713	生态学		2011
0714	统计学	0714	统计学		2011
0802	机械工程	080201	机械制造及其自动化		2011
		080202	机械电子工程	2006	
		080203	机械设计及理论		
		080204	车辆工程		

续表

一级学科代码	一级学科名称	二级学科代码	二级学科名称	获二级学科授权时间（年）	获一级学科授权时间（年）
0804	仪器科学与技术	080401	精密仪器及机械	2006	2011
		080402	测试计量技术及仪器	2003	
0805	材料科学与工程	080501	材料物理与化学	2006	2011
		080502	材料学	2006	
		080503	材料加工工程		
		0805Z1	软物质与功能材料		
		0805Z2	核工程与材料		
0809	电子科学与技术	080901	物理电子学		2011
		080902	电路与系统	2006	
		080903	微电子学与固体电子学	2006	
		080904	电磁场与微波技术		
		0809Z1	光伏工程		
0810	信息与通信工程	081001	通信与信息系统	2003	2011
		081002	信号与信息处理		
0811	控制科学与工程	081101	控制理论与控制工程	2003	
		081103	系统工程	2006	
0812	计算机科学与技术	081201	计算机系统结构		2011
		081202	计算机软件与理论		
		081203	计算机应用技术		
		0812Z1	智能科学与技术		

续表

学位点名称				获二级学科授权时间（年）	获一级学科授权时间（年）
一级学科代码	一级学科名称	二级学科代码	二级学科名称		
0817	化学工程与技术	081701	化学工程		2011
		081702	化学工艺		
		081703	生物化工		
		081704	应用化学		
		081705	工业催化	2003	
		0817Z1	能源化工		
		0817Z2	材料化工		
0830	环境科学与工程	083001	环境科学	1996	2003
		083002	环境工程		
		0830Z1	环境管理		
		0830Z2	建筑环境监测及防护		
1201	管理科学与工程	1201	管理科学与工程		2006
1202	工商管理	120201	会计学	1981	2000
		120202	企业管理	1998	
		120203	旅游管理		
		120204	技术经济及管理		
		1202Z1	财务学		
		1202Z2	市场营销学		
1204	公共管理	120401	行政管理	2003	2006
		120402	社会医学与卫生事业管理		
		120403	教育经济与管理		
		120404	社会保障		
		120405	土地资源管理		
		1204Z1	公共政策		

续表

一级学科代码	一级学科名称	学位点名称		获二级学科授权时间（年）	获一级学科授权时间（年）
		二级学科代码	二级学科名称		
1303	戏剧与影视学	130301	戏剧戏曲学	2000	2011
		130302	电影学		
		130303	广播电视艺术学		
		1303Z1	音乐表演理论		
		1303Z2	造型艺术研究		

厦门大学学术型硕士学位授权点统计表

一级学科代码	一级学科名称	学位点名称		获二级学科授权时间（年）	获一级学科授权时间（年）
		二级学科代码	二级学科名称		
0101	哲学	010101	马克思主义哲学	1986	2006
		010102	中国哲学	1993	
		010103	外国哲学	1986	
		010104	逻辑学	1986	
		010105	伦理学		
		010106	美学		
		010107	宗教学	2003	
		010108	科学技术哲学	1981	

续表

学位点名称				获二级学科授权时间（年）	获一级学科授权时间（年）
一级学科代码	一级学科名称	二级学科代码	二级学科名称		
0201	理论经济学	020101	政治经济学	1981	2000
		020102	经济思想史	1993	
		020103	经济史		
		020104	西方经济学	1986	
		020105	世界经济	1981	
		020106	人口、资源与环境经济学	1998	
		0201Z1	国际经济学		
		0201Z2	发展经济学		
		0201Z3	管理经济学		
0202	应用经济学	020201	国民经济学	1984	1998
		020202	区域经济学	1998	
		020203	财政学	1981	
		020204	金融学	1984	
		020205	产业经济学	1996	
		020206	国际贸易学	1984	
		020207	劳动经济学		
		020208	统计学	1981	
		020209	数量经济学	1984	
		020210	国防经济		
		0202Z1	金融工程		
		0202Z2	能源经济学		
		0202Z4	国际金融学		
		0202Z5	资产评估		
		0202Z6	保险学		
		0202Z7	经济信息管理学		

续表

一级学科代码	一级学科名称	二级学科代码	二级学科名称	获二级学科授权时间（年）	获一级学科授权时间（年）
0301	法学	030101	法学理论	2003	2006
		030102	法律史		
		030103	宪法学与行政法学	2000	
		030104	刑法学	2000	
		030105	民商法学	1984	
		030106	诉讼法学	1998	
		030107	经济法学	1996	
		030108	环境与资源保护法学		
		030109	国际法学	1984	
		030110	军事法学		
		0301Z1	知识产权法学		
		0301Z2	财税法学		
		0301Z3	海洋法学		
0302	政治学	030201	政治学理论	1996	2011
		030202	中外政治制度	2003	
		030203	科学社会主义与国际共产主义运动		
		030204	中共党史	2003	
		030206	国际政治	2003	
		030207	国际关系	2000	
		030208	外交学		
0303	社会学	030301	社会学	2000	2006
		030302	人口学		
		030303	人类学		
		030304	民俗学		

续表

一级学科代码	一级学科名称	二级学科代码	二级学科名称	获二级学科授权时间（年）	获一级学科授权时间（年）
304	民族学	030401	民族学	1990	
		030404	中国少数民族史	2000	
0305	马克思主义理论	030501	马克思主义基本原理	1986	2012
		030502	马克思主义发展史		
		030503	马克思主义中国化研究		
		030504	国外马克思主义研究		
		030505	思想政治教育	2003	
		030506	中国近现代史基本问题研究		
0401	教育学	040101	教育学原理		2006
		040102	课程与教学论	2003	
		040103	教育史	2003	
		040104	比较教育学	2003	
		040105	学前教育学		
		040106	高等教育学	1984	
		040107	成人教育学		
		040108	职业技术教育学		
		040109	特殊教育学		
		040110	教育技术学		
		0401Z1	国防教育学		
		0401Z2	国际汉语教育		
0402	心理学	040202	发展与教育心理学	2006	
0403	体育学	040303	体育教育训练学	2003	
		040304	民族传统体育学	2006	

续表

学位点名称				获二级学科授权时间（年）	获一级学科授权时间（年）
一级学科代码	一级学科名称	二级学科代码	二级学科名称		
0501	中国语言文学	050101	文艺学	1993	2011
		050102	语言学及应用语言学	2000	
		050103	汉语言文字学	1981	
		050104	中国古典文献学	2006	
		050105	中国古代文学	1986	
		050106	中国现当代文学	1986	
		050107	中国少数民族语言文学		
		050108	比较文学与世界文学	2003	
		0501Z1	对外汉语教学		
0502	外国语言文学	050201	英语语言文学	1981	2006
		050202	俄语语言文学		
		050203	法语语言文学	2003	
		050204	德语语言文学		
		050205	日语语言文学	2000	
		050206	印度语言文学		
		050207	西班牙语语言文学		
		050208	阿拉伯语语言文学		
		050209	欧洲语言文学		
		050210	亚非语言文学		
		050211	外国语言学及应用语言学	1998	
0503	新闻传播学	050301	新闻学	1993	2006
		050302	传播学	2000	
		0503Z1	广告学		
		0503Z2	汉语国际推广		

续表

一级学科代码	一级学科名称	二级学科代码	二级学科名称	获二级学科授权时间（年）	获一级学科授权时间（年）
0601	考古学	060101	考古学及博物馆学	1993	2011
		0601Z1	文化遗产与城市建设		
0602	中国史	060201	史学理论及史学史	1984	2011
		060202	历史地理学	1984	
		060203	历史文献学		
		060204	专门史	1981	
		060205	中国古代史	1981	
		060206	中国近现代史	1986	
		0602Z1	海洋史学		
		0602Z2	历史人类学		
0603	世界史	060301	世界史	1986	2011
0701	数学	070101	基础数学	1981	2003
		070102	计算数学	1998	
		070103	概率论与数理统计	1986	
		070104	应用数学	1998	
		070105	运筹学与控制论		

续表

一级学科代码	一级学科名称	学位点名称		获二级学科授权时间（年）	获一级学科授权时间（年）
		二级学科代码	二级学科名称		
0702	物理学	070201	理论物理	1986	2003
		070202	粒子物理与原子核物理		
		070203	原子与分子物理		
		070204	等离子体物理	1981	
		070205	凝聚态物理	1996	
		070206	声学		
		070207	光学	1990	
		070208	无线电物理	1981	
		0702Z1	生物物理和软凝聚态		
		0702Z2	天体物理与宇宙学		
0703	化学	070301	无机化学	1981	1998
		070302	分析化学	1981	
		070303	有机化学	1981	
		070304	物理化学	1981	
		070305	高分子化学与物理	1990	
		0703Z1	纳米材料化学		
		0703Z2	化学生物学		
		0703Z3	能源化学		
0707	海洋科学	070701	物理海洋学	1984	2000
		070702	海洋化学	1981	
		070703	海洋生物学	1981	
		070704	海洋地质		
		0707Z1	海洋物理		
		0707Z2	海洋生物技术		

续表

学位点名称				获二级学科授权时间（年）	获一级学科授权时间（年）
一级学科代码	一级学科名称	二级学科代码	二级学科名称		
0710	生物学	071001	植物学	1981	2000
		071002	动物学	1981	
		071003	生理学		
		071004	水生生物学		
		071005	微生物学	1990	
		071006	神经生物学		
		071007	遗传学		
		071008	发育生物学		
		071009	细胞生物学	1993	
		071010	生物化学与分子生物学	1984	
		071011	生物物理学		
		0710Z1	生物制品学		
0713	生态学	0713	生态学		2011
0714	统计学	0714	统计学	1981	2011
0801	力学	080101	一般力学与力学基础		2006
		080102	固体力学		
		080103	流体力学		
		080104	工程力学		
0802	机械工程	080201	机械制造及其自动化	2003	2011
		080202	机械电子工程	2003	
		080203	机械设计及理论	2006	
		080204	车辆工程		
0803	光学工程	0803	光学工程		2006

续表

一级学科代码	一级学科名称	二级学科代码	二级学科名称	获二级学科授权时间（年）	获一级学科授权时间（年）
0804	仪器科学与技术	080401	精密仪器及机械	2000	2006
		080402	测试计量技术及仪器	1990	
		0804Z1	电气检测技术及仪器		
0805	材料科学与工程	080501	材料物理与化学	2000	2006
		080502	材料学	1998	
		080503	材料加工工程		
		0805Z1	软物质与功能材料		
		0805Z2	核工程与材料		
0809	电子科学与技术	080901	物理电子学		2006
		080902	电路与系统	2000	
		080903	微电子学与固体电子学	2000	
		080904	电磁场与微波技术		
		0809Z1	光伏工程		
0810	信息与通信工程	081001	通信与信息系统	2000	2006
		081002	信号与信息处理	2003	
0811	控制科学与工程	081101	控制理论与控制工程	1981	2006
		081102	检测技术与自动化装置	2003	
		081103	系统工程	1986	
		081104	模式识别与智能系统	2000	
		081105	导航、制导与控制		
0812	计算机科学与技术	081201	计算机系统结构	2003	2006
		081202	计算机软件与理论	2003	
		081203	计算机应用技术	1996	
		0812Z1	智能科学与技术		

续表

一级学科代码	一级学科名称	二级学科代码	二级学科名称	获二级学科授权时间（年）	获一级学科授权时间（年）
0813	建筑学	081301	建筑历史与理论		2006
		081302	建筑设计及其理论	1998	
		081303	建筑技术科学		
		0813Z1	城市与区域规划		
0814	土木工程	081401	岩土工程		2006
		081402	结构工程	2003	
		081403	市政工程		
		081404	供热、供燃气、通风及空调工程		
		081405	防灾减灾工程及防护工程		
		081406	桥梁与隧道工程		
		0814Z1	土木工程建造与管理		
0817	化学工程与技术	081701	化学工程	1998	2006
		081702	化学工艺		
		081703	生物化工	2003	
		081704	应用化学	2003	
		081705	工业催化	2000	
		0817Z1	能源化工		
		0817Z2	材料化工		
0825	航空宇航科学与技术	082501	飞行器设计		2011
		082502	航空宇航推进理论与工程		
		082503	航空宇航制造工程	2006	
		082504	人机与环境工程		

续表

学位点名称				获二级学科授权时间（年）	获一级学科授权时间（年）
一级学科代码	一级学科名称	二级学科代码	二级学科名称		
0830	环境科学与工程	083001	环境科学	1993	2003
		083002	环境工程	2000	
		0830Z1	环境管理		
		0830Z2	建筑环境监测及防护		
0831	生物医学工程	0831	生物医学工程	2003	2003
0835	软件工程	0835	软件工程		2011
		0835Z1	数字媒体技术		
1001	基础医学	100101	人体解剖与组织胚胎学		2011
		100102	免疫学		
		100103	病原生物学		
		100104	病理学与病理生理学		
		100105	法医学		
		100106	放射医学		
		100107	航空、航天与航海医学		
		1001Z1	神经科学		

续表

学位点名称				获二级学科授权时间（年）	获一级学科授权时间（年）
一级学科代码	一级学科名称	二级学科代码	二级学科名称		
1002	临床医学	100201	内科学	2006	2011
		100202	儿科学		
		100203	老年医学		
		100204	神经病学		
		100205	精神病与精神卫生学		
		100206	皮肤病与性病学		
		100207	影像医学与核医学		
		100208	临床检验诊断学		
		100210	外科学	2006	
		100211	妇产科学		
		100212	眼科学		
		100213	耳鼻咽喉科学		
		100214	肿瘤学	2006	
		100215	康复医学与理疗学		
		100216	运动医学		
		100217	麻醉学		
		100218	急诊医学		
1004	公共卫生与预防医学	100401	流行病与卫生统计学		2011
		100402	劳动卫生与环境卫生学		
		100403	营养与食品卫生学		
		100404	儿少卫生与妇幼保健学		
		100405	卫生毒理学		
		100406	军事预防医学		

续表

学位点名称				获二级学科授权时间（年）	获一级学科授权时间(年)
一级学科代码	一级学科名称	二级学科代码	二级学科名称		
1005	中医学	100501	中医基础理论		2011
		100502	中医临床基础		
		100503	中医医史文献		
		100504	方剂学		
		100505	中医诊断学		
		100506	中医内科学		
		100507	中医外科学		
		100508	中医骨伤科学		
		100509	中医妇科学		
		100510	中医儿科学		
		100511	中医五官科学		
		100512	针灸推拿学		
		100513	民族医学		
1007	药学	100701	药物化学	2006	2011
		100702	药剂学		
		100703	生药学		
		100704	药物分析学		
		100705	微生物与生化药学		
		100706	药理学	2006	
1201	管理科学与工程	1201	管理科学与工程	2000	2006

续表

一级学科代码	一级学科名称	二级学科代码	二级学科名称	获二级学科授权时间（年）	获一级学科授权时间（年）
1202	工商管理	120201	会计学		2000
		120202	企业管理	1990	
		120203	旅游管理		
		120204	技术经济及管理		
		1202Z1	财务学		
		1202Z2	市场营销学		
1204	公共管理	120401	行政管理	1993	2006
		120402	社会医学与卫生事业管理		
		120403	教育经济与管理	2000	
		120404	社会保障	2000	
		120405	土地资源管理		
		1204Z1	公共政策		
1301	艺术学理论	130101	艺术学	1998	2011
1302	音乐与舞蹈学	130201	音乐学	1986	2011
		130202	舞蹈学		
1303	戏剧与影视学	130301	戏剧戏曲学	1998	2011
		130302	电影学		
		130303	广播电视艺术学		
		1303Z1	音乐表演理论		
		1303Z2	造型艺术研究		
1304	美术学	130401	美术学	1986	2011
1305	设计学	130501	设计艺术学	2003	2011

厦门大学博士、硕士专业学位授权统计表

学科代码	学科	领域代码	领域名称	授权时间
0451	教育博士			2009
0251	金融			2010
0252	应用统计			2010
0253	税务			2010
0254	国际商务			2010
0255	保险			2010
0256	资产评估			2010
0257	审计			2011
0351	法律			1998
0352	社会工作			2009
0453	汉语国际教育			2009
0551	翻译			2007
0552	新闻与传播			2010
0651	文物与博物馆			2010
0851	建筑学			2007
0852	工程	085201	机械工程	2007
		085203	仪器仪表工程	2002
		085204	材料工程	2005
		085208	电子与通信工程	2005
		085210	控制工程	2002
		085211	计算机技术	2006
		085212	软件工程	2004
		085213	建筑与土木工程	2005
		085216	化学工程	2004
		085232	航空工程	2014
		085239	项目管理	2004
		085240	物流工程	2004

续表

学科代码	学科	领域代码	领域名称	授权时间
1051	临床医学			2014
1053	公共卫生			2014
1251	工商管理	125101		1991
		125102	高级管理人员	2002
1252	公共管理			2000
1253	会计			2004
1254	旅游管理			2010
1256	工程管理			2010
1351	艺术			2005

交叉学科授权点统计表

交叉学科	交叉学科	99J1	妇女/性别研究	博士
		99J2	能效工程	博士
		99J3	海洋事务	博士
		99J4	国学	博士
		99J5	知识产权管理	博士
		99J6	转化医学	硕士
		99J7	台湾研究	博士
		99J8	计算科学	博士
		99J9	航空航天工程	博士

附录二

厦门大学重点学科建设

厦门大学一级学科国家重点学科

学科门类	一级学科代码	一级学科名称
经济学	0201	理论经济学
	0202	应用经济学
理学	0703	化学
	0707	海洋科学
管理学	1202	工商管理

厦门大学二级学科国家重点学科

学科门类	一级学科代码	一级学科名称	二级学科代码	二级学科名称
法学	0301	法学	030109	国际法学 (含:国际公法、国际私法、国际经济法)
教育学	0401	教育学	040106	高等教育学
历史学	0601	历史学	060105	专门史

续表

学科门类	一级学科代码	一级学科名称	二级学科代码	二级学科名称
理学	0701	数学	070101	基础数学
	0702	物理学	070205	凝聚态物理
	0710	生物学	071002	动物学
			071004	水生生物学
			071009	细胞生物学
工学	0830	环境科学与工程	083001	环境科学

厦门大学一级学科福建省重点学科

学科门类	一级学科代码	一级学科名称
哲学	0101	哲学
经济学	0201	理论经济学
	0202	应用经济学
法学	0301	法学
	0302	政治学
	0303	社会学
	0304	民族学
教育学	0401	教育学
文学	0501	中国语言文学
	0502	外国语言文学
	0503	新闻传播学
历史学	0601	考古学
	0602	中国史
	0603	世界史

续表

学科门类	一级学科代码	一级学科名称
理学	0701	数学
	0702	物理学
	0703	化学
	0707	海洋科学
	0710	生物学
	0713	生态学
	0714	统计学
工学	0802	机械工程
	0804	仪器科学与技术
	0805	材料科学与工程
	0809	电子科学与技术
	0810	信息与通信工程
	0811	控制科学与工程
	0812	计算机科学与技术
	0813	建筑学
	0814	土木工程
	0817	化学工程与技术
	0825	航空宇航科学与技术
	0830	环境科学与工程
	0831	生物医学工程
	0835	软件工程
医学	1001	基础医学
	1002	临床医学
	1004	公共卫生与预防医学
	1007	药学

续表

学科门类	一级学科代码	一级学科名称
管理学	1201	管理科学与工程
	1202	工商管理
	1204	公共管理
艺术学	1302	音乐与舞蹈学
	1303	戏剧与影视学
	1304	美术学
	1305	设计学

附录三

厦门大学科研创新平台建设

厦门大学科研创新平台一览表

级别	序号	平台名称	所属学院
国家级	1	固体表面物理化学国家重点实验室	化学化工学院
	2	近海海洋环境科学国家重点实验室	海洋与地球学院
	3	细胞应激生物学国家重点实验室	生命科学学院
	4	分子疫苗学和分子诊断学国家重点实验室	公共卫生学院
	5	国家传染病诊断试剂与疫苗工程技术研究中心	公共卫生学院
	6	醇醚酯化工清洁生产国家工程实验室	化学化工学院
	7	天然产物源靶向药物国家地方联合工程实验室	生命科学学院
	8	新能源汽车动力电源技术国家地方联合工程实验室	化学化工学院
	9	海洋生物制备技术国家地方联合工程实验室	海洋与地球学院

续表

级别	序号	平台名称	所属学院
部级	1	水声通信与海洋信息技术教育部重点实验室	信息科学与技术学院、海洋与地球学院
	2	谱学分析与仪器教育部重点实验室	化学化工学院
	3	滨海湿地生态系统教育部重点实验室	环境与生态学院
	4	高性能陶瓷纤维教育部重点实验室	材料学院
	5	计量经济学教育部重点实验室	王亚南经济研究院
	6	电化学技术教育部工程研究中心	化学化工学院
	7	微纳光电子材料与器件教育部工程研究中心	物理与机电工程学院
	8	分子诊断教育部工程研究中心	生命科学学院
	9	东南亚研究中心	国际关系学院
	10	会计发展研究中心	管理学院
	11	台湾研究中心	台湾研究院
	12	宏观经济研究中心	经济学院
	13	高等教育发展研究中心	教育研究院
省级	1	福建省海陆界面生态环境重点实验室	环境与生态学院
	2	福建省化学生物学重点实验室	化学化工学院
	3	福建省特种先进材料重点实验室	材料学院
	4	福建省半导体材料及应用重点实验室	物理与机电工程学院
	5	福建省等离子体与磁共振研究重点实验室	物理与机电工程学院
	6	福建省防火阻燃材料重点实验室	材料学院
	7	福建省仿脑智能系统重点实验室	信息科学与技术学院
	8	福建省神经退行性疾病和衰老研究重点实验室	医学院
	9	福建省眼科与视觉科学重点实验室	医学院
	10	福建省理论与计算化学重点试验室	化学化工学院
	11	福建省统计科学重点实验室	王亚南经济研究院
	12	福建省数学建模与高性能科学计算重点实验室	数学科学学院

续表

级别	序号	平台名称	所属学院
	13	福建省慢性肝病肝癌重点实验室 （承担单位：厦门市中山医院、厦门大学）	医学院
	14	福建省智慧城市感知与计算重点实验室	信息科学与技术学院
	15	福建省新能源汽车动力电池及储能关键材料工程实验室	化学化工学院
	16	福建省海洋生物制备技术工程实验室	海洋与地球学院
	17	福建省纳米制备技术工程研究中心	化学化工学院
	18	福建省集成电路设计工程技术研究中心	信息科学与技术学院
	19	福建省人畜寄生与病毒性疫病防控工程技术研究中心	生命科学学院
	20	福建省陶瓷纤维工程技术研究中心	材料学院
	21	福建省电化学工程技术研究中心	化学化工学院
	22	福建省照明工程技术研究中心	物理与机电工程学院
	23	福建省无线通信接入工程技术研究中心	信息科学与技术学院
	24	福建省滨海湿地保护与生态恢复工程技术研究中心	环境与生态学院

厦门大学研究生教育发展史(1926—2016)

附录四

厦门大学授予博士、硕士学位人员情况

1982—2016年厦门大学授予博士、硕士学位人员情况统计表

年份	博士 学术学位	博士 专业学位	硕士 学术学位	硕士 专业学位	总计	年份	博士 学术学位	博士 专业学位	硕士 学术学位	硕士 专业学位	总计
1982			88		88	1999	80		403	74	557
1983			35		35	2000	88		475	155	718
1984			41		41	2001	117		573	193	883
1985	4		157		161	2002	116		712	277	1 105
1986	5		127		132	2003	165		961	288	1 414
1987	3		0		3	2004	218		1 536	611	2 365
1988	18		349		367	2005	237		1 936	684	2 857
1989	11		178		189	2006	349		2 328	682	3 359
1990	18		267		285	2007	363		2 867	756	3 986
1991	22		236		258	2008	413		2 257	990	3 660
1992	21		137		158	2009	470		2 585	1 157	4 212
1993	28		236		264	2010	478		2 624	1 117	4 219
1994	39		224	16	279	2011	553		2 516	1 584	4 653
1995	38		205	13	256	2012	520		2 282	2 036	4 838
1996	44		302	50	396	2013	544	1	2 186	2 592	5 323
1997	60		368	41	469	2014	571	1	2 038	2 702	5 312
1998	66		324	38	428	2015	628	5	1 994	2 756	5 383
						2016	617		2 017	2 555	5 199

附录五

厦门大学研究生院历任领导名单

厦门大学研究生院历任领导名单

年份	院长	副院长	年份	院长	副院长	年份	院长	副院长
1986	田昭武	吴伯僖、陈国强	1996	林祖赓	吴辉煌、吴水澎	2006	吴世农	郭祥群、林亚南、郑振龙、王康平
1987		陈国强、郑朱梓	1997		吴辉煌、吴水澎	2007		郭祥群－常务、林亚南、郑振龙、王康平
1988		陈国强、郑朱梓	1998		吴辉煌、吴水澎	2008	孙世刚	郭祥群－常务、陶涛－学位办、陈工－培养办
1989		陈国强、郑朱梓	1999		吴辉煌、曲晓辉	2009		郭祥群－常务、陶涛－学位办、陈工－培养办
1990		陈国强、郑朱梓	2000	陈传鸿	吴辉煌	2010		郭祥群－常务、陶涛－学位办、陈工－培养办
1991		郑朱梓、吴水澎	2001		吴辉煌	2011	朱崇实	郭祥群－常务、陶涛－学位办、陈工－培养办
1992	林祖赓	郑朱梓、吴水澎	2002		吴辉煌	2012		陶涛－常务、陈工－培养办、谭忠－学位办、陈汉文－综合办
1993		吴辉煌、吴水澎	2003		吴辉煌	2013		陶涛－常务、陈工－培养办、谭忠－学位办、陈汉文－综合办
1994		吴辉煌、吴水澎	2004	朱崇实	郭祥群、陈甬军	2014	邬大光	陶涛－常务、陈工－培养办、谭忠－学位办、陈汉文－综合办
1995		吴辉煌、吴水澎	2005	吴世农	郭祥群、林亚南、郑振龙、王康平	2015		陶涛－常务、陈工－培养办、谭忠－学位办
2016		陶涛－常务、谭忠－学位办、方颖－培养办						

附录六

厦门大学专任教师统计

2002—2016年厦门大学专任教师学历结构统计表

年份	总计	博士	硕士	本科	专科及以下	年份	总计	博士	硕士	本科	专科及以下
2002	1 463	341	562	455	105	2009	2 435	1 434	675	306	20
正高级	290	122	78	83	7	正高级	721	502	134	81	4
副高级	471	127	153	181	10	副高级	792	493	155	135	9
中级	398	56	214	101	27	中级	734	435	239	56	4
初级	129	0	70	45	14	初级	188	4	147	34	3
无职称	175	36	47	45	47	2010	2 475	1 499	648	310	18
2003	1 703	618	651	410	24	正高级	738	512	114	108	4
正高级	389	201	98	84	6	副高级	784	518	135	122	9
副高级	574	211	176	185	2	中级	804	467	272	61	4
中级	538	206	240	85	7	初级	149	2	127	19	1
初级	202	0	137	56	9	2011	2 536	1 610	620	292	14
2004	1 897	771	702	405	19	正高级	779	564	115	97	3
正高级	467	247	122	89	9	副高级	828	584	125	112	7
副高级	656	290	182	181	3	中级	811	461	277	70	3
中级	576	234	253	86	3	初级	118	1	103	13	1

续表

年份	总计	博士	硕士	本科	专科及以下	年份	总计	博士	硕士	本科	专科及以下
初级	198	0	145	49	4	2012	2 601	1 763	597	237	4
2005	2 061	830	758	468	5	正高级	805	588	113	101	3
正高级	587	297	159	129	2	副高级	817	622	112	83	0
副高级	665	305	171	188	1	中级	849	553	255	41	0
中级	588	227	262	98	1	初级	130	0	117	12	1
初级	221	1	166	53	1	2013	2 678	1 873	578	223	4
2006	2 233	927	784	517	5	正高级	835	633	101	98	3
正高级	598	319	141	136	2	副高级	878	691	105	82	0
副高级	682	322	174	185	1	中级	811	548	231	32	0
中级	681	285	282	113	1	初级	154	1	141	11	1
初级	272	1	187	83	1	2014	2 703	1 940	567	192	4
2007	2 337	1 091	761	480	5	正高级	847	654	107	83	3
正高级	628	366	123	136	3	副高级	919	750	98	71	0
副高级	691	357	147	186	1	中级	792	535	228	29	0
中级	764	368	282	114	0	初级	145	1	134	9	1
初级	254	0	209	44	1	2015	2 758	2 026	550	178	4
2008	2 391	1 336	672	378	5	正高级	863	683	100	77	3
正高级	647	426	114	103	4	副高级	955	797	97	61	
副高级	739	453	137	149	0	中级	795	542	222	31	
中级	788	457	240	91	0	初级	145	4	131	9	1
初级	217	0	181	35	1	2016	2 712	2 070	527	134	1
						正高级	785	683	64	41	1
						副高级	976	829	100	54	
						中级	804	557	225	31	
						初级	147	1	138	8	

2002—2015年厦门大学专任教师年龄结构统计表

年份	总计	30岁以下	31~35岁	36~40岁	41~45岁	46~50岁	51~55岁	56~60岁	61~65岁	66岁以上
2002	1 463	306	232	360	159	164	115	102	11	14
正高级	290	2	2	56	39	66	53	47	11	14
副高级	471	3	46	172	79	77	49	45	0	0
中 级	398	85	151	99	31	14	11	7	0	0
初 级	129	104	13	5	1	2	2	2	0	0
无职称	175	112	20	28	9	5	0	1	0	0
2003	1 703	329	301	405	211	204	125	97	13	18
正高级	389	0	6	69	68	102	67	52	9	16
副高级	574	11	67	198	112	90	53	41	2	0
中 级	538	137	210	135	31	12	5	4	2	2
初 级	202	181	18	3	0	0	0	0	0	0
2004	1 897	340	340	427	289	222	141	110	10	18
正高级	467	0	9	73	110	111	72	64	10	18
副高级	656	12	94	205	145	94	63	43	0	0
中 级	576	154	218	147	31	17	6	3	0	0
初 级	198	174	19	2	3	0	0	0	0	0
2005	2 061	321	390	446	348	214	142	141	39	20
正高级	587	0	9	93	141	116	80	90	38	20
副高级	665	4	91	210	166	89	56	48	1	0
中 级	588	118	268	143	41	9	6	3	0	0
初 级	221	199	22	0	0	0	0	0	0	0
2006	2 233	333	444	399	465	220	163	125	53	31
正高级	598	0	3	58	169	110	96	79	52	31
副高级	682	3	82	166	233	97	58	42	1	0
中 级	681	107	321	164	63	13	9	4	0	0
初 级	272	223	38	11	0	0	0	0	0	0

续表

年份	总计	30岁以下	31~35岁	36~40岁	41~45岁	46~50岁	51~55岁	56~60岁	61~65岁	66岁以上
2007	2 337	352	473	392	510	226	187	123	38	36
正高级	628	1	7	41	198	113	122	72	38	36
副高级	691	5	88	156	245	96	55	46	0	0
中 级	764	149	327	189	67	17	10	5	0	0
初 级	254	197	51	6	0	0	0	0	0	0
2008	2 391	301	508	412	501	263	209	123	39	35
正高级	647	0	11	48	179	130	133	72	39	35
副高级	739	1	107	173	245	106	64	43	0	0
中 级	788	142	334	189	76	27	12	8	0	0
初 级	217	158	56	2	1	0	0	0	0	0
2009	2 435	265	503	460	510	319	212	99	28	39
正高级	721	0	14	61	206	165	143	73	20	39
副高级	792	2	135	204	233	126	61	23	8	0
中 级	734	155	295	183	67	24	7	3	0	0
初 级	188	108	59	12	4	4	1	0	0	0
2010	2 475	247	564	477	454	326	206	118	44	39
正高级	738	1	10	58	176	190	132	88	44	39
副高级	784	6	149	215	210	112	66	26	0	0
中 级	804	158	351	199	65	20	7	4	0	0
初 级	149	82	54	5	3	4	1	0	0	0
2011	2 536	269	571	474	432	390	203	132	41	24
正高级	779	2	13	73	158	236	133	99	41	24
副高级	828	19	165	230	185	139	62	28	0	0
中 级	811	184	353	164	87	11	7	5	0	0
初 级	118	64	40	7	2	4	1	0	0	0
2012	2 601	251	579	499	374	460	185	159	41	53

续表

年份	总计	30 岁以下	31~35 岁	36~40 岁	41~45 岁	46~50 岁	51~55 岁	56~60 岁	61~65 岁	66 岁以上
正高级	805	0	14	68	119	268	128	116	39	53
副高级	817	13	152	230	184	156	48	34	0	0
中 级	849	169	367	192	69	33	8	9	2	0
初 级	130	69	46	9	2	3	1	0	0	0
2013	2 678	224	581	529	418	434	211	170	49	62
正高级	835	0	12	65	125	254	140	128	49	62
副高级	878	12	149	265	198	148	65	41	0	0
中 级	811	123	373	189	92	29	4	1	0	0
初 级	154	89	47	10	3	3	2	0	0	0
2014	2 703	133	484	612	446	373	347	177	69	62
正高级	847	0	14	47	118	179	227	134	66	62
副高级	919	4	120	270	221	155	106	40	3	0
中 级	792	45	324	269	104	37	11	2	0	0
初 级	145	84	26	26	3	2	3	1	0	0
2015	2 758	130	468	626	466	368	397	184	63	56
正高级	863	2	13	55	121	159	264	135	59	55
副高级	955	2	127	277	224	168	114	42	1	
中 级	795	41	298	272	119	39	16	6	3	1
初 级	145	85	30	22	2	2	3	1		

附录七

厦门大学研究生教育大事记

1926 年

成立国学研究院,开始招收研究生,开启我国私立大学开展研究生教育的历史。

1927 年

由于资金问题,宣布停办国学研究院。

1944 年

筹备设立水产研究室,计划逐渐将研究室扩充为研究所,招收研究生,在台湾及海南等水产富源之地设分所。

1946 年

筹设经济研究所、历史研究室,这类研究所的筹设为厦门大学开展研究生教育提供了基础。

1950 年

开始招收研究生,是新中国最早招收与培养研究生的学校之一。

1952 年

设立研究(生)部,加强对研究生的培养和对科研工作的领导。

1978 年

招收"文革"后的首届硕士研究生,全校 7 个系 17 个专业、专门组共录取 62 名,占全省招收研究生总数的三分之二以上。

1979 年

9 个系和教研室的 14 个专业、20 个研究方向招收研究生 44 名。

1980 年

11 个系、所、室的 14 个专业、19 个研究方向招收研究生 55 名。

1981 年

国务院批准全国首批博士、硕士学位授予单位,厦门大学名列榜中。可授予博士学位的学科、专业共有 6 个,即会计学、中国古代史、专门史(经济史)、物理化学、动物学、海洋生物学。可授予硕士学位的学科、专业点 24 个,包括科学技术哲学(自然辩证法)、政治经济学、世界经济、财政学、会计学、统计学、中国文学批评史、汉语史、英国语言文学、中国古代史、专门史(中外关系史、经济史)、基础数学、自动控制理论及运用、半导体物理与半导体器件物理、无线电物理、无机化学、分析化学、物理化学(含化学物理)、有机化学、植物学、动物学、海洋生物学、海洋化学等。

首批批准的厦门大学博士生导师包括葛家澍、傅衣凌、蔡启瑞、田昭武、郑重、唐仲璋、汪德耀等。

1982 年

经教育部批准,厦门大学成立学位评定委员会。学位评定委员会由 25 人组成,蔡启瑞教授任主席,田昭武、唐仲璋、傅衣凌、潘懋元、葛家澍 5 位教授为副主席。

9 月,学校学位评定委员会首次受理外校研究生的学位申请。

1984 年

新增专门史(中外关系史)、分析化学、海洋化学、植物学、财政学 5 个专业招收博士研究生。

学校国民经济与管理、货币银行学、国际贸易学、数量经济学、民法学、国际法、高等教育学、中国地方史、中国民族史、海洋物理学、生物化学 11 个专业获得硕士学位授予权。

厦门大学成立第二届学位评定委员会,主席田昭武,副主席蔡启瑞、潘懋元、吴恭宣、辜联崑、葛家澍。

邓子基、余绪缨、韩振华、韩国磐、黄本立、张乾二、周绍民、李法西、金德祥等教授获批第二批博士生导师。

1985年

4月,第一位博士研究生廖代伟申请博士学位获得通过。

7月,校学位评定委员会审核通过了3名博士生(刘敏、李伯重、林昌建)的博士学位申请。

1986年

学校获批试办研究生院,标志着厦大研究生教育进入一个新的阶段。

学校学位评定委员会通过了林志军的博士学位申请,决定授予林志军博士学位。他是我国第一个自己培养的会计学博士。

厦门大学于1985年—1986年第二学期开始实行"三学期制"。其中,春、秋两个学期为长学期,每学期18周;夏季学期为短学期,在暑假之后(8月10至9月20日),共6周。暑假6周,寒假4周不变。

学校获得首批博士后科研流动站(物理化学专业)。

学校获得教授、副教授任职资格审批权。

新增半导体物理与半导体器物理、政治经济学、货币银行学、统计学、国际法学、高等教育学、汉语史等专业博士点。

马克思主义哲学、西方哲学、逻辑学、商业经济、国际经济法、科学社会主义、中国古代文学、中国现当代文学、国别史(东南亚史)中国近现代史、世界史、概率论与数理统计、理论物理、系统工程、音乐学、美术学等专业获得硕士学位授权点。

吴宣恭、洪文金、黄良文、钱伯海、潘懋元、黄典诚、杨国桢、吴伯僖、许少鸿、陈国珍、林祖庚、R.Kester、丘书院、林鹏、林宇光、唐崇惕等教授获批第三批博士生导师。

1987年

6月,国务院学位委员会批准厦大为第二批在职人员申请博士、硕士学位的试点单位。博士学位试点学科、专业有会计学、中国古代史。硕士学位试点学科、专业有会计学、财政学、中国古代史。

在第一次国家重点学科评选工作中,共有7个二级学科被确定为国家重点学科,分别是财政学、会计学、统计学、高等教育学、专门

史、物理化学、动物学。

1988年

财政学专业和会计学专业各5人,作为学校第一批在职人员获得硕士学位。

经国务院批准,厦大计划在汉语史、中国古代史、会计学、海洋生物学、物理化学、分析化学等专业向港澳招收博士研究生,有11个专业招收硕士研究生。

1989年

学校开始招收应用型研究生,主要是工商管理(MBA)硕士研究生。

学校成立校第三届学位评定委员会,主席田昭武,副主席郑学檬、林祖赓。

1990年

罗郁聪、张亦春、黄美纯、万惠霖、黄奕普、李少菁等获批第四批博士生导师。

学校新增民族学、光学、高分子化学与物理、微生物学、分析仪器、企业管理硕士学位授权点。

1991年

新增工商管理硕士专业学位授权点。

1992年

4月,钱伯海、潘懋元、吴伯禧和林祖赓分别被国务院学位委员会学科评议组聘为经济学、教育学和理学学科评议组成员。

1993年

1月,经国家人事部全国博士后流动站管委会批准,厦门大学经济学科建立了博士后科研流动站。该站可招收博士人员的二级学科专业为政治经济学、中国经济史、货币银行学、财政学、会计学、统计学。

12月,学校新增加两个博士学位授权点:经济思想史专业和英语语言文学专业。

新增列的12名博士生导师包括胡培兆、邱华炳、吴水澎、杨仁敬、陈支平、郑健生、许金钩、王小如、林仲华、吴辉煌、张鸿斌、郑兰荪。

学校新增文艺学、新闻学、行政学、考古学、细胞生物学、分子生物学、环境化学、环境海洋学、中国哲学、马克思主义经济思想史 10 个硕士学位授权点。

校学位评定委员会同意授予 16 人博士学位,212 人硕士学位,其中梅安是巴基斯坦留学生,为我校首位外籍博士学位获得者。

胡培兆、邱华炳、吴水澎、杨仁敬、陈支平、郑健生、王小如、许金钧、林仲华、吴辉煌、张鸿斌、郑兰荪等教授获批第五批博士生导师。

1994 年

厦门大学成立校第四届学位评定委员会,主席林祖赓,副主席郑学檬。

10 月 18 日,经国务院学位委员会批准,学校第四届学位评定委员会由林祖赓等 25 人组成。主席由林祖赓担任,副主席由郑学檬担任。委员为:邓子基、田昭武、陈安、陈支平、陈振明、李少菁、余绪缨、吴宜恭、吴水澎、吴辉煌、杨国桢、林祖赓、林鹏、郑学檬、郑兰荪、张乾二、张亦春、钱伯海、唐崇惕、黄本立、黄美纯、葛家澍、赖干坚、蔡启瑞、潘懋元。

自 1994 年起,厦门市、福建省先后与国家教委共建厦门大学,为学校的进一步发展提供了有力的保障。

1994 年,厦门大学自行审定博士生导师,为此厦门大学专门制订自审博导实施方案,得到国务院学位办的批复。

1995 年

2 月,经全国博士后管委会批准,厦门大学海洋学成立博士后流动站(按一级学科设立站),从 1995 年开始接收博士后。

厦门大学通过国家教委"211 工程"的部门预审。

1996 年

4 月,厦门大学研究生院正式挂牌。

学校新增 1 个博士学位授权点,即环境科学。

学校新增凝聚态物理、计算机应用技术、产业经济学、经济法学、政治学理论 5 个硕士学位授权点。

1997 年

3月，校学位评定委员会审议通过《同等学力申请硕士、博士学位的实施细则》，于该年首次同意授予2人同等学力人员博士学位。

9月，厦门大学被正式立项为"211工程"重点建设的高校。

1998 年

学校成立校第五届学位评定委员会，主席陈传鸿，副主席吴水澎。

学校新增加四个博士学位授权点：企业管理、世界经济、中国近现代史、基础数学。

新增化学、应用经济学硕士学位一级学科学位授权点。

学校新增材料学、建筑设计及其理论、化学工程、艺术学、戏剧戏曲学、人口、资源与环境经济学、区域经济学、诉讼法学、外国语言学及应用语言学、计算数学、应用数学硕士学位授权点。

学校新增法律硕士专业学位授权点。

1999 年

2月，经人事部全国博士后管委会评审和研究决定，学校新增设工商管理和理论经济学两个博士后流动站，并当年开始招收研究人员。

2000 年

3月3日，第一位在中国获得海洋环境科学专业博士学位的摩洛哥留学生哈里德通过博士论文答辩。

学校新增加戏剧戏曲学、科学技术哲学、理论物理三个博士学位授权点。

学校新增海洋科学、生物学、工商管理、理论经济学、历史学硕士学位一级学科授权点。

学校新增精密仪器及机械、材料物理与化学、电路与系统、微电子学与固体电子学、通信与信息系统、模式识别与智能系统、工业催化、环境工程、管理科学与工程、教育经济与管理、社会保障、宪法学与行政法学、刑法学、国际关系、社会学、中国少数民族史、语言学与应用语言学、日语、传播学等硕士学位授权点。

学校新增公共管理硕士专业学位授权点。

2001 年

3月17日,学校首次举行工商管理硕士(MBA)学位授予仪式。校党委书记王豪杰、校长陈传鸿、副校长吴水澎、校研究生院副院长吴辉煌等出席学位授予仪式。

工商管理学院谢德仁的《企业剩余索取权:分享安排与剩余计量》获得"全国优秀博士论文奖",指导教师吴水澎。

2001—2002年第二次国家重点学科评选工作中,厦门大学共有13个二级学科被确定为国家重点学科,分别为政治经济学、财政学、金融学、统计学、国际法学、高等教育学、专门史、分析化学、物理化学、海洋化学、海洋生物学、动物学、会计学,占964个全国重点学科的1.35%,与天津大学并列全国第21位。

2002 年

学校新增工商管理(高级管理人员)、仪器仪表工程、控制工程硕士专业学位授权点。

2003 年

厦门大学成立第六届学位评定委员会,主席朱崇实,副主席孙世刚、吴世农。

9月8日,国务院学位委员会公布全国第九批博士学位授权学科专业名单。学校获得数学、环境科学与工程、物理学三个博士学位授权一级学科,文艺学、人类学、中国哲学、外国哲学、民商法学、政治学理论、行政管理、控制理论与控制工程、工业催化、通信与信息系统、测试计量技术及仪器博士学位点。

学校新增环境科学与工程、生物医学工程、数学、物理学硕士学位一级学科授权点。

学校新增信号与信息处理、检测技术与自动化装置、计算机系统结构、计算机软件与理论、结构工程、生物化工、应用化学、生物医学工程、设计艺术学、宗教学、法学理论、中外政治制度、中共党史、国际政治、马克思主义理论与思想政治教育、课程与教学论、教育史、比较教育学、体育教育训练学、比较文学与世界文学、法语语言文学、机械制造及其自动化、机械电子工程等硕士学位授权点。

2004 年

第一轮(2002—2004 年)全国学科评估,完成除军事学门类外的全部 80 个学科的评估,共有 229 个单位,1 336 个学科点参加学科评估。厦门大学应用经济学(排名第 4)、理论经济学(排名第 9)、法学(排名第 8)、教育学(排名第 5)、新闻传播学(排名第 5)、艺术学(排名第 5)、历史学(排名第 8)、海洋科学(排名第 2)、工商管理(排名第 3)进入全国评估前十。

学校新增软件工程、化学工程、项目管理、物流工程、会计硕士专业学位授权点。

11 月 26 日,学校"台湾研究中心""会计发展研究中心""高等教育发展研究中心""东南亚研究中心"四个人文社会科学重点研究基地全部通过教育部普通高等学校人文社会科学重点研究基地的合格评估。其中,"会计发展研究中心"和"东南亚研究中心"被评为优秀。

为适应高等教育内外部环境的深刻变化,结合国家对新时期人才培养的新要求,厦门大学恢复三学期制,即每学年分为 18 周、18 周和 5 周"二长一短"的三学期制度。

为提高研究生培养质量,厦门大学决定从 2004 届研究生毕业论文开始,开展研究生学位论文"双盲"评审工作,颁布《厦门大学博士、硕士学位论文"双盲"评审工作细则》。

4 月 10—12 日,中国研究生院院长联席会 2004 年的工作会议在厦门召开,会务由厦门大学研究生院负责。

2005 年

学校新增材料工程、电子与通信工程、建筑与土木工程、艺术硕士专业学位授权。

人文学院张先清的《官府、宗族与天主教:明清时期闽东福安的乡村教会发展》获得"全国优秀博士学位论文奖",指导教师陈支平。

2005 年,厦门大学修订《厦门大学"硕博连读"研究生选拔工作试行办法》。

2006 年

厦门大学成立校第七届学位评定委员会,主席朱崇实,副主席孙世刚、吴世农。

4月19日,厦门大学专门举行仪式,向中国国民党荣誉主席连战颁授法学名誉博士学位证书。

学校新增一级学科博士点:哲学、法学、管理科学与工程、公共管理。

学校新增11个博士点:社会学、民族学、教育史、传播学、机械电子工程、精密仪器及机械、材料物理与化学、材料学、电路与系统、微电子学与固体电子学、系统工程。

学校新增19个一级学科硕士点:法学、哲学、社会学、教育学、外国语言文学、新闻传播学、力学、光学工程、仪器科学与技术、材料科学与工程、电子科学与技术、信息与通信工程、控制科学与工程、计算机科学与技术、建筑学、土木工程、化学工程与技术、公共管理、管理科学与工程。

学校新增10个硕士点:发展与教育心理学、民族传统体育学、中国古典文献学、机械设计及理论、航空宇航制造工程、内科学、外科学、肿瘤学、药物化学、药理学。

2007年

学校新增翻译、建筑学、机械工程硕士专业学位授权点。

教育研究院胡赤弟的《教育产权与大学制度构建的相关性研究》获"全国优秀博士学位论文奖",指导教师邬大光。

6月,学校启动研究生培养机制改革方案制定的相关工作,并成立厦门大学研究生培养机制改革领导小组,负责审议研究生培养机制改革方案及相关政策性文件,统一部署,全面推进厦门大学的研究生培养机制改革工作。

学校开始启动国际硕士项目,面向海外招收全英文授课的国际硕士研究生。

2006—2007年的第三次国家重点学科评选工作中,学校共有5个一级学科被评为国家重点学科,分别为理论经济学、应用经济学、化学、海洋科学、工商管理,在全国高校中并列第17位。学校共有9个二级学科被评为国家重点学科,分别为国际法学、高等教育学、专门史、基础数学、凝聚态物理、动物学、水生生物学、细胞生物学和环

境科学,在全国高校中并列第 15 位。

2007—2011 年,厦门大学研究生院为中国研究生院院长联席会议主席单位。

2008 年

厦门大学成立校第八届学位评定委员会,主席朱崇实,副主席孙世刚、吴世农。

从 2008 年开始,厦门大学开始实行研究生培养机制改革,取消公费生,并全面提高研究生奖、助学金金额和受益面。

2009 年

学校新增社会工作、教育、汉语国际教育等硕士专业学位授权点。

管理学院许年行的《中国上市公司股权分置改革的理论与实证研究》获"全国优秀博士学位论文奖",指导教师吴世农。

2009 年,厦门大学授予美国特拉华大学校长帕萃克·贺克(Patrick T. Harker)教授管理学名誉博士学位。贺克也成为第二位获得厦门大学名誉博士学位的教授。

第二轮(2007—2009 年)学科评估,厦门大学共有 15 个学科参与了此轮学科评估工作,其中,海洋科学在全国参评的 10 个单位中排名第 2,应用经济学在全国参评的 68 个单位中排名第 3,民族学在全国参评的 8 个单位中排名第 4,教育学在全国参评的 34 个单位中排名第 6。

从 2009 年开始,厦门大学规定,硕博连读研究生不作硕士论文,不发给硕士毕业证书。申请硕博连读的研究生在正式录取为博士研究生前有权放弃硕博连读资格,继续完成硕士学历教育。

2010 年

国务院公布 2010 年审核增列的博士和硕士学位授权一级学科名单。厦门大学共新增 12 个一级学科博士点:政治学,教育学,中国语言文学,外国语言文学,新闻传播学,机械工程,仪器科学与技术,材料科学与工程,电子科学与技术,信息与通信工程,计算机科学与技术,化学工程与技术。

学校新增教育博士专业学位授权点。

学校新增金融、应用统计、税务、国际商务、保险、资产评估、新闻与传播、文物与博物馆、旅游管理、工程管理硕士等硕士专业学位授权点。

在厦门大学八十九周年校庆大会上,萨支唐教授被授予厦门大学名誉理学博士学位,这是第三位获得厦门大学名誉博士学位的教授。

化学化工学院田娜的《高指数晶面结构 Pt、Pd 纳米催化剂的电化学制备与性能》获"全国优秀博士学位论文奖",指导教师孙世刚。

2011 年

国务院学位委员会发文《关于下达按〈学位授予和人才培养学科目录〉进行学位授权点对应调整结果的通知》,下达经国务院学位委员会学科评议组审议通过对应调整的博士学位一级学科授权点名单。学校考古学、中国史、世界史、生态学、统计学、戏剧与影视学等 6 个博士一级学科授权点获批。

学校新增政治学、中国语言文学、考古学、中国史、世界史、生态学、统计学、机械工程、航空宇航与科学、软件工程、基础医学、临床医学、公共卫生与预防医学、中医学、药学、艺术学理论、音乐与舞蹈学、戏剧与影视学、美术学、设计学硕士学位一级学科授权点。

学校新增审计硕士专业学位授权点。

化学化工学院孔祥建的《多核金属配合物的合成、结构与性质研究》,获"全国优秀博士学位论文奖",指导教师龙腊生。

厦门大学启动海外招生的全英文授课的国际博士项目。

2012 年

第三轮学科评估,厦大共有 24 个一级学科参加本次评估工作,其中,5 个一级学科进入前五名,占此次厦大参评学科的 20.8%,它们分别为海洋科学、统计学、应用经济学、民族学、工商管理;另有 11 个学科进入前十名,占此次厦大参评学科的 45.8%,它们分别为教育学、戏剧与影视学、化学、理论经济学、中国史、世界史、法学、外国语言文学、考古学、生态学、公共管理。前十名数量居全国高校第 15 位。

生命科学学院张端午的"RIP3 作为细胞凋亡与细胞坏死相互转换的分子开关的发现及机理研究"获"全国优秀博士学位论文奖",指

导教师韩家淮。

2013 年

厦门大学成立校第九届学位评定委员会,主席朱崇实,副主席邬大光。

学校获得全国优秀博士学位论文 5 篇,列当年全国第三。它们分别为:

教育研究院刘希伟的《中国历史上的"高考移民":清代科举冒籍研究》,指导教师刘海峰。

数学科学学院王焰金的《Navier-Stokes 方程的自由边界问题与 Vlasov-Boltzmann 方程的流体极限》,指导教师谭忠。

化学化工学院谭元植的《氯稳定化的非 IPR 富勒烯》,指导教师郑兰荪。

化学化工学院李剑锋的《核壳结构纳米粒子增强拉曼光谱》,指导教师田中群。

物理科学与技术学院陈珊珊的《超大面积石墨烯化学气相沉积生长、性质及应用研究》,指导教师康俊勇。

学校设立 8 个交叉学科专业,分别是妇女/性别研究、能效工程、海洋事务、国学、知识产权管理、转化医学、台湾研究、计算科学,其中,转化医学授予硕士学位,其余 7 个交叉学科授予博士学位。

研究生院开始资助第三学期课程和实习实践活动,首次颁发《厦门大学研究生社会实践管理办法》。和往年相比,第三学期设立了交叉学科课程、前沿专题课程、系列讲座课程、实习实践课程、方法类课程等形式多样的课程。

学校与世界一流大学加拿大 McGill 大学签署合作协议共同培养博士研究生,首开厦门大学与世界一流大学合作培养研究生的先河。

学校启动学术型研究生培养方案修订工作。

2014 年

学校新增航空工程、临床医学、公共卫生硕士专业学位授权点。

学校新增航空航天工程交叉学科专业,授予博士学位。

学校全部取消奖学金等级制,即所有研究生享受同样的奖学金。其中,学业奖学金用以返还学费;国家助学金博士每年1.2万元,硕士每年0.6万元;校长助学金博士每年1.8万元,硕士每年0.12万元;即博士每年3万元的奖学金,硕士每年0.72万元的奖学金。

学校博士生学制由3年改为4年。

学校完成新一轮学术型研究生培养方案修订工作,在2014级研究生中开始实践。以科研为导向的研究生培养机制改革进一步深化。

10月,《中国教育报》在头版长篇介绍我校研究生培养学制和方案改革的经验,教育部网站也予以转载。

11月15日,第十二届全国美术作品展览的7件金奖作品在京揭晓。我校艺术学院美术系艺术硕士专业学位研究生张玉惠凭借其漆画作品《织情叙意》,获得本届全国美展金奖,指导老师为艺术学院陈金华教授。全国美展由文化部、中国文联和中国美术家协会主办,是我国最具权威、最大规模的国家级美术作品展览,每5年举办一次。

4月,《光明日报》以"改出一片新天地"为题介绍了我校研究生培养方案改革工作。

2015年

1月14—15日,福建省高等教育学会学位与研究生教育分会第四届理事会换届会议暨福建省学位与研究生教育2014年年会在福州市闽江学院召开。大会选举产生了福建省高等教育学会学位与研究生教育分会第四届理事会,学校副校长、研究生院院长邬大光教授当选新一届理事会理事长,研究生院常务副院长陶涛教授当选新一届理事会副理事长兼任秘书长,新一届理事会秘书处设在学校研究生院。

11月27—28日,由中国学位与研究生教育学会文理科工作委员会主办,厦门大学承办的"全国学位与研究生教育文理科工作研讨会暨2015年学术年会"在厦门召开。本次会议紧紧围绕"研究生拔尖创新人才培养模式探讨""专业学位研究生教育改革的探索与实践"等议题进行了深入探讨和交流。来自北京大学、厦门大学、中国人民大学、中国科学技术大学、上海市学位办、江苏省教育厅、甘肃省教育

厅学位办等122余所高校、研究机构、省级学位与研究生教育主管部门，共240余名代表参加了会议。

为纪念中国学位与研究生教育学会评估委员会成立二十周年，评估委员会从全国338个评估委员会会员单位中评选出30位"中国学位与研究生教育学会评估委员会突出贡献奖"获奖者，以表彰他们对学位与研究生教育评估工作做出的突出贡献。研究生院常务副院长陶涛教授获得此项殊荣。

厦门大学理工医科研究生在SCI收录的杂志上发表论文对全校的贡献率首次突破60%。

2016年

1月，《光明日报》以"厦门大学：建立规范科学的研究生培养机制"为题介绍我校研究生培养的经验；同月，教育部官方微信以"厦门大学是这样培养研究生"为题对我校研究生教育改革工作予以充分肯定。

新的硕博连读管理办法出台，研究生一年级至三年级（开展申请考核制学院三年级硕士研究生除外）的全校双证硕士研究生（含专业学位）可申请硕博连读；取消硕博连读研究生推荐人数占当年博士研究生招生计划比重的限制。

学校出台招收培养本科直博生的管理办法，开启厦门大学开展直博生培养教育的新篇章。

航空航天学院申报的"机电工程研究生培养创新基地"入选第二届"全国示范性工程专业学位研究生联合培养基地"。这是厦门大学和福建省第一个获得该荣誉的研究生培养基地。

5月3日，学校召开全国第四轮学科评估动员大会，张彦书记与朱崇实校长出席并讲话。

5月26—27日，厦门大学研究生院举办"研究生教育和一流大学建设"国际学术研讨会。来自8个国家和地区的18所高水平大学的研究生院院长参加了本次论坛。

7月，国务院学位委员会、教育部、人力资源社会保障部联合发布《关于全国金融等28个专业学位研究生教育指导委员会换届的通知》，公布了全国金融等28个专业学位研究生教育指导委员会新一届委员名单。我校共有16个专业学位类别的17名教授当选，在全国高校入选人数中排名第三。其中，金融、应用统计、国际商务、保险、资产评估、审计、法律、汉语国际教育、翻译、新闻与传播、文物与博物馆、公共管理、会计、旅游管理、艺术15个专业学位类别分别有1名教授当选，税务专业学位有2名教授当选，且税务专业学位秘书处继续设在我校。

9月14日，中华人民共和国教育部一线采风报道厦门大学"三打通三融合"深化研究生教育模式改革。

厦门大学外籍学历研究生人数首次超过700人。

全校2014级博士研究生完成中期考核分流工作。厦门大学开展中期考核工作不以淘汰为目的，而在于敦促和警示，强化博士生的研究素质，进一步提升博士生培养质量，在培养环节与标准上与国际接轨。

11月11日，中国学位与研究生教育学会2016年会员代表大会暨学术研讨会在西安召开。我校申报的"遵循人才培养规律，严格研究生培养过程管理"成果（陶涛、陈工、范丽娟、薛成龙、徐岚）获得中国学位与研究生教育学会研究生教育成果二等奖，教育研究院博士生包水梅（导师：王洪才）获得第五届学位与研究生教育优秀博士学位论文，研究生院常务副院长陶涛教授获得第一届中国学位与研究生教育学会工作贡献奖。

11月，朱崇实校长与英国卡迪夫大学Colin Riordan校长签署《厦门大学与卡迪夫大学双博士培养协议》

12月，厦门大学被教育部科技发展中心评为2016年"蓝火计划"博士生工作团优秀组织单位。"蓝火计划"是教育部推出的紧密结合区域经济及地方产业发展特点和需求，有针对性地组织高校赴地方开展产学研合作的系列行动。

12月7日上午，我校召开研究生教育管理工作会暨优秀研究生教育工作者表彰大会。

12月28—30日，2016年《学位与研究生教育》杂志工作会暨首届研究生教育研究高端论坛在厦门顺利召开。

后　记

　　学位与研究生教育是一所大学综合实力的反映,也是其核心竞争力的重要表现。厦门大学的研究生教育始于1926年,至今已有九十年的历史。在这九十年的发展历程中,厦门大学研究生教育有过辉煌,也有过起伏。如何在新的时代、新的形势下,确保厦门大学研究生教育发展的特色与优势,总结厦门大学研究生教育发展的经验与不足,进而探索厦门大学研究生教育发展的未来与方向是关系到厦门大学实现"世界知名高水平研究型大学"发展目标的重要内容,也是对厦门大学95周年校庆、研究生教育九十年庆的献礼。

　　书稿在撰写过程中得到许多人的帮助,潘懋元先生、邓子基先生、田昭武先生、吴伯僖教授、吴辉煌教授、陈支平教授接受了我们的访谈,为我们提供了第一手材料,陈嘉明教授、陈工教授、谭忠教授、方颖教授为研究提供了各种帮助。研究生院的范丽娟、薛成龙、罗春霞、王晟、马舜、高星、苏月英、洪海鹰、严弋、吴圣芳、刘汜泓、吕磊、吴珊珊、李敏利、聂岑娜、胡雄、黄文瑜、李小梅、卢婧、熊雨婷、陈稳等不仅为研究提供了大量的相关数据,还随时接受我们的提问和访谈要求。同时,我们还要感谢招生办、考试中心、学生处、档案馆等学校职能部门为书稿提供的资料和数据。研究生刘佳、杨玉婷、林冰冰、王彩霞、姚垚、许伟虾、徐露维等主动承担了收集资料、调研访谈、整理材料等工作,并撰写了第一章第二节、第三节,第二章,第四章第三节、第五节,第六章第一节的初稿,陈兴德副教授撰写了第六章第二节和第七章的初稿,通读全文并提出修改意见。在此基础上,我们六易书稿,反复修改,特别是对文章的结构进行了多次调整,终于形成书稿。书稿提请邬大光副校长审阅,潘懋元先生欣然作序。在此,我们对为本书付出辛勤努力的所有单位和人士一并致谢!

　　由于内容复杂,数据繁多,本书内容难免有疏漏与不足之处,欢迎大家批评与指导。